日本語構文の意味と類推拡張

天野みどり 著
Amano Midori

目 次

はじめに………*1*

序章　総論

1. 本書の目的―構文の重要性を明らかにすること……………………*7*
2. 考察の対象―逸脱的特徴を持つ文……………………………………*9*
3. 本書の主張―構文の意味と類推………………………………………*11*
4. 天野（2002）の課題と本書の主張……………………………………*16*
5. 語用論との接点…………………………………………………………*18*
6. 本書で扱う「拡張」という意味について……………………………*19*

第1章　接続助詞的なヲの文
　　　　――「やろうとするのを手を振った」――

要旨…………………………………………………………………………*25*
0. はじめに…………………………………………………………………*26*
1. 現代語の接続助詞的なヲについての先行研究………………………*27*
2. 接続助詞的なヲの文の意味……………………………………………*30*
　2.1　ノニ文との違い　*30*
　2.2　接続助詞的なヲの文の意味―自然な方向性に対する〈対抗動作性〉　*32*
　　2.2.1　当然～べきところを／普通なら～なのを　*33*

    2.2.2 〜しようとするのを　*34*

    2.2.3 〜ていたのを　*35*

    2.2.4 〜たのを　*35*

    2.2.5 ヲ句の表す内容から方向性を推論　*36*

3. 他動詞の不在と他動性の解釈………………………………………*38*

  3.1 発話行為に〈対抗動作性〉を解釈する　*38*

  3.2 様々な述語に〈対抗動作性〉を解釈する　*39*

  3.3 無いところに他動詞的意味を補って解釈する　*41*

4. 類推による他動性の解釈…………………………………………*43*

  4.1 他動構文をベースとする類推　*43*

  4.2 〈方向性制御〉他動構文の使用頻度　*45*

  4.3 知覚・心的事態を表す他動構文はなぜベースとして選択されないか　*48*

  4.4 ベースとなるのは最上位のスキーマか　*50*

  4.5 「AガBヲV」型文の概観　*52*

  4.6 方向性制御他動構文の位置づけ　*55*

  4.7 方向性推進他動構文はなぜベースにならないか　*57*

5. 語彙的他動性と推論による拡張他動性………………………………*58*

6. 〈対抗動作性〉と逆接……………………………………………*61*

7. 重層的変容解釈……………………………………………………*62*

  7.1 国広（1967）（1970）　*62*

  7.2 仁田（1997）　*63*

  7.3 《二重化変容》と《一義化変容》　*66*

    7.3.1 《二重化変容》　*66*

    7.3.2 《一義化変容》　*68*

      7.3.2.1 道具目的語構文　*68*

  7.4 Goldberg（1995）（ゴールドバーグ（2001））—融合 fusion　*74*

  7.5 Carston（2002）（カーストン（2008））　*76*

8. 二重ヲ句の許容……………………………………………………*81*

9. おわりに……………………………………………………………*84*

第2章　古代語の接続助詞的なヲの文
──古代語と現代語の対比──

要旨··· 87
0. はじめに ··· 87
1. 古代語のヲ句の三分類―近藤（1980）（2000）の吟味 ············· 88
2. 古代格助詞ヲから接続助詞ヲの派生 ······································ 90
3. 接続助詞の認定条件の再考 ··· 94
　3.1　接続助詞の認定条件①②③　94
　3.2　古代語接続助詞条件①②と、現代語のヲ句　95
　3.3　古代語接続助詞条件③と、現代語のヲ句　99
4. 松下（1930） ··· 102
5. 古代語のその他のヲ句 ·· 104
6. おわりに ··· 105

第3章　古代語の接続助詞的なヲの文
──紫式部日記と徒然草から──

要旨··· 107
0. はじめに ··· 107
1. 先行研究 ··· 109
2. 『徒然草』『紫式部日記』調査 ··· 110
　2.1　後続に他動詞が顕現する場合　110
　2.2　後続に他動詞が顕現しない場合　114
　2.3　後続に他動詞が出現せず、〈対抗動作性〉が解釈しにくい
　　　 場合　116
3. おわりに ··· 118

第4章　主要部内在型関係節と接続助詞的なヲ
——「リンゴを置いておいたのを取った」——

要旨·· 119
0. はじめに·· 119
1. 格の一致・不一致と、接続助詞的なヲの文 ····················· 121
2. 「格の不一致」は副詞句か？ ···································· 124
3. 「格の不一致」のヲ句は名詞性を喪失しているか？ ··········· 126
   3.1　レー（1988）　*126*
   3.2　「事態の方向」という名詞性　*129*
4. 坪本現象—照応詞ヲ句との二重ヲ句 ····························· 131
   4.1　対格①と対格②の二重生起——第1のタイプ——　*131*
   4.2　反復的使用の「それを」——第2のタイプ——　*133*
5. 「他動詞」顕在の他動構文の、2つのタイプ ···················· 135
6. おわりに·· 137

第5章　状況ヲ句文——「豪雨の中を戦った」——

要旨·· 141
0. はじめに·· 142
1. 状況ヲ句についての先行研究 ······································ 143
   1.1　移動空間ヲ句との相違点　*143*
   1.2　移動空間ヲ句との類似点　*144*
   1.3　接続ヲ句との異同　*145*
   1.4　ヲ句全体の共通性・典型性との関係　*146*
2. 状況ヲ句の意味—〈状況〉とは何か ····························· 149
   2.1　〜デとの相違点　*149*
   2.2　〜ニモカカワラズとの相違点　*151*
   2.3　動詞句の〈移動・対抗動作性〉　*152*

3. 移動空間ヲ句文と状況ヲ句文との異なり……………………………… *155*
4. 接続ヲ句文と状況ヲ句文との共通点と異なり…………………………… *158*
5. 二重ヲ句の許容について…………………………………………………… *160*
6. 〈移動・対抗動作性〉と「AガBヲV」型文全体の意味的特徴
との関係……………………………………………………………………… *163*
7. おわりに……………………………………………………………………… *165*

第6章　逸脱的な〈何ヲ〉文
── 「何を文句を言ってるの」──

要旨……………………………………………………………………………………… *167*
0. はじめに──「何を文句を言ってるの」文の特徴と問題提起………… *168*
1. 典型的疑問詞疑問文による〈とがめだて〉の表現……………………… *171*
　1.1　典型的疑問詞疑問文が〈とがめだて〉を表すのはなぜか　*171*
　1.2　典型的疑問詞疑問文のうち、ヲ句が狭義の「対象」では
　　　ない場合　*173*
　1.3　「何を」疑問詞疑問文の表す2つのとがめだて　*175*
　1.4　臨時的他動性動詞句の想定　*177*
2. 逸脱的な〈何ヲ〉文の「何ヲ」の意味・機能……………………………… *178*
　2.1　意図性自動詞文に「何ヲ」が結び付く場合　*178*
　2.2　消極的意図性自動詞の場合　*180*
　2.3　二重ヲ句の許容・語順の固定性　*182*
3. 逸脱的な〈何ヲ〉文の他の研究による説明……………………………… *185*
　3.1　Kurafuji（1996）・影山（2009）──統語的説明──　*186*
　3.2　高見（2010）──語用論的説明──　*188*
　3.3　Konno（2004）モダリティ・命題階層　*190*
　3.4　なぜヲであるのか　*192*
4. おわりに……………………………………………………………………… *193*

第7章　逸脱的な〈何ガ〉文
──「何が彼女がお姫様ですか」──

要旨……………………………………………………………… *195*
0. はじめに……………………………………………………… *196*
1. 先行研究……………………………………………………… *197*
2. 〈何ガ〉疑問詞疑問文………………………………………… *198*
 2.1　通常の〈何ガ〉疑問詞疑問文　*198*
 2.2　逸脱的特徴を持つ〈何ガ〉疑問詞疑問文のタイプ　*200*
  2.2.1　拡張〈何ガ〉疑問詞疑問文①──発話意図の補充要求　*200*
  2.2.2　拡張〈何ガ〉疑問詞疑問文②──発話意図の補充要求＋
    とがめだて　*203*
3. 構文の鋳型のあてはめ──主格としての「何が」……………… *205*
4. 逸脱的な〈何ヲ〉疑問詞疑問文との相違点…………………… *206*
5. 付加詞か主格の「ガ」句か…………………………………… *207*
6. おわりに……………………………………………………… *210*

終章

1. 4つの逸脱的な文について…………………………………… *211*
2. 類推の過程について──天野（2002）からの展開…………… *213*
3. 語用論との交流……………………………………………… *216*
4. 今後の展望…………………………………………………… *217*

参考文献………*219*
  例文出典・第1章　出現頻度調査資料　*224*
おわりに………*225*
索引……………*229*

はじめに

　本書では次の（1）〜（4）のような少し不自然さを感じるような文を取り上げ、日本語の文の意味について論じていきます。

　　（1）　その日も、アドリアーナは私の宿泊先のホテルまで送ってきてくれたのを、まだ時間があるから、このザッテレの河岸を散歩しようということになったのだった。　　　（「ザッテレ」pp.120-121）
　　（2）　「広一、なにをぼんやりしてるんだ」　　　（「かぎ」p.65）
　　（3）　ふりしきる雪とつめたい風の中を、ボートは、右に左にゆれながら、むこう岸をめざした。　　　（「戦場」p.126）
　　（4）　何がおひいさまでございますかよ。　　　（「楡家」p.603）

　一読したところこれらのどこに不自然な点があるのかわからない人も多いでしょう。しかしよく観察してみると、これらには通常の文には無い逸脱した特徴が見いだせます。例えば（1）では「…ホテルまで送ってきてくれたのを」と結び付いているのが「なった」です。「なった」に含まれる動詞「なる」は自動詞と呼ばれるもので、「医者になる」「三月になる」のように「〜に」＋「なる」という結び付きは可能ですが「〜を」＋「なる」という結び付きは不可能です。それなのに（1）では「〜をなった」となっているのです。（2）も同じように「ぼんやりする」は自動詞と考えられ、「〜をぼんやりする」は不可能なはずです。それなのに「なにを」が結び付いています。また、（3）は「めざす」という1つの動詞に「…風の中を」と「むこう岸を」という2つの「〜を」が結び付いています。これも通常は回避されることです。最後の（4）では、「おひいさま（＝お姫様）」の主語として期待されるのは人物ですから、普通なら「誰が」が出てきそうなものですが「何が」が出てきています。

読者の中には、こうした逸脱的特徴を持つ文は「間違った日本語の文」であり「より自然な文に直すべきなのに直さずに混じってしまった不慮のノイズなのだから、日本語の文の範囲に入れることはできない」と考える人もいるかもしれません。また、研究者の中にさえ、「正しい日本語を生成したり理解したりするための知識こそが日本語文法論の考察対象たる文法的知識であり、こうした逸脱的特徴を持つ例は正しい日本語とは言えず、従って日本語文法論の考察対象から除外すべきだ」と考える人もいるのかもしれません。しかし、こうした立場は、本書の立場とは全く異なったものです。
　言うまでもありませんが、本書がこうした逸脱的特徴を持つ文を考察対象とするのは、どこが誤りかを指摘することによって一般的な日本語使用者にどのように日本語を用いるべきかを指南するためなどでは決してありません。まず、本書は、実際の言語使用例をあるがままに受けとめ、そこに潜む意味の生成・理解の法則性（しくみ）、日本語使用者が持っている文法的知識とはどのようなものなのかを明らかにしようとする文法論の立場に立っていることを述べておきたいと思います。
　また、実際の使用例の中からわざわざ逸脱的特徴を持つ文を考察対象とするのは、通常の文が研究し尽くされ、もはや逸脱的特徴を持つ文にまで手をつけなければやることがないからなどといった消極的な理由からでもありません。本書がこうした文を考察対象とするのには、本書が拠り所とする文法論の立場から積極的な意味があります。逸脱的特徴を持つ文を考察することにより、実際の言語使用を成立させている文法的知識がどのようなものであるのかを、より鮮明に浮かび上がらせることができると考えるからです。
　そもそも、本書の筆者は冒頭で挙げたような逸脱的特徴を持つ文も日本語の文だと考えています。これらの例文が通常の文に比べて先に述べたような何らかの逸脱的特徴を持つこと、また、人によっては受容をためらいたくなるような不自然な印象や何らかの違和感を抱き得るものだということは、確かにその通りだと思います。しかし、「逸脱的特徴があり不自然」だから、日本語の文ではない、ということにはなりません。
　冒頭で挙げた（1）〜（4）の例は、いずれも公刊された著作の中に実際に見いだされた例です。その著者がどのような人であるかとか掲載書がどの

ようなものであるかとかいうことは、こうした例の文法的良し悪しの評価に本来関係の無いことですが、参考までに言えば、(1)は美しい日本語の使い手として名高い須賀敦子氏による随筆『ヴェネツィアの宿』、(2)は長い間読み継がれ版を重ねてきた著名な児童文学書『かぎばあさんの魔法のかぎ』(手島悠介著)、(3)はベストセラーシリーズの一冊で多くの読者に読まれている翻訳書『マジックツリーハウス11・戦場にひびく歌声』(メアリー・ポープ・オズボーン著／食野雅子訳)、(4)は同様に広く読み継がれ文庫本化した北杜夫氏の『楡家の人々』の中に実際に見いだされた例文です。そして、さらに、こうした例の類例は、著者・ジャンルを選ばず、この他にも次々と見つかるのです。

　また、一連の叙述の流れの中で用いられるこうした例は、本書の筆者にとってはほとんど違和感なく意味が理解されるものです。少なくとも、意味理解が滞り、何度も読み返さなければならないなどということはありません。本書の冒頭の例文提示だけを見て強く不自然だと感じた人であっても、実際に用いられたそれぞれの著作の中では文脈に応じてなめらかに相応の意味を解釈することができるものと思われます。

　つまり、これらは、ある程度の量の類例が実際に繰り返し用いられ、用いられたそれぞれの場面で、文脈に応じた意味理解のなされるものなのであり、単なる誤字脱字の類と同レベルの、1回限りの言い誤りや書き損ないなどではないのです。発し手には言語使用の意図があり、そこには日本語使用者たちに共有されている文の意味を生成・解釈するためのしくみがあります。そしてこの、文の意味の生成・解釈の過程で用いられるしくみに関する知識もまた、日本語使用者が習得した文法的知識の一部にほかならないと本書の筆者は考えます。

　もとより実際の言語使用は「正しい日本語」か「正しくない日本語」というように二分できるようなものではありません。実際の言語使用は、世代により地域により場面により様々なヴァリエーションがあり、日々、より奇抜な言い方が試されたり、持って回った言い方が工夫されたり、古くさい言い方が避けられたり好まれたり、故意の非規範的な言い方や臨時的な言い方が出現したり、それらが支持されて定着しつつあったりと、刻々と変化し、多

様性に満ちたものです。時間的に「今」の一瞬を切り取っても、正しいか正しくないかの二種類があるのではなく、異なる場面ごとに、より多くの日本語使用者が自然だと感じる文からほとんどの日本語使用者が不自然だと感じる文まで、つまり、より中心的な文から周辺的な文まで、連続的に存在するといったものです。そして、どのような文もそのような総体の中で、コミュニケーション活動を実現するための手段としてその文なりの役割を果たしていると考えるべきです。

　本書で取り扱う文も、実際の場面で一定の役割を果たす日本語の文なのであり、どのようなしくみで意味理解できるのかということとともに、周辺的な文であれ何であれ、なぜ実際にそこで用いられるのか、他の文とは異なる、どのような意味を表し得るものなのかということを文法論の立場から問われてしかるべき存在です。こうした周辺的な文を日本語の文として認定せずに考察の対象から外すことも、段階的考察のための便宜としてはあり得ますが、実際の言語使用に働く文法的知識がどのようなものなのかを明らかにするのが最終的な目的と考える文法論の立場なら、当然いつかは考察対象としなければならないものなのです。

　こうした少し不自然だと感じられるような文の意味を分析する際に本書が用いる基本的な考え方は、序章以降を読み進める際にとても重要なので、以下にまとめておきます。

　文の意味を理解するのに、まずその文をばらばらにして文を構成する個々の要素の意味を理解し、その後、文法規則に従ってそれらを合成して文全体の意味を得るという過程だけではなく、むしろ文全体の意味がひと固まりでどのような意味であるはずなのかという「予測」がたてられ、その予測に見合うよう文を構成する要素の意味が調整されることすらある。

　このような文全体の意味の「予測」のためには、構文類型に関する文法的知識が有効に用いられていると考えられます。本書では、逸脱的特徴を持つ文の考察を通して、この、構文類型に関する文法的知識というものがどのようなものであるのか、いかにそれが実際の言語使用上重要な役割を果たして

いるのかを明らかにしたいと思います。

　次の序章では以上のような本書の考え方を総論としてもう少し詳しく述べます。ただし、総論ですので、本書の各章を読む前に読むとかえって抽象的でわかりにくいこともあるかもしれません。第1章では具体的に冒頭の（1）のような文を例として、本書で明らかにしたいことを最も詳しく述べますので、日本語文法論を専門としない読者の方は第1章から読むこともおすすめしたいと思います。

序章

総論

1. 本書の目的―構文の重要性を明らかにすること

　日本語の構文に関する研究は、伝統的な国語学・日本語学の分野で多くの研究者により深められ、これまでに膨大な量の成果が蓄積している。国語学・日本語学の分野では、実際に用いられた日本語の文を幅広く収集し、実例に根ざした緻密な考察を行うものが多く、実際の使用の中で慣習化される構文の本質を考察するためのデータとして、今も価値を保っている。

　ただし、こうした先行の構文研究が主として目指していたのは、文の内部構造を明らかにすることだったと言える。例えば北原（1981ab）の構文論は、その文法機能の異なりから文を構成する「成分」を抽出し、「主格成分・目的格成分・…述語格成分」のようにそれぞれの機能に応じて命名する。そしてそれらがどのように「関係」して一文となるかを表し、その内部構造がどのようなものと捉えられるかを主張する。

　日本語の文を一枚岩のものとして記述するのではなく、どのような要素の組み合わせにより成り立っているのか、要素の組み合わせの規則性はどのようなものなのか、組み合わせの規則の違いによりどのような種類の日本語の文のタイプがあり得るのかということが深く考察され、記述されてきたのである。こうした先行の「構文」研究が前提としてきたのは文が要素に分けられるという「分節性」であり、その分節の結果としての「要素」の探求が重視されてきたと言ってもよい。

　本書はこうした先行研究の成果をとりいれつつも、しかし、「構文」という概念で強調したいのは、逆に、「要素」を積み上げた結果としての文が持つ「全体性」の方である。本書のタイトルが単に「文」と言わずに「構文」

と言うのにもこの観点から重要な意味がある。「文」とは、普通「単語」と言われている要素がいくつか組み合わさってできる、1つの結合体のことである。1つ1つの結合体、それぞれが「文」である。この結合体は、同じ文の形式、例えば「A（名詞）ガB（名詞）ヲV（述語動詞）」という形式を持っていれば、実際に使用されている個々のA・B・Vが何であれ、その違いを超えて、ある抽象的な意味を共有する「類型」として認識される。例えば「真理子が厚子を叱った」も「直之が智則を叩いた」も「風が帽子を飛ばした」も、皆同じ「AガBヲV」という形式を持っており、実際のAが「真理子」「直之」「風」と違っていても、また、実際のVが「叱った」「叩いた」「飛ばした」と違っていても、「AガBヲV」形式に共通の〈他動性〉の意味（例えば、ここでは〈他動性〉の意味をAがBに働きかける動作の意味としておこう）を持つ、というようにである。

　本書で「**構文**」と呼ぶのは、このような**類型的意味を抽象させた、ひとまとまりの「文類型」**のことである。要素が集まってできあがった文は、何度も使用されて慣習化され、ある文形式ひとまとまりで1つの意味を担うものと認識される。本書はこうした構文の持つ「全体性」に光を当ててみたいのである。この構文の持つ「全体性」を重視する先行研究が国語学・日本語学に無かったわけではない。例えば佐久間（1943）の「構文」は、文の考察を行うのに単語から出発する立場ではなく文全体を1つの単位として出発する立場からわざわざ命名されたものである。

　ひとまとまりの構文の表す類型的意味に関する知識、つまり、例えば〈「AガBヲV」という形式の文は、AやBやVがどのようなものであれ、このひとまとまりでこれこれといった共有の意味を表す〉という知識は、日常の言語使用において実際の文の意味を理解するのに重要な役割を果たしている。本書は、**ひとまとまりの構文の表す類型的意味**が、いかに効率的な意味理解に貢献しているか、いかに柔軟で創造的な意味の生成と受容に貢献しているかの一端を、日本語の実例を考察対象として明らかにしていきたいのである。

　したがって、ある構文の意味とはこれこれであるという記述が最終目的なのではなく、そのように、ある構文の意味が日本語使用者に認識されている

として、その構文の意味が実際の言語使用時にどのように活用されているかを明らかにし、そのことを通して構文という単位の持つ抽象化された類型的意味がいかに重要なものであるかを主張したいのである。

2. 考察の対象──逸脱的特徴を持つ文

　本書で考察する日本語の文は、そのほとんどが「ＡガＢヲＶ」という形式を持つ文である。この形式を持つ文をすべて**他動構文**と呼ぶことにしよう。他動構文には例えば次のようなものがある。

　　（１）　客が皿を割った。
　　（２）　田中夫妻は遊歩道を歩いた。

　（１）は述語句（Vの句）「割る」が〈割れる〉という状態変化を引き起こす行為の意味を表し、ヲ句（「Ｂヲ」の句）「皿を」がその行為の及ぶ〈対象〉を表している。（２）は述語句「歩く」が移動動作を表し、ヲ句「遊歩道を」がその〈移動動作の行われる空間〉を表している。このように一口に他動構文と言っても多様な意味のものがある。（１）を対象ヲ句文、（２）を移動空間ヲ句文と呼んでおこう。
　さらに、他動構文の中には、通常の他動詞を持つ文からすると逸脱的特徴を持つ、（３）〜（５）のようなものがある。

　　（３）　その日も、アドリアーナは私の宿泊先のホテルまで送ってきてくれたのを、まだ時間があるから、このザッテレの河岸を散歩しようということになったのだった。　　　　　（「ザッテレ」pp.120-121）
　　（４）　ふりしきる雪とつめたい風の中を、ボートは、右に左にゆれながら、むこう岸をめざした。　　　　　　　　　　　　（「戦場」p.126）
　　（５）　「広一、なにをぼんやりしてるんだ」　　　　　（「かぎ」p.65）

　例えば（３）は、「…送ってきてくれたのを」の後に出現することが期待される他動詞が無く、「…ということになった」という自動詞があるだけで

序章　総論　　9

ある。「なる」は普通ヲ句とは結び付かない。同様に（5）も、「なにを」の後に続く「ぼんやりする」は通常ヲ句と結び付かない自動詞である。

また、（4）は、「ふりしきる雪とつめたい風の中を」の後に「向こう岸を」という2つ目のヲ句が登場し、1つの「めざした」という他動詞に2つのヲ句が結び付いている。これは後で述べるように通常の他動構文では制限される二重ヲ句の文である。

さらに、（3）の「…送ってきてくれたのを」（4）の「ふりしきる雪とつめたい風の中を」は、「～（な）のに・～にもかかわらず」と言い換えてもさほど意味の違いがないように感じられるという特徴、つまり意味的に副詞句に近いという特徴もある。（3）～（5）に見いだされるこうした特徴は、通常の他動詞からなる文には無い逸脱的特徴として次のようにまとめられる。

　　（3）～（5）の逸脱的特徴
　　　　①ヲ句が直接関係する他動詞が不在である。
　　　　②二重ヲ句を許容する場合がある。
　　　　③ヲ句が副詞句と置き換え可能な意味を表すように見える。

①～③の逸脱的特徴のうち本書で特に注目したいのは、（3）～（5）に共通する①である。つまり、「AガBヲV」という他動構文の形式を持ちながらBヲと直接結び付く他動詞がそのヲの後続に存在しないという逸脱的特徴である。本書で考察する他動構文は、この逸脱的特徴を持つ例文（3）～（5）のようなタイプの他動構文である。（3）のタイプは「**接続助詞的なヲの文**」と呼び、第1章～第4章で考察し、（4）のタイプは「**状況ヲ句文**」と呼び、第5章で、（5）のタイプは「**逸脱的な〈何ヲ〉文**」と呼び、第6章で考察する。

また、第7章では「逸脱的な〈何ヲ〉文」と似た意味を表す「**逸脱的な〈何ガ〉文**」を考察する。「逸脱的な〈何ガ〉文」とは次の（6）のようなものである。

　　（6）　何がおひいさまでございますかよ　　　　　　　（「楡家」p.603）

おひいさま（=お姫様）は人間のことであるから「誰がおひいさまでございますよか」という形が期待されるところだが、（6）には「何が」が現れ、通常の「A（名詞）ガV（述語句）」型の文から逸脱した特徴を持つ。また、意味的に（6）は（5）と似ており、単なる疑問の表明ではなく、相手の発話に対するとがめだての意味の感じられる文である。（6）は（3）〜（5）のような他動構文ではないが、（5）の「逸脱的な〈何ヲ〉文」と関連させて、第7章で考察する。

　こうした逸脱的な特徴を持つ文を考察対象とする積極的意義は「はじめに」で述べたとおりである。逸脱的な特徴を持つ文こそ実際の言語使用を成立させている文法的知識がどのようなものであるのかをより鮮明に浮かび上がらせることができるものと筆者は考えるのである。本書では文法論の立場から、こうした文の表す意味はどのようなものなのか、それはなぜ表し得るのかを考察し、構文類型の果たす役割を明らかにしていく。

3. 本書の主張──構文の意味と類推

　本書を通して明らかにしたいことは、逸脱的特徴を持つ文の意味理解には**類推の過程**が存在し、その類推の過程に「**構文**」に関する**文法的知識**が働いているということである。

　類推とは、「知りたいこと、あるいはよく知らないことをよく知っていることにたとえて考えること」（鈴木（1996）p.13）であり、専門的には「知りたいこと、あるいはまだよく知らないこと」は「ターゲットドメイン（target domain）あるいは単にターゲット」、「すでによく知っていること」は「ベースドメイン（base domain）あるいは単にベース」と呼ばれる。そして「たとえる（当てはめる）」ということは「ベースドメインの要素をターゲットドメインに写像（mapping）する」と言う（鈴木（1996）p.13）。

　例えば、文の部分が明らかに誤って言われた場合を考えてみよう。

　　　（7）　キックベースはボールを打たないの。選手は手でボールを蹴るんだよ。

この下線を引いた文は、「蹴る」という述語から考えれば「手で」ではなく「足で」と言うべきだったとわかる。このように、「手で」という要素を「足で」という要素に直して意味理解できるのは、「手で」を言わば空所「〜で」とし、「選手は〜でボールを蹴る」という下線文全体を、「蹴る」を述語とするパターン「Aが足でBを蹴る」と照らし合わせて、「〜で」に入るべきことばは「足で」であると理解するからである。空所があって「よく知らないこと」である下線文を、「よく知っていること」であるパターン「Aが足でBを蹴る」にあてはめて理解する、専門的に言えば、「よく知らないこと＝ターゲットドメイン」に、「よく知っていること＝ベースドメイン」の要素を写像して理解するということなのである。これが類推による文の意味理解である。これを以下の図1にまとめておこう。

図1　逸脱的な文に対する類推

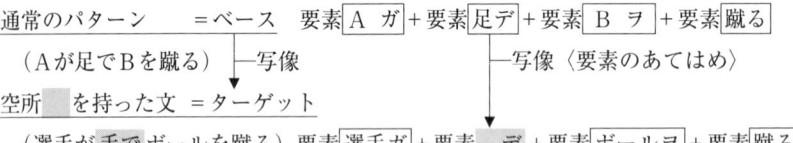

　仮に、ある文は3つの構成要素からなり、それらが組み合わさって文全体が完成するはずのものであるとしよう。その3つのうちの1つの要素が空所になっている場合、この文全体の意味を得るのにその3つの構成要素の1つ1つを足していって文全体の意味の理解に至るといったボトムアップ的な処理が行われるだけで済まないのは明らかである。部分から全体へのボトムアップ的な処理だけでは、空所となっている1つの要素の意味が明らかでない以上、絶対に全体の意味には行き着けない。
　その空所を埋めて文の意味を理解するためには、むしろその文全体がまずある文類型なりパターンなりに属するものと予測的に見なされ、その類型をベースとした写像が行われ、類型の持つ特徴をあてはめることによって空所を占めるべき要素の意味・機能が補給され理解されなければならないのである。この場合には逆に全体から部分へとトップダウン的な処理がなされているということである。

以上のような、文の意味理解にボトムアップ的な処理だけではなくトップダウン的な処理も関与しているということに関しては心理学の分野で実験による研究が進めている。また、「類推」という認知活動はどのようなものか、「類推」はどのように行われどのような役割を果たすものかといった一般的な問題は心理学の解明すべきテーマだと言える。これに対し、本書は日本語学の立場から、日本語の実例を観察する日本語学の手法によって、文の意味理解にボトムアップ的な処理だけではなくトップダウン的な処理、「類推」の過程も関与しているという仮説が妥当と考えられる理由を述べてみたい。中でも強調したいことは、その類推の過程には、〈構文の意味に関する文法的知識が重要な役割を果たしている〉ということである。
　この骨子は、既に天野（2002）で'密接な意味的関係性を想定する必要のある' 4つの構文を例にして述べたことである。ここでは、天野（2002）の中から2つの構文を例として取り上げ、本書に引き継がれる骨子を簡単に説明しておきたい。

　（8）　その街は、K大佐に破壊された。
　（9）　髪の毛がつややかでいらっしゃる。

（8）は、非人物「その街」が主語のニ受動文、（9）は非人物「髪の毛」が主語の尊敬文である。通常、日本語の受動文は、動作主がニヨッテではなくニで表示されるニ受動文の場合に、その主語は人物でなければならないという制約があると言われている。しかし、（8）は「K大佐に」のように動作主がニで表示されるニ受動文であるにもかかわらず、この制約を破ってその主語が「その街」という非人物で構成されている。また、（9）は、通常の尊敬文は主語が尊敬の対象となる人物でなければならないが、これを破り、非人物の「髪の毛」が主語を構成している。これらはいずれも通常のニ受動文・尊敬文から逸脱した特徴を持つ文なのである。
　しかし、これらの文は意味の理解が可能である。（8）は、「K大佐」の破壊行為によって迷惑を被る人々が「その街」に存在することが読み取れるし、（9）は尊敬文の対象となっている人物、髪の毛の持ち主の存在が読み取れ

る。これは、通常のニ受動文という構文の意味や尊敬文という構文の意味がベースとなり、ターゲットとなる逸脱的な特徴（非人物が主語となっていること）を持つ（8）（9）の文に、逸脱性を補うように適格な要素が写像され、人物主語の意味が補給されて理解されているものと考えられる。

図2　非人物主語のニ受動文・非人文主語の尊敬文の意味理解

通常の構文（ベース）　　　　　　　　逸脱的特徴を持った文（ターゲット）

人物 ガ + 人物 ニ + 受動述語句（〜（ら）れる）--▶ 非人物 ガ + 人物 ニ + 受動述語句（〜（ら）れる）

人物 ガ + 尊敬述語句（〜でいらっしゃる）--▶ 非人物 ガ + 尊敬述語句（〜でいらっしゃる）

　上の図2では逸脱した特徴を持つ要素がグレーで示されている。この要素は、文全体の意味解釈のための構成要素としてはいわば空所のままであるのと同じで、構成要素を足し算して全体の意味理解に至る場合には相応の役割を果たすことができない。

　そこで（8）の文の意味を得るために、（8）は、その全体が通常のニ受動構文に属する文であると認定され、通常のニ受動構文が持っている類型的意味〈ある人物が他の人物から行為を受け、そのことによって心理的な影響（例えば迷惑など）を受ける〉が写像される。「通常のニ受動構文」をベースとし、「逸脱的特徴を持つニ受動文」をターゲットとする類推が行われるということである。その結果、逸脱的要素である非人物主語の背後に例えば「その街の住人」のような、心理的な影響を受けるはずの人物の意味が創造的に想定され、通常のニ受動構文の持つ意味〈ある人物が他の人物から行為を受け、そのことによって心理的な影響（例えば迷惑など）を受ける〉が保持されるのである。

図3　「非人物主語のニ受動文」への意味の補給

通常の構文（ニ受動文）＝ベース　…　人物 ガ +　　人物 ニ +　受動述語句
　　　　　　　　　├─写像　　　　　　　　├─写像〈人物性の補給〉
逸脱的特徴を持った文＝ターゲット…┌ 非人物 ガ +　人物 ニ +　受動述語句
　　　　　　　　　　　　　　　　└ ＋人物性（例えば「その街の住人」など）

　同様に（9）も、通常の尊敬構文に属するものとみなされ、通常の尊敬構

文をベースとした類推を経て、類型的意味〈上位待遇されるある人物が、ある動きを行う／ある状態である〉が（9）に写像される。その結果、逸脱的要素である非人物主語「髪の毛が」の背後に例えばその「髪の毛」の持ち主である「先生」のような人物の意味が想定され、通常の尊敬構文の意味と整合した意味が得られるのである。

図4 「非人物主語の尊敬文」への意味の補給

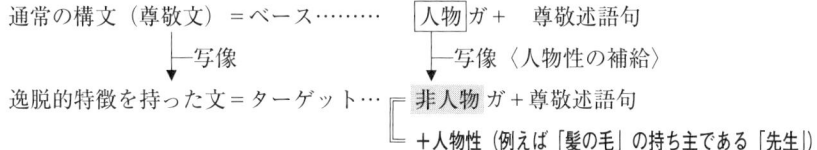

こうした、逸脱的特徴を持つ文の意味を得るためのベースとなる構文類型が持つ意味を、天野（2002）では「基準的意味」と呼んだ。天野（2002）は、逸脱的特徴を持つ文では構成要素の積み上げによって文の意味理解をするだけではないこと、ある構文とそれが持つ「基準的意味」に関する知識が、こうした逸脱的特徴を持つ文の意味理解に貢献していることを述べたわけである。こうした、日本語使用者が習得している、どの構文がどのような「基準的意味」を持つのかということに関する知識は、文法論が明らかにすべき文法的知識の1つであると言える。

　2節で見たように、本書で取り扱う（3）〜（5）のような「AガBヲV」文は、すべてBヲと直接結び付く他動詞の無い、逸脱的な特徴を持つ文である。いわば述語句部分が空所のままとなっているようなものである。本書においても天野（2002）の骨子を引き継ぎ、こうした例も、他動詞が不在であってもヲ句が顕在であることによって他動構文に属する文であると認識され、通常の他動詞を述語とする他動構文をベースとした類推を経て解釈されることを述べる。つまり、（3）〜（5）のような文は、他動構文の類型的意味を写像して文の意味が理解されるのであり、したがってこれらも他動構文が持つ他動性の意味を保持した文であること、これらのヲ句は〈対象〉を表す対格であると考えられることを述べていくことになる。

　また、最後に取り上げる（6）のような「AガV」文もまた、述語句部分

がいわば空所のままになっている文だということを示し、この場合には名詞述語文「AガBダ」文をベースとした類推を経て文の意味が理解されることを明らかにしたい。

(3) その日も、<u>アドリアーナは私の宿泊先のホテルまで送ってきてくれたのを</u>、まだ時間があるから、このザッテレの河岸を散歩しようということになったのだった。　　　（「ザッテレ」pp.120-121）
(4) <u>ふりしきる雪とつめたい風の中を</u>、ボートは、右に左にゆれながら、むこう岸をめざした。　　　　　　　　　　　　（「戦場」p.126）
(5) 「広一、<u>なにを</u>ぼんやりしてるんだ」　　　　　　　　　（「かぎ」p.65）
(6) <u>何が</u>おひいさまでございますかよ　　　　　　　　　　（「楡家」p.603）

4. 天野（2002）の課題と本書の主張

　本書は、3節で述べたように天野（2002）の骨子を引き継ぐが、天野（2002）の考察には不十分な点が残されていた。本書でとりわけ問題にしたいのは「基準的意味」とは何なのかということである。

　天野（2002）は、類推によって写像される、構文の持つ「基準的意味」のことを「それぞれの構文類型に属する文ならばどのような文も持っていなければならないような意味」（p.11）としている。例えば、「動作主が「～ニ」という形式で表される受動文である」といった形式の点からの同定が、ターゲット文の所属先となる構文がどれであるかを認定するための重要な要因であるとし、〈「形」が同じであることから「意味」が類推される〉といったシンプルな処理の図式が天野（2002）の説明の根本にはある。そして、〈「形」が同じものすべてが持つ共通の意味〉が類推のベースとなる構文の「基準的意味」であると天野（2002）は考えている。

　確かに、天野（2002）で扱った4つの構文は、いずれも同じ形式の文をそれ以上、つまり「形」以外の基準で細分化しなくても、〈その「形」を持つ文ならばどのような文も持っていなければならないような意味〉という、いわばメンバーの最低ラインを保証するような希薄な意味であっても、類推のベースとなる意味とすることに結果的に支障はなかった。

しかし、構文によっては、同じ「形式」の文でありながら実に様々な意味を表す文が所属し、もしもそれらすべてに共通する意味を抽出するとしたら、きわめて希薄な意味を抽出するしかない場合もあるはずである。そのようなきわめて希薄な意味が、類推のベースとなる構文の「基準的意味」として、役割を果たせるのだろうか。

そうではなく、その所属先の構文の、「最もその構文らしい中心的な意味」が基準になるという可能性も考えられるのではないだろうか。「同じ構文類型に所属するすべての例から抽象される共通の意味」を**スキーマ的意味**と呼び、他方、「同じ構文類型に所属する例の中で最も中心的な意味」を**プロトタイプ的意味**と呼ぶとするならば、類推の基準となるのは、スキーマ的意味ではなくプロトタイプ的意味の可能性もあるのではないかということである。

本書で中心的に取り扱う「AガBヲV」構文はまさに様々な意味の文を内包するものであり、そのスキーマ的意味となると、きわめて希薄な意味になってしまうようなものである。本書では、「AガBヲV」構文をベースとするというよりも、さらに「AガBヲV」構文の下位にいくつかの構文類型がまとまりをなしていることをまず示し、その下位の構文類型のどれかをベースとした類推が行われる場合があるということを明らかにする。

図5 「AガBヲV」構文の下位カテゴリー

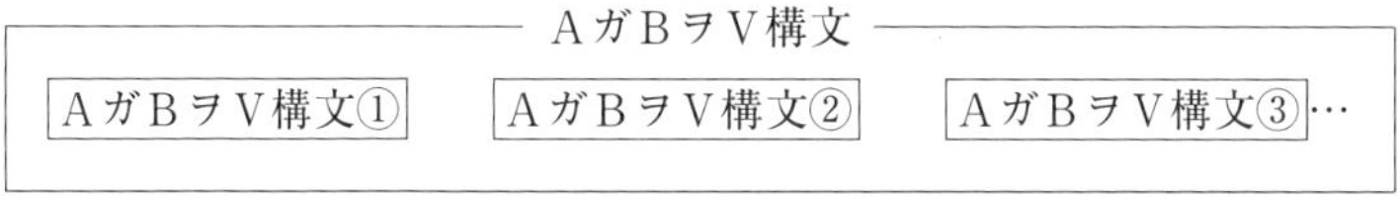

```
─────────── AガBヲV構文 ───────────
│ AガBヲV構文①  │ AガBヲV構文②  │ AガBヲV構文③ …│
```

図5のイメージが示すように、最上位の「AガBヲV」構文類型も、その下位にあると考えられるいくつかの構文類型①②③…も、「形」はすべて「AガBヲV」である。従って、この場合、ターゲットとなる逸脱的な特徴を持つ「AガBヲV」文と「形」が同じであるという理由だけでは、いくつかの下位の構文類型のうちのどれをベースとするのかが決定できないことになる。本書では、単に「同形だ」という情報だけではなく、構成要素の意味や構成要素どうしの意味関係に関する情報、また、そうした構成要素の意

味・構成要素どうしの意味関係がある場合に通常どのような構文類型が数多く用いられるかという頻度に関する経験的な情報なども関与してベースが選ばれると思われること、さらに、同形のいくつかの構文類型の中でも、プロトタイプ的意味を持つ構文類型が選択に関与すると考えられることを述べる。

　このように、例文（3）〜（6）のような逸脱的特徴を持つ「AガBヲV」文が類推によって意味理解されるには、「AガBヲV」という「外形」を持っているということや、その「形」を持つものがすべて共有するような最上位のスキーマ的意味がどういうものかといったシンプルな情報だけではなく、より多様な情報が手がかりとなり、トップダウン・ボトムアップ双方向の相互参照的な処理が行なわれて意味理解に至ると考えられることを本書では述べることになる。

　ある構文類型は、ただ1つのスキーマ的意味の抽象化される、一枚岩なのではなく、さらに、それぞれにスキーマ的意味の抽象化される、いくつかの下位の構文類型を内包している。それらのいくつかの構文類型のうち、あるものは中心的、あるものは周辺的と考えられる。こうした構文類型とそれに結び付く意味に関する多様な知識が実際の言語使用に重要な貢献をしているのである。このような多様な情報が類推のベース選択に関与しているということは、天野（2002）とは違う現象を本書が扱うことにより、明らかにしていくことになるものである。

5. 語用論との接点

　以上のように、逸脱的特徴を持つ文を、ある構文をベースとして何とか解釈するということは、そこに現れている言語形式だけでは解釈できない意味を、ベースの意味から推論して補給するということであり、言わば言語形式を手がかりとして「言語形式に無い意味」を**文脈上創造して付与する**ということである。

　このように逸脱的特徴を持つ文であっても無視したりせずに、実際には意味補給されるなどして何とか解釈がなされるのは、実際の言語使用場面では、ある文が発話された以上何らかの有益な意味を持つ文として発話されているに違いないという前提が聞き手側にあるからこそである。

さらに、その前提に立った聞き手が何とか意味理解しようと努めるときに、ボトムアップ的な積み上げ式の意味理解ではなく、トップダウン的な意味理解をするためには、与えられた文脈の中で考えられる限りの最適な意味は何である「はず」なのかという目処が立てられなければならない。この文脈上目処を立てるということも、「有益な情報を得る」という、言語運用の目的・原理を持ち合わせていなければできないことである。

　このような言語運用に関する問題・文脈を加味した考察は、従来文法論の問題というよりも語用論の問題として扱われてきたものである。本書の考察は、実際に使用された文の意味の確定には語用論的な言語運用上の原理に従った結果の、語用論的な推論の過程が必要な場合があるということを示すことでもある。つまり、狭義の文法論の領域だけではなく、語用論の領域とも接する側面を追究していくことになる。

　文法論研究の中でも文脈を考慮することの重要性はこれまでも述べられてきた。例えば1節で言及した佐久間 (1943) は「構文」を実際の文脈の中に浮かび上がる1つのまとまりと捉え、文脈との「交渉」により「自己をきはだたせてゐる」(p.158) とし、実際の言語活動の流れの中で文の意味が得られることを述べている。第1章で明らかにするように、要素から文が構成される側面を研究した仁田 (1997) でも、語彙的意味が文脈の中で「変容」されることを述べている (p.243)。本書はこうした先学が指摘してきた文法論研究における語用論的視点の重要性をより明らかにしていきたい。

6. 本書で扱う「拡張」という意味について

　本書では、逸脱的特徴を持つ文は、ある構文の類型的意味をベースにして類推が行われ、ベースの特徴が写像されることによって意味補給がなされるものと考えていく。ベースの構文があっての逸脱文であり、ベースの構文と逸脱的特徴を持つ文との関係は、基本とその拡張として位置づけることもできる。本書は「拡張」という術語をこの意味で用いる。一般的に広く「拡張」という術語で指される内容とは異なることに注意されたい。

　一般的に「拡張」という術語を用いる場合、「異なる2つのカテゴリー間の意味的な派生関係」を指すことが多いと思われるが、本書で「**拡張**」とい

う場合は、「**類推のベースと、類推のターゲットの間の写像関係**」に限定することにする。本書の「拡張」関係にあるベースの構文とターゲットの文とは、写像によってベースの構文の意味的特徴と同じ意味的特徴がターゲットの文に付与されるという関係にあり、ベースの構文とターゲットの文とは同じ1つのカテゴリーに属するものと位置づけられ、同じ1つのスキーマのもとにあるものと位置づけられる。

　これに対し、一般的に「拡張」という術語で指される2つの構文は、一方が中心的・基本的カテゴリーに属し、他方はそのカテゴリーには入らない周辺的なものとして、新たなカテゴリーに属するものと位置づけられる。そして、元となるカテゴリーと新たなカテゴリーから、新たなスキーマが抽出されることになる。例えば山梨（2009）では認知言語学のアプローチにより次の（10）～（12）について、（10）を基本構文とし、（11）（12）の構文をメタファーによる「拡張」としているが、ここで用いられる「拡張」という術語は新たなスキーマで括られるような、「複数の構文カテゴリー間の意味的な派生関係」を捉えて呼ぶものである。

(10)　鷹が獲物を襲った。　　　　　　　　　　　　（山梨（2009）p.113）
(11)　台風が本州を襲った。　　　　　　　　　　　　　　　　　　（同上）
(12)　不況がその国を襲った。　　　　　　　　　　　　　　　　　（同上）

　このように下位の構文類型のいくつかが、中心（基本）から周辺まで連続して関係づけられる場合に、中心から周辺まで「拡張」していると言われることがある。このような見方で捉えた「拡張」を「異なる下位カテゴリー間の、中心から周辺までの拡張関係」（=**カテゴリー拡張**）と呼んで区別しておこう。本書では、このような観点からの考察はしない。

　このカテゴリー拡張を山梨（2009）の例文を用いて図示したのが図6である。「ＡガＢヲＶ」構文は、いくつかの下位構文類型に分かれる。その下位構文類型の1つに〈影響動作性〉の意味を持つ構文、つまりＡからＢへと働きかけが及ぶ意味を表す「ＡガＢヲＶ」構文があると考えられる。山梨（2009）の例文「鷹が獲物を襲った」も〈影響動作性〉の意味を持つ「ＡガＢ

ヲV」構文の下位構文の1つに属するものと考えられる。そして、山梨(2009)では、「台風が本州を襲った」はこの「鷹が獲物を襲った」から派生した別カテゴリーのものと位置づけられる。

図6　カテゴリー拡張

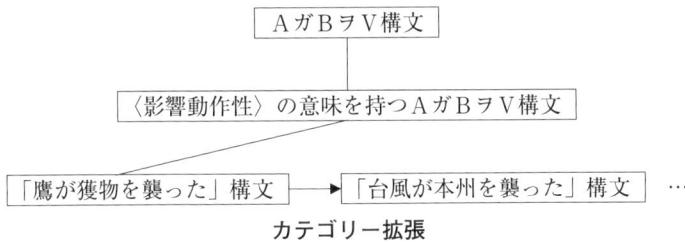

カテゴリー拡張を起こした構文は、拡張元の構文から抽出されるスキーマの特徴を引き継がないものと考えられているため、新たなスキーマが想定されることになる（次の図7のグレー部分）。

図7　カテゴリー拡張の新たなスキーマ

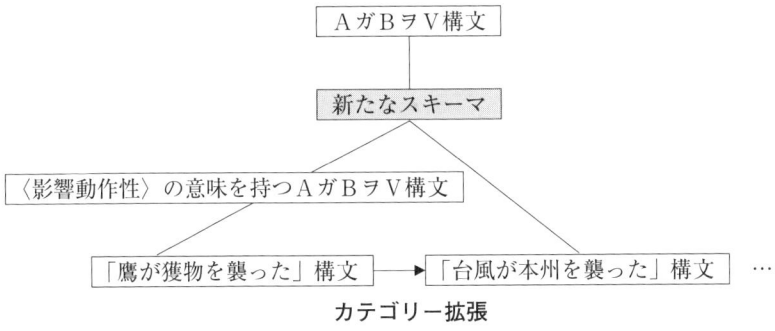

他方、本書の考察では、逸脱的特徴を持つ文をベースとなる構文類型が類推により「拡張」されたものとして説明するが、本書で言う「拡張」とは、新たな構文類型としてカウントできるものとして位置づけるのではなく、ベースとなる構文類型と同じカテゴリー所属と位置づける。この拡張関係を「同じカテゴリーの、類推のベースからターゲットへの拡張関係」（＝**類推拡張**）と呼んで、カテゴリー拡張と区別しておく。

序章　総論　*21*

この類推拡張を例を用いて図示してみよう。山梨（2009）のカテゴリー拡張を説明するために示したように、「ＡガＢヲＶ」構文は下位構文類型の１つに〈影響動作性〉の「ＡガＢヲＶ」構文があると考えられ、さらにそれはいくつかの下位構文に分かれると考えられる。その１つに「太郎が成長を止めた」のような、動こうとする方向を止める〈対抗動作性〉の意味を持つ「ＡガＢヲＶ」構文がある。第１章で詳述するように、例文（３）のような接続助詞的なヲの文はこの〈対抗動作性〉の意味の「ＡガＢヲＶ」構文をベースとしてその〈対抗動作性〉の意味の写像された、類推拡張の文であると本書では位置づける。これを図で示したのが図８である。類推拡張を起こした接続助詞的なヲの文は、ベースとなる〈対抗動作性〉の意味を持つＡガＢヲＶ構文の特徴を引き継ぎ、新たなスキーマを抽出することがないものとして位置づけられることになる。

図８　類推拡張

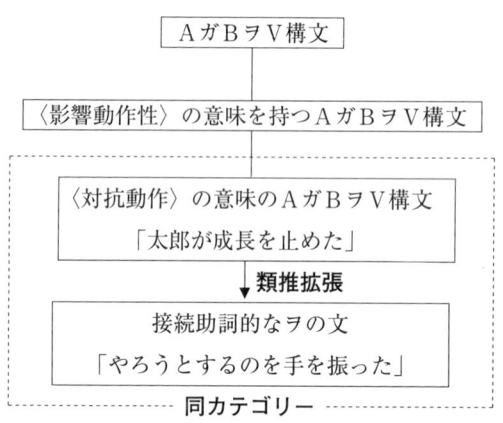

　本書で取り扱うのは、上の図８の点線で囲まれた部分に見られるような**類推拡張**についてである。この類推拡張は、言語形式にコード化されたもともとの意味に加えて、当該の**文脈**で、ある別の特徴が写像されることにより別の意味がとりこまれるような**重層的な拡張**である。北海道に自生する「ふきの葉」は葉が大きいため急場しのぎに傘の役割を果たすことも可能だが、「ふきの葉をさして山道をおりた」という文脈で用いられた「ふきの葉」は、

植物としての「ふきの葉」の意味の他に文脈上「傘」の意味が想定されるからといって、「傘」の意味までを取り込んでより大きな新しいカテゴリーに変化したわけではない。そうではなく、「ふきの葉」のカテゴリーに、文脈上「傘」のカテゴリーが臨時に重ねられたと言うべきである。

同様に、本書では、例えば他動詞「食べる」が文脈上〈サエギル〉という抽象的な意味を〈食ベル〉という意味に加えて重層的に表すことがあることを述べる。例えば、「せっかく弟のおやつに作ったのを姉が食べてしまった」は、文脈上、弟が食べるという事態が起こる予測があるのにその予測の方向性を遮って姉が食べたということを表している。この場合、他動詞「食べる」自体が、他動詞「遮る」と同じように〈サエギル〉という意味をもつ他動詞として、新たなカテゴリーへと拡張変化を起こしたわけではない。これも、文脈上他動詞「遮る」の意味が重ねられているに過ぎない。

このように、本書では「拡張」という用語を、カテゴリー自体が別物に変化することを指すものとしてではなく、**文脈上、ベースとする類型的意味を類推によって写像し、意味を重ねることを指すもの、あくまでもベースとなる既成のカテゴリーに、もう１つの既成のカテゴリーを臨時に重ね合わせて、１つのベースのカテゴリーに所属するとみなすことを指すもの**として用いることにする。

以上、序論で述べてきた概念を用いて、第１章より具体的な言語現象を考察していきたい。もう一度考察対象となる例文を挙げておく。

（３）　その日も、アドリアーナは私の宿泊先のホテルまで送ってきてくれたのを、まだ時間があるから、このザッテレの河岸を散歩しようということになったのだった。　　　　　　　（「ザッテレ」pp.120-121）
（４）　ふりしきる雪とつめたい風の中を、ボートは、右に左にゆれながら、むこう岸をめざした。　　　　　　　　　　　　（「戦場」p.126）
（５）　「広一、なにをぼんやりしてるんだ」　　　　　　　　　（「かぎ」p.65）
（６）　何がおひいさまでございますかよ　　　　　　　　　　（「楡家」p.603）

第1章では例文（3）のような接続助詞的なヲの文を対象に、本書の主張を最も詳しく述べる。第1章での説明が、他の現象の説明でも繰り返し適用されることになる。

　第2章と第3章は、第1章での考察を元に、古代語の接続助詞ヲについて論じる。現代語では明確に接続助詞のヲがあるとは言われないが、古代語にはあったとされる。それはどのようなものであったのか。現代語の接続助詞的なヲとつながる現象なのかを考える。第4章は第1章の考察と関連する、主要部内在型関係節と言われる現象を論じる。主要部内在型関係節とは「昨日母がリンゴを買っておいたのを弟が食べた」のようなものである。このヲ句は副詞句とされる場合もあるが、はたして妥当であろうか。第2章から第4章までは第1章の接続助詞的なヲの文を中軸にした関連の論考である。

　続く第5章で、例文（4）のような状況ヲ句文について論じる。

　次の第6章は、例文（5）のような逸脱的な〈何ヲ〉文について論じる。第1章からここまでが拡張した他動構文についての考察である。

　最後の第7章は、例文（6）のような逸脱的な〈何ガ〉文について論じる。これは拡張した名詞述語文についての考察になる。

　終章では本書で明らかにしたことをまとめ、今後の課題についても述べておきたい。

第 1 章

接続助詞的なヲの文
――「やろうとするのを手を振った」――

> **要旨**
>
> 　この章では、「AガBヲV」という他動構文の形式でありながらヲ句の後続にヲ句と直接関係する他動詞の無い、いわゆる接続助詞的なヲの文を考察する。この章で取り上げる接続助詞的なヲの文とは以下のようなものである。
>
> （1）　二人がそれを手帳に写しとろうとするのを、じれったそうに手をふって、「いいんだよ、それは持ってお行き。こっちにゃ住所の控えはあるから」　　　　　　　　　　　　　　　（「ちょ」レー（1988）p.83）
>
> （2）　というのも、その年、国民総動員ということで、ほんとうは五年制だった女学校を四年で卒業になり、おまけに入学が決まっていた東京の学校が三月の空襲で焼けて自宅待機ということだったのを、ちょうど家の近くに疎開して来た療品廠(りょうひんしょう)という海軍の医療品をあつかう部門で四月から働くことになっていたからだった。（「夏の」p.28）
>
> この章では、この種の文を考察して次のような点を明らかにする。
>
> ①いわゆる接続助詞的なヲの文は、「Bヲ」（＝ヲ句）の部分で事態の自然な進展方向を予測させる意味を表しており、後続の述部「V」の部分でその自然な方向を遮る意味を表す。このような意味を〈対抗動作性〉と呼ぶことにする。
> ②①のような解釈が行われる過程には推論が働いている。

③推論の過程では、「遮る」などといった、〈方向性制御〉の意味を持つ他動詞の文がベースとなり、その他動詞が持つ意味を接続助詞的なヲの文の意味にあてはめて解釈する《類推》が行われている。
④接続助詞的なヲの文も、他動構文の中心的な意味を共有しており、そのヲは接続助詞ではなく格助詞である。

この章の目的は、現代語のヲに格助詞のヲとは異なる語彙項目としてのヲ、接続助詞と分類できるようなヲがあると言えるかどうかを考え、ヲという言語形式にコード化された意味とはどのようなものかを明らかにする研究の一助としたいということである。また、個々の動詞の辞書的な意味、つまり言語形式にコード化された意味が、実際の使用においては当該の文脈によって様々な意味に《変容》解釈されること、言語形式にない意味が《補充》解釈されること、推論によってはじめて文の意味が確定される場合のあることを述べることである。

0. はじめに

この章で考察するのは以下のような文である。

（1）二人がそれを手帳に写しとろうとするのを、じれったそうに手をふって、「いいんだよ、それは持ってお行き。こっちにゃ住所の控えはあるから」　　　　　　　　　（「ちょ」レー（1988）p.83）
（2）というのも、その年、国民総動員ということで、ほんとうは五年制だった女学校を四年で卒業になり、おまけに入学が決まっていた東京の学校が三月の空襲で焼けて自宅待機ということだったのを、ちょうど家の近くに疎開して来た、療品廠という海軍の医療品をあつかう部門で四月から働くことになっていたからだった。
（「夏の」p.28）

これらの文はヲ句（＝「〜ヲ」）を持ちながらそれと直接関係する他動詞が

不在であり、そのためこれらのヲは他動詞と関係する格助詞というよりも2つの事態を連結する接続助詞のようだと言われることもある。しかしこうしたヲの文についての先行研究は少なく、これらの文の意味がどのようなものなのか、そのヲをどう位置づけるべきかなどについて十分に検討されてきたとは言えない。この章では実際に用いられるこうした接続助詞的なヲの文を中心に考察し、①現代語の接続助詞的なヲの文がどのような意味を表すかを述べ、②その意味が通常の「AガBヲV」形式文の1つの類型的意味と共通することを明らかにする。そのことにより、③接続助詞的とされるヲも他動的な行為の対象を表示する格助詞ヲの範囲にあることを述べる。

　この研究を通して最も主張したいことは、文の意味の確定には、語彙的他動詞が無くても他動構文としての意味を解釈するような、推論的解釈過程が存在するということである。例えば（1）は「二人がそれを手帳に写しとろうとするのを」というヲ句の後続にこのヲ句と直接結び付く他動詞が出現していないが、「じれったそうに手をふった」という述語句全体で、例えば「遮った」という他動詞が表すような意味を表していると解釈される。ここには通常の「AガBヲV」形式文が持つある類型的意味をベースとする類推の過程が存在し、その過程で言わば臨時的な〈他動性〉の意味を創造的に解釈して文全体の意味が得られていると考えられるのである。

1. 現代語の接続助詞的なヲについての先行研究

　接続助詞とは、従属節を主節に関係づける文法機能を持つ助詞であり、現代語では一般に例えば「ば・と・ても・けれど・が・のに・ので・から・し・て・ながら・たり」などがその例として挙げられる。

　　（3）　雨が降る<u>のに</u>、太陽が出ている。

例えば（3）の「のに」は、「A＋ノニ＋B」の形式で、主述関係を含むA節とB節を、逆接の意味的関係で関係づけている。本章で検討の対象とする接続助詞的なヲも、基本的には2つの節をつなぐものであり、具体的な形は、「［aガb］**ノヲ**V」という形式を持つものと、「［aガb］**トコロヲ**V」とい

う形式を持つものの一部である*¹。

　現代語のヲに関し、格助詞のヲとは異なる類に分類すべきものとして接続助詞のヲが確立していると明確に主張する先行研究は管見の限りない*²。しかし、格助詞のヲと全く同じとすることはできないとし、接続助詞的なヲとして一類を設けることを積極的に示す研究は散見する。この節では、そのような研究として、寺村（1987）・レー（1988）・黒田（1999a）・加藤（2006a）の研究を見ておきたい。

　寺村（1987）・レー（1988）・黒田（1999a）・加藤（2006a）が、接続助詞的なヲの例*³として挙げるのは例えば次のようなものである。対格ヲ句の例に比べると許容度の落ちるものもあるが、許容度が低いながらも意味理解のできるものばかりである。

（4）　ふつうなら九枚でやめるところを、お菊の幽霊はその夜にかぎって、「十三枚、十四枚」見物人があきれて「もうやめろ、皿の数が多い」すると…　　　　　　　　　　（加太こうじ・寺村（1987）（18））
（5）　夏休みに当然帰るべきところを、わざと避けて東京の近くで遊ん

---

　*1　「［aガb］トコロヲ～」型の文のうち、次のようなものは本書での接続助詞的なヲ句の考察には含めない。
（ⅰ）泥棒は、逃げていくところを警察につかまった。
（ⅱ）裏口から通りへ出たところをとり押さえた。　　（寺村（1982）（14）P.199）
（ⅲ）同首相は、この朝テレビの録画どりのため、自宅から徒歩で隣接するビルの執務室に向かうところを撃たれた。
　　　　　　　　　　　　　（朝日新聞1984-11、レー（1988）（7）P.103）
これらは、杉本（1991）が「受動詞」の文と呼ぶ「太郎が腕をつかまった」や、いわゆる所有者受動文「太郎が頭を殴られた」と同じ類型のもの、つまりガ句とヲ句とが意味的に全体部分の関係にある再帰的なヲ句文であると考える。再帰的なヲ句文については機会を改めて論じたい。なお、黒田（1999b）は「～トコロヲ」を二分するがいずれも接続助詞的な「～ノヲ」と同じようには分析しない。
　*2　三原（2008）は、「格助詞」の他に「後置詞」の類を設定する。このことについては第4章で取り上げる。
　*3　黒田（1999a）は「副詞節」と呼ぶが、そのヲを〈接続助詞的〉とも言っている。

でいたのである。　　　　　　　　　（「こころ」寺村（1987）(21)）

(6) 二人がそれを手帳に写しとろうとするのを、じれったそうに手をふって、「いいんだよ、それは持ってお行き。こっちにゃ住所の控えはあるから」　　　　　　　　　　　　（「ちょ」レー（1988）p.83）

(7) やがて、その宴会に呼ばれていない新治は、いつもなら友人と談笑しながら帰るところを、一人で抜け出して、浜つたいに八代神社の石段の方へ歩いた。　　　　　（「潮騒」レー（1988）(11) P.104）

(8) 欠席した方がいいのを、無理をして、出席していたのかもしれない。　　　　　　　　　　　　　　　　　　（「旅人」レー（1988）(66)）

(9) 太郎は午前中は日が照っていたのを午後になって雨が降り出してから出て行った。　　　　　　　　　　　　　　（黒田（1999a）(28)）

(10) 警官が、暴漢が襲いかかってきたのを、逆にそいつをくみふせてしまった。　　　　　　　　　　　　　　　　（黒田（1999a）(158)）

(11) 使い方がわからないのを適当にいじっていたら、ついに動かなくなってしまった。　　　　　　　　　　　　　　（加藤（2006a）(1)）

(12) 東も西もわからないのを気の向くままに歩いていったら、いつのまにか駅に出た。　　　　　　　　　　　　　　（加藤（2006a）(2)）

(13) ものすごい強風が吹いているのを、東京行きの最終便が離陸しようとしている。　　　　　　　　　　　　　　（加藤（2006a）(10)）

　こうした例が、「接続助詞的なヲ」、あるいは「副詞節を構成する後置詞としてのヲ」など、対格を表す格助詞以外のヲの例として先行研究に挙げられているものである。先行研究がこうした例のヲを接続助詞的であるとする根拠を整理すると、以下のようにまとめられる。

(14) 当該のヲに見られる接続助詞性
　① 後続に当該のヲ句と直接関係する他動詞が不在である。
　② 二重ヲ句が可能である。
　③ 2つの事態を「〜ノニ・ニモカカワラズ」などで言い換えられるような意味で連結している。

他方、格助詞性として次のようなことが言われている。

(15) 当該のヲに見られる格助詞性
「ノヲ・トコロヲ」のようにヲの前に名詞的要素が必要である。

こうした特徴をふまえて寺村（1987）は「後に出てくる動詞が類型化しにくい」ため、もはや「「格」という概念では押さえきれない」(p.333)とし、黒田（1999a）は「副詞節でしかありえないことは明白」(p.37)と言う。また、加藤（2006a）は「ノヲ・トコロヲ」のような複合辞として接続助詞と数えるのが穏当としている（p.139）。つまり、いずれも単純に格助詞ヲであるとは見なしがたいことを述べているわけである。

また、格助詞ヲとの共通性については、黒田（1999a）が「歴史的な淵源である形式的な格助詞としての「を」の性格を引き継いでいる」(p.88)と言い、副詞節にヲを付加する機構は「目的語の名詞句」に「「を」を付加する機構と統一して考えられなければならない」(p.89)と指摘している。しかし、黒田（1999a）では格助詞と副詞節のヲにどのような統一性があるのかまでは述べられていない。

また、寺村（1987）は、接続助詞的なヲの文に特有な意味として、「事態の自然な進展が、あるできごとによってさえぎられる」という意味があるとしている（p.333）。接続助詞的なヲの文がどのような意味を表すかは、ヲが接続助詞か格助詞かという問題と密接に結び付いていると思われる。しかし、接続助詞的なヲの文がなぜこのような意味を表すのかについては、寺村（1987）は何も明らかにしていない。

本章では、以上のような先行研究の指摘をふまえて、まず、次節で接続助詞的なヲの文がノニの文とは異なる特有の〈他動性〉の意味を表す文であることを論じる。

2. 接続助詞的なヲの文の意味
2.1 ノニ文との違い

接続助詞的なヲを格助詞とは異なるものと述べる先行研究では、当該のヲ

を接続助詞ノニに置き換えてもさほど意味の違いがないということを指摘する。例えば加藤（2006a）は、次の（16）aのノヲを逆接の意味を表すノニやニモカカワラズと言い換えても「大きく意味を変えることなく成立する」とし、このヲは、後続に対して逆接の意味でかかる、「「接続」の機能を有していると見ることができる」としている。(p.138)。

 （16） a ものすごい強風が吹いているのを、東京行きの最終便が離陸しようとしている。   （加藤（2006a）（10））
    b ものすごい強風が吹いているのに、東京行きの最終便が離陸しようとしている。

しかし、ヲをノニに置き換えた場合に意味の違いが全くないわけではなく、こうしたヲ句の意味を逆接という概念だけで説明するのは不十分であるように思われる。次の（17）（18）は主節述語句で表される事態が「麻薬常習者だ」「寒い」のように状態的である。この場合、aが示すように、ノニ文ならば自然であるが、そのノニをノヲに変えた接続助詞的なヲの文だと、bが記すようにきわめて許容しにくい。

 （17） a 彼は教師なのに、麻薬常習者だ。
    b??彼は教師なのを、麻薬常習者だ。
 （18） a 4月なのに、とても寒い。
    b??4月なのを、とても寒い。

また、主節で表される事態が動的な事態であっても、次の（19）（20）のbは許容度が落ちる。動的事態であっても、（19）「タンスが倒れる」（20）「日射しで溶ける」のような無意図的な事態だと、接続助詞的なヲの文はノニ文に比べてかなり許容度が落ちるのである。

 （19） a 頑張って地震対策したのに、タンスが倒れた。
    b??頑張って地震対策したのを、タンスが倒れた。

(20) a 写真に撮りたかったのに、氷の彫刻が日射しで溶けてしまった。
b ??写真に撮りたかったのを、氷の彫刻が日射しで溶けてしまった。

　前田（2009）はノニの基本的な意味を「話者による食い違いの認識を表す」と述べ、従属的用法には①原因と結果との食い違い②２つの事態の肯否の食い違い③予想と現実との食い違い④ある状況から期待される事態と現実との食い違いがあるとしている*4。上の例のノニ文には〈食い違い〉の意味があり自然であるが、ヲ文は許容しがたい。
　つまり、ノニは後続の事態が動的かどうか、意図的行為であるかどうかにかかわらず、〈食い違い〉の意味を基本的意味として２つの事態を連結させるのに対し、ノヲは後続に動的な意図的行為の意味が表されなければ許容しがたいのである。では、この動的な意図的行為の意味とはどのような意味なのだろうか。また、なぜそのような動的な意図的行為の意味が必要なのだろうか。

2.2　接続助詞的なヲの文の意味──自然な方向性に対する〈対抗動作性〉

　接続助詞的なヲの文に見いだされる動的な意図的行為の意味とは、1節で引用したように、寺村（1987）が「自然な進展」を「さえぎ」ると記述したような意味であろう*5。もう一度（21）を見てみよう。

(21) 二人がそれを手帳に写しとろうとするのを、じれったそうに手をふって、「いいんだよ、それは持ってお行き。こっちにゃ住所の控えはあるから」
　　　　　　　　　　　　　　　　　　（「ちょ」レー（1988）p.83）

　まず、下線部「二人がそれを手帳に写しとろうとするのを」というヲ句は、〈それを手帳に写しとる〉という事態が完了する方向に向かって進展しつつ

---

*4　前田（2009）pp.200-219.

あることを意味している。これに対して、波下線部「じれったそうに手をふって」という後続の述語句は、〈それを手帳に写しとる〉行為を意図的に遮断する行為を表している。

　このように、接続助詞的なヲの文のヲ句は、今以上に外部から力を加えなくても将来的にある状態の生起すること・継続することが予測される、ある方向性を持つ事態の意味を表すものと解釈される。そして、その後続の述語句は、放置していれば実現するであろう状態へと向かう方向性に意図的に力を加え、その方向性を止めたり変えたりする行為の意味を表すものと解釈されるのである。この行為の意味を自然な方向性に対する〈対抗動作性〉と呼ぶことにする。

　次の2.2.1からは、さらに多くの実例により、実際にこの〈対抗動作性〉の意味がどのように見いだされるかを見ていこう。とりわけヲ句の様々な形式的パターンからどのように事態の方向性の解釈が促されるかを見ていきたい。

2.2.1　当然〜べきところを／普通なら〜なのを

　まず、例えば次の（22）（23）のように、ヲ句が「当然〜べきところを／普通なら〜なのを」という当為や常識を表す形式をとり、当然の帰結として生起することが予測される事態が表され、後続の述語句全体がその予測される事態へと向かう方向性を意図的に制御する意味として解釈される場合がある。

＊5　寺村（1987）は接続助詞的なヲの意味を事態の自然な進展があるできごとによってさえぎられる」（p.333）とした。ここで言う「自然な」というのは、「話し手がそう思っているということであり、また、話し手がそう思っていることを相手に暗示する気持ちも含んでいる」（p.333）ものであるとしている。また、この記述は「ある一定の軌跡をえがいてきたもの（あるいはこと）の進行が何かでさえぎられる」という意味（p.333）とか、「事態の自然な進展が不測の出来事によってさえぎられる」（p.334）とも言い換えられ、この延長として「ふつうなら当然こうこうであるべき状況の中で、それに反するできごとが起こる」（p.334）ことも表すとしている。また、寺村（1987）を受け継ぎ、レバンク（1988）では「逆行性」という概念で説明している。

(22) 夏休みに**当然**帰るべきところを、わざと避けて東京の近くで遊んでいたのである。　　　　　　　　（「こころ」寺村（1987）(21)）
《夏休みに帰省する方向性》→←《帰省しない》

(23) **普通なら**辛くて、逃げ出すかノイローゼになるのを、じっとその重みに堪えて頑張ってるんだわ。　　　　　　（「女社長」p.305）
《逃げ出すかノイローゼになる方向性》→←《逃げ出さずノイローゼにもならない》

例えば(22)は、下線部のヲ句全体で、夏休みになれば当然生起する事態として故郷に帰省することが予測されることを表している。しかし、後続の波下線部「東京の近くで遊ぶ」ということからは、その生起する方向性に反して帰省しないということが解釈される。また、(23)は、下線部のヲ句全体で、《逃げ出すかノイローゼになる方向性》が今後生起するという予測が一般的にはなされると表されているが、後続の波下線部「じっとその重みに堪えて頑張ってる」全体は《逃げ出さずノイローゼにもならない》という、その予測される方向性に対抗する行為の意味が表されている。

2.2.2 〜しようとするのを

また、次の(24)(25)のように、ヲ句が「〜しようとするのを」という形式をとり、これから生起するはずの事態の方向性が表され、後続する表現がそれに対する対抗動作性を表すと解釈される場合がある。

(24) 伸子が「いえ、私は─」と断ろうとするのを、柳は構わずにグラスを満たした。　　　　　　　　　　　　　　（「女社長」p.85）
《断る事態が成立する方向性》→←《断らせない》

(25) そのまま出て行こうとするのを、延津賀が、「いいんですよ。おはいんなさいな、まあ。ちっともかまわないんですから。」「いえまた…略…」　　　　　　　　　　　　　　（「葦手」p.69）
《そのまま出て行く事態が成立する方向性》→←《出て行かせない》

(24) はヲ句が「〜しようとする」形式をとり《断る事態が成立する方向性》を表しているが、後続の波下線部「構わずにグラスを満たす」は《(飲むことを)断らせない》動作を表している。また、(25) はヲ句《そのまま出て行く事態が成立する方向性》に対抗して、後続の波下線部全体で《出て行かせない》動作が行われたことを表している。

2.2.3 〜ていたのを

また、ヲ句が「〜ていたのを」という形をとって、静的な状態が今後も継続するという方向性が表され、後続がそのような状態の継続を打ち切る、対抗動作性の意味を表すものと解釈される場合がある。

(26) 利平の心づもりでは、今度は取引の相手方を以前の唐山よりも他の国にもとめて、もとは雑貨をおもにあつかっていたのを、生糸製品一本で行こうという方針で、これも貿易再開をねらって準備中の生産者側と打ち合せをすすめていた。　　（「処女」p.462)
《雑貨を扱う状態が続く方向性》→←《雑貨を扱わない》

(27) 理科の成績が常に4点とか8点とかしか取れない子がいて…その子が面談で「理科だけ死ぬ気でやろう！」って目標を立てたんですよ！でも、「俺なんか出来ないから…」って言ってたのを、講師が「出来ないなんて言ってるんじゃない！」ってホンキでぶつかっていったんです。　　（「Goju」2009.2.12）
《出来ないと言う状態の継続の方向性》→←《出来ないと言わせない》

(26) は《雑貨を扱う状態が続く方向性》に対して《雑貨を扱わない》という動作が、(27) は《出来ないと言う状態の継続の方向性》に対して《出来ないと言わせない》という動作が行われたことが解釈される。

2.2.4 〜たのを

次の (28) (29) のヲ句では、「タ」形で確定的な事態が表され、そこから

確実に推測される帰結として方向性が解釈されるものである。

(28) というのも、その年、国民総動員ということで、ほんとうは五年制だった女学校を四年で卒業になり、おまけに入学が決まっていた東京の学校が三月の空襲で焼けて自宅待機ということだったのを、ちょうど家の近くに疎開して来た、療品廠という海軍の医療品をあつかう部門で四月から働くことになっていたからだった。
(「夏の」p.28)

《自宅待機が継続する方向性》→←《4月から自宅外で働く》

(29) もともと田舎らしい田舎のない私たち一家にとって、これ以上逃げていく場所もなかったのを、たぶん父が伯母たちに頼み込んだのではなかったか。 (「夏の」p.28)

《逃げ場所がない状態が続く方向性》→←《逃げ場所を確保する》

(28)は、下線部のヲ句が幾分長めだが、「…自宅待機ということだった」という言語形式によって、本来は自宅待機の状態が続く方向性にあったことが示されている。それに反して、4月から自宅外で働くという行為が行われることが、後続の波下線部で表されている。また、(29)では、「…逃げていく場所もなかった」というヲ句の表現から、逃げ場所の無い状態が続く方向性が解釈されるが、後続の波下線部では、逃げ場所を確保する行為を起こしたことが表されている。

2.2.5 ヲ句の表す内容から方向性を推論

これまでみてきた接続助詞的なヲの文のヲ句は、直接的に何らかの言語形式に依拠してある方向性が予測されることが表されていたが、次の(30)(31)のように、直接的に表されているわけではないが、ヲ句の表す意味内容からさらに常識に基づいて推論が行われ、事態の生起の方向性が想定されるという場合もある。

(30) 使い方がわからないのを適当にいじっていたら、ついに動かなく

なってしまった。　　　　　　　　　　　　　（加藤（2006a）（1））
　　　《わからない（なら通常はいじらない方向性）》→←《適当にいじる》
(31)　そう思ってひさは、昨年の選挙でかなり手元は苦しくなっていたのを、十数名の勤続者すべてにそれぞれに応じた着物を贈ることにしたのだった。　　　　　　　　　　　　　　　　（「楡家」p.122）
　　　《金がない（なら通常は金は使わない方向性）》→←《金を使って贈ることにした》

　(30) では、ヲ句で表されている「使い方がわからない」ということから常識的な推論として、それならば《適当に使っていじったりはしないということ》が生起すると予測されるが、そういう方向性に反して、後続の波下線部では《適当にいじったこと》が表されている。(31) でも、ヲ句の「かなり手元は苦しくなっていた」ということから常識的な推論として、それならば《金を使わない》方向性の事態の生起が予測されるが、後続の波下線部では、それに反して《着物を贈るという金のかかること》をしたことが表されている。

　以上のように、2.2.1から2.2.5では実際に用いられた接続助詞的なヲの文を観察し、接続助詞的なヲの文はそのヲ句が〈ある進展の方向性を持つ事態〉として解釈できること、その後続が〈その方向性に対抗する動作〉として解釈できることを述べてきた。

　接続助詞的なヲの文のヲ句は、〈ある進展の方向性を持つ事態〉という解釈が促されるようないくつかの言語形式のパターン、例えば「当然〜べきところを」とか「〜しようとするのを」などの形式をとる場合が見いだされるが、そのような言語形式をとっていなくても、この2.2.5で述べたように、ヲ句の表す意味内容から〈ある進展の方向性を持つ事態〉が推論されて解釈される場合もある。つまり、接続助詞的なヲの文のヲ句が〈ある進展の方向性を持つ事態〉を表すものとして解釈されるのに特有の言語形式をとることが文理解達成のための必要不可欠な条件であるというわけではなく、根本的にはそうした言語形式を手がかりとして推論が行われるということが重要なのである。

推論を行うことにより接続助詞的なヲの文の意味を解釈しているということは、ヲ句よりもその後続部分を〈その方向性に対抗する動作〉として解釈する過程に際だっている。次の3節でヲ句の後続に〈対抗動作性〉を解釈する過程をさらに詳しく考察してみたい。

3. 他動詞の不在と他動性の解釈
3.1 発話行為に〈対抗動作性〉を解釈する

接続助詞的なヲの文は、見かけ上そのヲ句と直接結び付く他動詞述語が存在しない文である。1節でも述べたように、寺村（1987）は以下の（32）のような例を挙げ、こうしたヲは「後に出てくる動詞が類型化しにくい」ため、もはや「「格」という概念では押さえきれない」（p.333）とするのであった。

(32) <u>ふつうなら九枚でやめるところを</u>、お菊の幽霊はその夜にかぎって、「十三枚、十四枚」見物人があきれて「もうやめろ、皿の数が多い」すると…
　　　　　　　　　　　　　　　（加太こうじ・寺村（1987）（18））

（32）は、ヲ句と直接結び付く他動詞がない[*6]。しかし、その後に続く「十三枚、十四枚」というお菊の発話は、《お菊が「十三枚、十四枚」と十枚以上数える行為をした》という行為の意味を表している。そしてこの行為は、「ふつうなら九枚でやめるところを」というヲ句と関係する、《やめない》という対抗動作の意味を持つ行為である。つまり、（32）はヲ句の後続に発話の引用が続き、その発話内容を資源として、ヲ句と関係する〈対抗動作性〉の意味が解釈されているのである。「十三枚、十四枚」という引用された言語形式そのものは文脈から切り離してみれば主語でも述語でもないが、「ふつうなら九枚でやめるところを…「十三枚、十四枚」」という文脈の中で、ヲ句と結び付く述語と解釈され、ヲ句の〈ある進展の方向性を持つ事態〉という意味と結び付く〈その方向性に対抗する動作〉という意味に解釈される

[*6] このヲ句の後続のテ句「お菊の幽霊はその夜にかぎって」も、さらに後続の「見物人があきれて」の述語もまた不在であり、そのかわりに会話が顕現する例である。

のである。

　このように、引用形式が文脈の中に置かれてはじめてその文の構成要素として解釈されるということは藤田（2000）（2001）で指摘されている。藤田（2000）は以下のような例を挙げ、引用形式は「文中にとり込まれ、一定の分布・一定の位置をとらされることで、相対的に品詞的役割を付与される」（p.58）としている。

　　（33）　その時、ヒゲの男が「ちょっと待て」。　　　（藤田（2000）（16-a））
　　（34）　「ちょっと待て」に私は驚いた。　　　　　　（藤田（2000）（17-a））

　このように、ヲ句と直接結び付く他動詞述語が不在ではあっても、発話の引用形式が続き、その発話内容を基にして〈対抗動作性〉の意味を解釈する場合がある。ここに見られるような、ヲ句の後続に顕在する言語形式を基にした創造的な解釈を、《変容》解釈と呼ぶことにする。

3.2　様々な述語に〈対抗動作性〉を解釈する

　ある言語形式が文中に顕現していても、その形式にコード化された文字通りの意味を解釈するだけではなく、それを基に創造的に〈対抗動作性〉の解釈を行う《変容》解釈は、引用形式だけに見られるものではない。

　　（35）　夏休みに当然帰るべきところを、わざと避けて東京の近くで遊んでいたのである。　　　　　　　　　　　　（「こころ」寺村（1987）（21））

　（35）もまた、寺村（1987）が後続の他動詞を類型化できない例として挙げたものである。この例にある「避ける」は通常の語彙的意味として「訪問すべきところ（＝ある場所）を避ける」のような関係づけが可能であり、この例も、「夏休みに当然帰るべきところ（＝ある場所）を避ける」という、文字通りの格関係の解釈も可能である。しかし、この文には、そのような通常の格関係に収まらない、「帰るべきなのに帰らない」といった意味を表すもう1つの解釈が可能であり、その方が自然である。寺村（1987）がこの例を他動

詞が不在であると分析したのも、後者の意味を表す文と認識したためであろう。この意味は、この文から「わざと避けて」を取り除いても、同じように解釈される。

(35)' 夏休みに当然帰るべきところを、東京の近くで遊んでいたのである。

(35)'にはヲ句と直接的に結び付く他動詞が無い。この場合、後続に現れる「東京の近くで遊ぶ」というひとまとまりの動詞述語句は、意味的に〈東京から故郷に帰らない（＝帰るべきことをしない）〉ということを表している。顕現している述語句の意味内容を基に、ヲ句の表す方向性に対抗する〈対抗動作性〉の意味が《変容》解釈されているのである。
次の（36）はどうであろうか。

(36) 折角の幸運をこのまま埋もれるのは嫌だ。

(松本清張「顔」寺村(20))

寺村(1987)はこの例を接続助詞的なヲの同類例として挙げているが、このヲの前接要素「幸運」は名詞である。節と節の接続を担うのが接続助詞であるとすると、「～ヲ」が節をなしていないこの例を単純に接続助詞的と判断することはできない。前接要素が名詞である点では格助詞の性格を持ちながらも、直接関係する他動詞が不在である点で、格とは言い難いと寺村(1987)は考えたのかもしれない*7。また、この文は、確かにその他の接続助詞的なヲの文と類似した意味を表すように筆者にも思われる。その意味とは、〈幸運を手に入れ、それが続くことが期待される〉のに〈「このまま埋もれる」という幸運と反する行為を行う〉のは嫌だという意味である。この場

---

*7 前接要素の名詞性については、4章で検討する。また、こうした「名詞＋ヲ」の例の存在からも、当該のヲは接続助詞ではなく、対格助詞であると分析することが妥当であると思われる。

合もヲ句は〈幸運が続く〉方向性の意味に解され、その後続「このまま埋もれる」という自動詞述語句は〈幸運が続く〉方向性に反する行為の意味として《変容》解釈される。

3.3　無いところに他動詞的意味を補って解釈する

　3.1と3.2で見たのは、述語形式が顕在している場合に、その述語形式の意味を基にして〈対抗動作性〉の意味を《変容》解釈するものであった。これに対し、述語形式が全く無いと考えられるが、そこに〈対抗動作性〉の意味の述語があるかのように補って解釈する場合がある。これを《補充》解釈と呼んでおく。

　次の(37)(38)は「すみません・ありがとうございます」などといった謝罪・感謝の発話行為を表す述語句と結び付く「～トコロヲ」の用法であり、慣用化された表現と言ってもよいような、よく使用されるものである。この表現はヲ句と結び付く他動詞が無い。

(37)　お忙しいところをすみません。　　　　　　　（加藤（2006a）(3)）
(38)　お休みのところをありがとうございます。

　(37)は、〈忙しい〉〈時間がない〉状況が続く方向性にあるのに、〈やりくりする〉〈何とかする〉ことによってその〈忙しい〉〈時間がない〉方向性を〈曲げ〉たり〈変え〉たりして〈時間を作〉り、発話者のために協力したということに対して、「すみません」と謝罪を述べていると考えられる。つまり、「お忙しいところを」と結び付く述語句の意味として、〈やりくりする〉〈何とかする〉、さらに抽象的には、やりくりすることによって〈曲げる〉〈変える〉といった行為の意味を《補充》して解釈していると考えられるのである。

　(38)も、〈お休みの状態が続いている〉方向性にあるのに、それを〈遮っ〉て何かをしてくれたことに対して謝意を表すものであり、ヲ句の後続に〈対抗動作性〉を《補充》して解釈していると考えられる。

　では、次の例はどのように分析できるだろうか。

(39)　「ほかを探せばいい。僕のところは、諦めて欲しいね」
　　　　　「そこをお願いするのです。…」　　　　（大仏次郎「帰郷」寺村 (19)）

　(39)は、文述語として他動詞「お願いする」が顕在するが、「それをお願いする」ではなく、「そこをお願いする」であることに留意したい。「そこを」は「お願いする」と結び付く通常の対格とは異なるものと思われる。
　(39)の「そこを」は、先行発話「僕のところは、諦めて欲しいね」で述べられていることの意味、すなわち〈発話者は聞き手の願いをかなえることはできない〉という発話者の思考内容を、ある結論に向かって進む方向性を持つものと見立てて表現しているのではないだろうか。「諦めて欲しい」という意見から推測され、導かれる帰結は、〈僕のところは絶対に受け入れない〉という拒否の決定である。この、決定へと向かう一貫した思考の流れに対して、その思考の進む方向をある箇所で曲げたり、進行を遮断したり、あるいはその方向を押し戻すような対抗する動き、「何とかする」とでも言えるような動きの意味を推論により補い、それを「お願い」していると解釈されるものと思われる。ここでは思考や意見といったものが、方向性を持つ動きとして見立てられ、それに逆行する動作的意味が補われているわけである[*8]。
　こうした例は、ヲ句の後続文脈に顕在する言語形式の意味を《変容》して〈対抗動作性〉の意味が推論されるだけでなく、「お忙しいところを」などのように、「ヲ」が用いられているということが契機となって、その後続の他動詞の不在箇所に、〈曲げる〉〈変える〉〈遮る〉といった行為の意味が《補充》されることもあることを示している。つまり、「〜ヲ」単独に〈対抗動作性〉の解釈を予測する（＝補充させる）機能があることを認めなければならないように見える。

---

　*8　さらに、なぜ「そこ」という場所を表す照応詞を用いているかという点についても説明が必要である。相手の思考全体の流れ（あるいは発話の流れか）のうちで、ポイントとなるある部分について対抗動作の対象とすることを表しているためではないだろうか。「そこのところをお願いします」という表現も同様に考えられる。

しかし、実際に現れている述語形式の意味を変えて〈対抗動作性〉の意味を解釈したり、「〜ヲ」が用いられているというだけでその後続には述語形式が何も現れていないのに〈対抗動作性〉の意味を補って解釈したりというようなことが、なぜ可能なのだろうか。

4. 類推による他動性の解釈
4.1 他動構文をベースとする類推

2節では接続助詞的なヲの文が、予測される事態の進展方向に対する〈対抗動作性〉という意味を表すことを見てきた。また、3節ではそうした意味が語彙的意味として存在しない所に《変容》解釈したり《補充》解釈したりして想定されることを見た。では、この〈対抗動作性〉という意味は、どこから生じるのであろうか。なぜこのような意味を解釈できるのであろうか。本研究では、この〈対抗動作性〉は、言語形式としては現れていないヲ句と結び付くべき他動詞の代わりに、推論により想定された〈臨時的な他動詞〉相当の意味だと考える。そして、この〈臨時的な他動詞〉相当の意味を《変容》や《補充》といった方策で推論できるのは、その接続助詞的なヲの文を、「ＡガＢヲＶ」形式の他動構文に属するものとその形式からトップダウン的にみなし、鋳型となるようなある他動構文の類型的意味を写像するため、つまり〈類推〉を行うためだと考える。

図1　「ＡガＢヲＶ」型構文の意味の類推

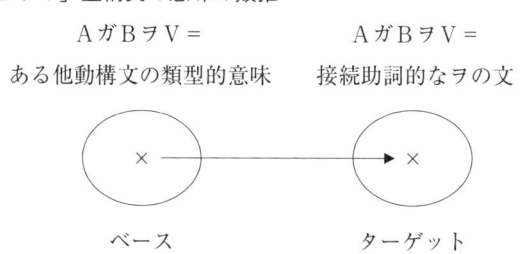

ＡガＢヲＶ＝　　　　　　ＡガＢヲＶ＝
ある他動構文の類型的意味　接続助詞的なヲの文

ベース　　　　　　　　　ターゲット

〈対抗動作性〉という意味は、ベースとなる他動構文の意味が写像されたものと考えられる。2.1で接続助詞的なヲの文はノニ文と異なり後続述語句に意図的行為の意味を解釈可能であることが自然な文の成立のために必要で

あることを述べたが、それは、後続述語句の表す事態が非意図的・状態的な事態であっては、写像の結果として接続助詞的なヲの文の述語句にマッピングすべき意図的な〈対抗動作性〉の想定が困難なためと考えられる。つまり、接続助詞的なヲの文の述語句を《変容》解釈して、類推のベースとする他動構文類型が持つ〈対抗動作性〉の意味を創造的に想定することが困難なためと考えられるのである。

では、接続助詞的なヲの文が類推のベースとする他動構文とはどのようなものであろうか。その候補には、《変容》解釈をほどこさなくても形式にコード化された語彙的意味として〈対抗動作性〉を持つ動詞を述語とする文が考えられるだろう。そのような動詞として、次の表1のような他動詞（句）が挙げられる。これらは、語彙的な意味として〈対抗動作性〉の意味を持つと考えられるものである。これを〈方向性制御〉他動詞（句）と呼んでおく。

表1　〈方向性制御〉他動詞（句）

やめる・休む・休止する・停止する・中止する・諦める・断念する・遮る・止める・せき止める・とどめる・阻止する・阻む・妨害する・妨げる・阻害する・じゃまする・押しとどめる・押し返す・覆す・引っ繰り返す・押し戻す・拒む・断る・遮断する・寸断する・断つ・制止する・抑止する・制する・中断する・抑える・抑制する・制圧する・抑圧する・制御する・ブロックする・ストップする・シャットアウトする…（無にする・無駄にする・台無しにする・終わりにする・やめにする…）

表1に挙げた他動詞（句）は、ヲ句になんらかの進展の方向性を持つ事態、例えば継続的な事態でありこの先も継続する方向が予測されるものなどをとり、その方向を止めたり変えたりする動作を表す、つまり語彙的意味として〈対抗動作性〉を持つものである。例えば次の（40）はヲ句「微生物の成育」が動作名詞で〈生育すること〉を表しており、時間とともに成長・変化していくと予測される、事態の進展方向を持つものである。「抑制する」はこの方向を止める〈対抗動作〉を表している。

（40）　ソルビン酸は微生物の成育を抑制してしまう　　　（「世界」p.72）
　　　　《微生物が成育してどんどん成長していく事態の方向性》→←
　　　　《抑制する》

　また、次の（41）のヲ句「大学」は動作名詞ではないが、建物や機関名といった物理的なモノを表すのではなく、大学での継続的な学修、あるいは大学への継続的な所属などといった事態を表している。「やめる」は、その継続的な方向性の予測される事態をある時点で遮断することを表している。

（41）　充は大学をやめた。
　　　　《大学で学修を続ける方向性》→←《やめる》

　この表1の他動詞（句）を持つAガBヲV文は他動構文全体の中で〈対抗動作性〉を表す下位類を形成する[*9]。この下位類型が接続助詞的なヲの文の類推のベースとなる他動構文類型であり、これをベースに《変容》・《補充》解釈を施して臨時的な他動性述語句の意味〈対抗動作性〉を想定するものと考えてみたい。

4.2　〈方向性制御〉他動構文の使用頻度

　他動詞不在のヲ句文が、〈方向性制御〉他動詞（句）による他動構文類型の意味をベースとして類推を行うとするなら、このベースとなる〈方向性制御〉他動詞（句）を用いた「〜ノヲ／トコロヲ」という「節＋ヲ」を持つ形式の他動文が、実際に頻繁に使用されていることが期待される。なぜなら、実際にはほとんど用いられない他動文が類推のための鋳型となるとは考えに

＊9　（40）の「抑制する」はヲ句の事態（生育する）を起こす主体（微生物）と「抑制する」主体（ソルビン酸）とが別物だが、（41）の「やめる」はヲ句の事態（学修する）の主体と「やめる」主体が同一（充）である。表1の動詞群には、自らの動きを制御することに限定される他動詞（「やめる・休む」など）と自らの動きだけでなく他者の動きを制御することも表し得る他動詞（「遮る・阻止する」など）とがある。

くいからである。何度も同じカテゴリーの事例を日常的に経験することにより、その類型的意味、この場合には〈対抗動作性〉が抽象化され、知識として定着し、そうやって言語使用者の文法的知識として蓄えられてはじめて、鋳型としての機能を果たすと考えられるからである。

では、実際に〈方向性制御〉他動詞は「～ノヲ」型文全体の中でどれだけの出現率を占めるものなのだろうか。本研究では11人の作家による23作品を調査対象とし、使用されているすべての「～ノヲ」型文計787例を考察してみた[*10]。

このうち、他動詞句が顕現しているのは752例、直接ヲ句と結び付く他動詞句が不在で接続助詞的なヲの文と考えられるものは18例であった[*11]。顕現している752例の他動詞句がどのようなものであるかをみるために、他動詞句の語彙的意味でおおよその系をつくり、その意味的な使用傾向を見てみた[*12]。

表2から、「AガBノヲV」という形式は多様な意味の他動詞句からなり、接続助詞的なヲの文に共通する〈対抗動作性〉を持つのは、同形式文の一部であることがわかる。しかも、その一部は多く使用されるグループではない。

まず、「～ノヲ」型文には「見る・知る・感じる・聞く」といった知覚に関する動詞句が後接することが多い。これらを合わせた例数は全752例のうちの47.9％を占めている。また、記憶・感情・思考といった心的事態に関わる動詞句も多く、14.4％であり、「待つ」系もその仲間と考えればさらにその率は21.3％に上がる。

[*10] 調査対象資料については巻末を参照のこと。
[*11] 残りの17例は、「～ノヲ～ニ」でとぎれ、他動詞が不在の型である。これは接続助詞的なヲの文とは異なり、「ニ」の後に意味的に「シテ」が復元される慣用的なものである。例:「～のを幸いに・～のをよいことに」。
[*12] 表2に示す「見ル系」「記憶系」などの分類は、「～ノヲ」型文の意味的傾向を見る便宜のためにおおよその分類を試みただけであり、完全なものではない。後で述べるように、文脈を加味しなければその他動詞句の意味を確定することはできず、文脈を離れて語彙的意味と言うことが適当ではないものも連続的に混じっている。

表2　ノヲ文の述語を形成する他動詞句（752例）

他動詞句系	例数	所属する他動詞句例	異なり語数
見ル系	197	見る・眺める・認める（見る意味）・見つける・見送るなど	27
知ル系	71	知る・悟る・察する・ご存じになる・気づく・承知するなど	10
感ジル系	52	感じる・覚える（感じる意味）・自覚する・感じとるなど	5
聞ク系	40	聞く・耳にする・聞き流す・耳にとめる・耳にはさむ	5
待ツ系	52	待つ・期待する・待ちかねる・待ち望む・心待ちにするなど	7
記憶系	49	忘れる・覚える・思い出す・記憶する・記憶にとどめる	5
感情系	42	嫌う・喜ぶ・恐れる・楽しみにする・好む・愉しむなど	12
思考系	17	思う・考える・念じる・意識する・思い返す・思いこむなど	7
方向性制御系	92	やめる・こらえる・抑える・我慢する・防ぐ・堪えるなど	25
方向性推進系	19	手伝う・守る・覚悟する・許す・認める・取りなすなど	12
その他	121	する・持つ・言う・払う・飲む・隠す・入れる・読むなど	76

　このように「～ノヲ」型文は知覚・心的事態に関わる他動詞句の出現率が高く、総数にして520例であり、全体の69％を占めるのである。
　他方、事態の進展の方向を止めたり変えたりする方向性制御系の動詞句が後接するのは92例であり、全体の12.2％に過ぎない。知覚・心的事態を表す動詞群に比べると、その出現数は大変少ないと言わざるを得ない。それでも、他動詞が不在の逸脱的なヲの文が、類推のベースとして方向性制御他動構文

を選ぶとするなら、その選択の基準は、単に「AガBノヲV」という形だけではないのはもちろんのこと、さらに、単に使用頻度の多いものというだけでもないと言わなければならない。さらにどのような妥当な理由が考えられるだろうか。この点については次節で詳述するが、予見的に言えば、形、要素の意味、要素どうしの意味といった複数の要因による、総合的な判断がなされてベースが選ばれると言うべきものと考える。

　ここでは、方向性制御他動詞句類は知覚・心的事態を表す動詞群に比べて出現頻度が低いとは言え、知覚・心的事態を表す動詞群を除いた中では、出現頻度の高い動詞群だと言えることはおさえておきたい。他には目立って出現する動詞群はなく、表中の「その他」が示すように多様な意味の動詞が少数回ずつ出現するのみなのである。また、同じように「〜ノヲ」の事態が進展方向を表す文であっても、その方向に逆行するのではなく順行するような方向性推進系の動詞が後接する場合は、わずか2.5%であるにすぎない。

　つまり、「AガBノヲV」型文の中で方向性制御他動構文は、一番ではないにしても、何度も出現するパターンを形成しており、接続助詞的なヲの文がこの方向性制御他動構文をベースとしてその他動性を写像し補給すると仮に考えても、ベース文の出現頻度の観点から否定されるものではないのである。

4.3　知覚・心的事態を表す他動構文はなぜベースとして選択されないか

　4.2で見たように、「AガBノヲV」型で出現率の高い他動詞群は、「遮る」などの方向性制御他動詞群よりも、「見る・嫌う」などの知覚・心的事態を表す他動詞群であった。にもかかわらず、「〜ノヲ」型で後続に直接結び付く他動詞が不在である場合に、この知覚・心的事態を表す他動詞群ではなく、方向性制御他動詞群の文を鋳型として選択するのはなぜなのだろうか。

　今、考察している接続助詞的なヲの文は、〈対抗動作性〉の意味を《補充》解釈する場合よりも《変容》解釈する場合の方が圧倒的に多い。つまり、「〜ノヲ」の後にその「〜ノヲ」と直接結び付かないとは言え述語句が出現する場合がほとんどである。この、実際に出現している後続の述語句を《変容》して〈対抗動作性〉の意味を想定するとは、実際に出現している後続の

述語句の意味（すなわち、言語形式にコード化された意味）に加えて、抽象化された〈遮る〉などの〈対抗動作〉の意味を重ねて推論解釈するということである。

(42) 二人がそれを手帳に写しとろうとするのを、じれったそうに手をふった。

(42)は、「二人がそれを手帳に写しとろうとするのを」の後に、この「～ノヲ」と直接結び付かない述語句「じれったそうに手をふった」が続くが、「じれったそうに手をふった」という言語形式は、その形式にコード化された文字通りの具体的な行為の意味の他に、それに加えて、〈じれったそうに手をふる〉という行為はすなわち〈あなたはやらなくてよい〉という拒否・遮断を意味する行為だということも理解される。〈じれったそうに手をふる〉という具体的行為の意味と、その具体的行為が意味する抽象的な〈対抗動作〉の意味とが重層的に理解されるということである。このように、接続助詞的なヲの文の意味を《変容》解釈するということは、重層的解釈を行うということなのである。

4.2で見た、「遮る」などの方向性制御他動詞群よりも「AガBノヲV」型で出現率の高い他動詞群「見る・知る・感じる・聞く・待つ・忘れる・嫌う・思う」などの知覚・心的事態を表す他動詞群は、この重層的解釈がしにくい。つまり、何か具体的な行為を表す他の動詞述語句に重ねて、その行為はすなわち〈見る〉行為だとか〈知る〉行為だとかのように解釈することができないのである。なぜなら、こうした知覚・心的事態を表す他動詞群は、それ自体が極めて身体的で具体的な、根源的とも言える知覚・心的行為の意味を表す動詞群だからである。

「遮る・やめる…」などの動詞は、ある具体的・身体的な行為は特定せず、なんであれ、そのような行為がつまるところ〈遮る〉・〈やめる〉ことになるという、実体の無い一段抽象的な行為の意味を表すものである。他方の「見る・考える…」などの動詞は、それ自体が具体的一次的意味を表し、何か他の動詞に具体的・身体的行為の意味部分をゆだねてその意味を《変容》解釈

第1章 接続助詞的なヲの文

して、〈見る〉〈考える〉ことになるというような抽象的な意味を表すものではないのである。

　試みに、直接当該の「～ノヲ」と結び付かない述語句で、つまるところ〈見る〉〈考える〉ことになると言えるような具体的な行為を表す言語形式を探し、「～ノヲ」型文にしてみても、不自然である。

　　(43)　＊太郎が出て行くのを目をやる。＝太郎が出て行くのを見る。
　　(44)　＊日本チームが優勝するのを頭を使う。＝日本チームが優勝するのを考える。

いずれも、「～ノニ」の形で「目をやる＝見る」ことの対象、「頭を使う＝考える」ことの対象を表すことが慣用化しているので、「～ノヲ」を用いて対象を表し、下線部全体が1つの他動詞相当であるような重層的解釈を行うことはできない。

　このように、「～ノヲ」型文としての出現頻度は知覚・心的事態系の他動詞文の方が高いのに、それが接続助詞的なヲの文の類推のベースとして選択されないのは、知覚・心的事態系動詞の表す意味の抽象度が低く、他の動詞から《変容》解釈して得る（他の動詞に重ねて想定する）ことができないためであると思われる。なお、重層性については7節で再度論じる。

4.4　ベースとなるのは最上位のスキーマか

　認知言語学・認知文法論の分野では、あるカテゴリーの成員全体に共通する、具体事例から抽象された意味のことをスキーマ的意味と呼ぶ。ある具体事例が当のカテゴリーに所属すると認識されるのは、その具体事例にスキーマ的意味が見いだされるからであり、また、新たな事例が同カテゴリーの成員とみなされる場合、つまりカテゴリーの拡張が起こる場合には、新たな事例と既存の事例との間に新たなスキーマ的意味が抽象化されるからであるとする。つまり、スキーマはカテゴリーの成員を成員として認可する基準であり、言わば仲間さがしの拠り所である。そしてこのスキーマは、すべての構成員に共通する最上位のスキーマから、一部の構成員どうしにだけ共通する

下位の部分的スキーマまで、層的に存在するものと考えられている。

　天野（2002）では、「象は鼻が長い」「この街はＫ大佐に破壊された」など、類推の過程を経て文の意味が得られると考えられる種々の日本語文を取り上げているが、そこではいずれも全体に共通する意味、すなわち認知言語学・認知文法論でいう最上位のスキーマ的意味が類推のベースとなるものとして説明されている。天野（2002）では、ある逸脱的特徴を持つ文の意味を解釈するのに、ある構文を類推のベースとして選択するのは、両者に「形式」の共通点があるためと考えている。「形式」が同じであることが手がかりとなり、同じ構文に所属すると認識され、その構文の共通の意味が写像されると考えたのである。例えば「ＡガＢニＶ（ラ）レル」という形式を共通に持つ文ならすべてに共通する意味があり、この意味が、同形式であることを手がかりにして、逸脱的特徴を持つ「この街はＫ大佐に破壊された」にも写像されるのだとするのである。この、同じ構文に所属するすべての文に共通する意味とは、多層的にスキーマが存在するという考え方からすれば最上位のスキーマ的意味ということになる。

　しかし、ことはそんなに単純ではない。

　「形式」だけがベースを選ぶよすがではないことは本書で既に述べてきた。本書で考察している接続助詞的なヲの文は、「ＡガＢヲＶ」型文であるが、「ＡガＢヲＶ」という形式を共通に持つ文の表す意味は実に多様であること、そのうち、接続助詞的なヲの文が共通に表す〈対抗動作性〉は、これもまた特殊な意味であり、それをうまく写像により供給してくれるベースは何かと考えた場合に候補と考えられる方向性制御他動構文は、「ＡガＢヲＶ」型文の１つの下位類に過ぎず、その類型的意味〈対抗動作性〉は「ＡガＢヲＶ」型文すべてに共通する抽象的意味とは言えないものであることを述べてきたのである。つまり、類推のベースの選択は、単に同じ「形式」であることにより決定されるとは言えないことが明らかなのである。

　さらに、前節では、「同形式」の中で最も多く出現するパターンということも考えられないことを述べた。「ＡガＢノヲＶ」型文としては、最も多く出現するパターンは知覚・心的事態系の他動構文であること、しかし、それらの動詞の表す意味は《変容》解釈して得る種類のものではないために、類

推のベースとしては選択されないことを述べた。出現頻度よりも、うまく意味を《変容》解釈できるかどうかが決め手になっているのである。

では、方向性制御他動構文がベースとして選択されるというのは、残りの中からある程度使用されているパターンが選ばれたに過ぎないのだろうか。方向性制御他動構文がベースとして選択されることの、積極的な意義はないのだろうか。例えば、スキーマ的意味というよりも、最もその構文類型らしさを表すプロトタイプ的意味を持つということが、逸脱的文への意味補給として利点になるとは考えられないだろうか。

4.5 「AガBヲV」型文の概観

このことを考えるために、少し遠回りになるが、そもそも他動構文全体がどのような種類の意味を表すものかを概観してみよう。

まず、日本語の他動構文のプロトタイプ的意味に関する先駆的研究と言えるヤコブセン (1989) では、「城壁が町を囲んでいる・この集合が五つの要素を含んでいる・五つの要素がこの集合をなしている」(p.224) のような無生物主語文の例も含め、すべての「AガBヲV」型文に共通し最低保たれていなければならない意味、すなわち最上位のスキーマ的意味として「２つの関与物のうち、一方が他方に対して支配的立場にある」(p.225) という意味を記述している。

仮に、「AガBヲV」型文の最上位の抽象的な意味をヤコブセン (1989) にならい〈AがBの支配的立場にある、AB二参与者による事態〉であるとしよう。この意味は「AガBヲV」形式のあらゆる文に通底する意味だが、極めて抽象的であり、接続助詞的なヲの文の類推の鋳型とするには希薄すぎる。

他動構文の意味カテゴリーは、この最上位の抽象意味を共有しながら、動詞群の表す意味類型によって、さらにいくつかの下位カテゴリーに分かれるものと考えられる。方向性制御他動構文の表す〈対抗動作性〉もその下位カテゴリーの１つである。本書の考察に寄与する限りで他動性カテゴリー全体を以下に整理してみよう。その際、その意味カテゴリーに所属する他動詞文をつくる他動詞を例として挙げることとする。例として挙げる他動詞は、語彙的意味として、その意味カテゴリー形成の特性を持つと考えられるもの

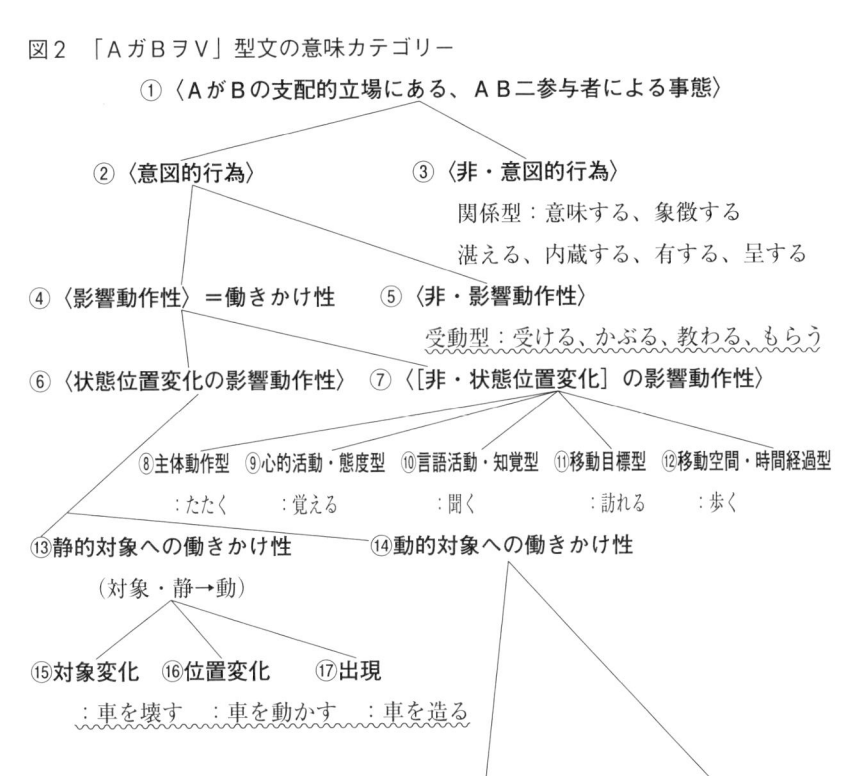

図2　「ＡガＢヲＶ」型文の意味カテゴリー

① 〈ＡがＢの支配的立場にある、ＡＢ二参与者による事態〉

② 〈意図的行為〉　　　　③ 〈非・意図的行為〉
　　　　　　　　　　　　関係型：意味する、象徴する
　　　　　　　　　　　　湛える、内蔵する、有する、呈する

④ 〈影響動作性〉＝働きかけ性　　⑤ 〈非・影響動作性〉
　　　　　　　　　　　　　　　　受動型：受ける、かぶる、教わる、もらう

⑥ 〈状態位置変化の影響動作性〉　⑦ 〈[非・状態位置変化] の影響動作性〉

　⑧主体動作型　⑨心的活動・態度型　⑩言語活動・知覚型　⑪移動目標型　⑫移動空間・時間経過型
　　：たたく　　：覚える　　　　　：聞く　　　　　　：訪れる　　　：歩く

⑬静的対象への働きかけ性　⑭動的対象への働きかけ性
　（対象・静→動）

⑮対象変化　⑯位置変化　⑰出現
：車を壊す　：車を動かす　：車を造る

⑱対象・動→静＝〈対抗動作性〉　⑲対象・動→動〈推進性〉
：車の走行を止める　　　　　　　：車の走行を助ける

＊〰〰〰 は、文の構成要素（Ａ・Ｂ）との関係で非・意図的他動詞文、非・影響動作性他動詞文、無生物主語の他動詞文を形成することが可能である。③だけが語彙的非・意図他動詞である。⑦は擬人法でなければ無生物主語の他動詞文になれない。

である。例えば、「囲む」は「囲もう」という意図的形式を作ることが可能であり、語彙的意味として〈意図的行為〉の他動詞文を構成する特性を持っていると言える。ただし、この「囲む」は、ヤコブセン（1989）が無生物主語文の例として「城壁が街を囲んでいる」を挙げるように、ＡガＢヲＶ文のＡ・Ｂ名詞句の意味によっては〈非・意図的行為〉文を形成することも可能

である。このようなものは〈非・意図的行為〉の例としては挙げない。

「AガBヲV」構文の最上位のカテゴリー①は、まず、②〈意図的行為〉の文類型と③〈非・意図的行為〉の文類型とに二分される。動詞の語彙的意味として〈非・意図的行為〉性を持つと言えるのは、日本語記述文法研究会編（2009）が関係型と呼んだ「意味する・湛える・内蔵する…」などの一群の動詞である。これらは意図を表す「～ようとする」形が作れないものであり、常に、無意図名詞を「Aガ」とする。

次に、②〈意図的行為〉類はさらに主体から対象へと影響を及ぼす意味④〈影響動作性〉のある文類型と、⑤〈影響動作性〉の無い文類型とに分かれる。ここで言う〈影響動作性〉とはいわゆる働きかけのことであり、「AガBヲV」形式のAから発してBへと向かう行為の意味である。

この意味を動詞の語彙的意味として持たず、⑤〈非・影響動作性〉の文を構成する動詞は、日本語記述文法研究会編（2009）が受動型と呼ぶ「受ける・かぶる・教わる…」などである。これらは、「受けようとする」というように意図を表す「～ようとする」形を作ることはできるので、語彙的意味としては③〈非・意図的行為〉の文類型をもっぱら構成する「意味する」などの動詞群とは異なるが、構文的に無意図名詞を「Aガ」とすることも可能なものである（例：町中の家々が火山灰をかぶっている）。

④〈影響動作性〉類は、さらに⑥〈状態位置変化の影響動作性〉類と、⑦〈[非・状態位置変化]の影響動作性〉類とに分かれる。どちらも、Aから発しBへと向かう動作の意味を表すものの、その動作により、Bの状態や位置の変化が起こるもの（=⑥）と、起こらないもの（=⑦）の違いがある。

Aの起こす動作によりBの状態や位置の変化が起こらない⑦〈[非・状態位置変化]の影響動作性〉類を構成する動詞「叩く・覚える・聞く・訪れる・歩く」などは、その表す意味から⑧～⑫に分けることもできる。4.2でノヲ型文を形成する動詞群として頻出した知覚・心的事態の動詞は、ここの⑨⑩に位置する。4.3で、知覚・心的事態の動詞は具体的・身体的な意味を持ち、抽象度が低いと述べたが、ここに位置するその他の⑧⑪⑫も、具体的・身体的な意味を表す動詞群である。これらは擬人法でなければ非・意図主語他動詞文や非・影響動作性他動詞文を作れないが、それは、これらの動

詞群の持つ意味の抽象度の低さが関与していると考えられる[*13]。

⑥〈状態位置変化の影響動作性〉類は、その働きかけの対象が働きかける以前に動いていないもの（=⑬）と、働きかける以前から動いているもの（=⑭）とに分けることができる。働きかけの対象が動いていないものは、「壊す・丸める…」など働きかけによってその対象の状態が変化する〈対象変化〉類（=⑮）、「動かす・上げる…」など、その対象の位置が変化する〈位置変化〉類（=⑯）、「産む・選出する…」など、その対象が出現する〈出現〉類（=⑰）がある。

また、働きかけの対象が動いているものには、働きかけによってその動きを止める〈対抗動作性〉（=⑱）、その動きを助長する〈推進性〉（=⑲）がある。本書で考察してきた方向性制御他動構文は、この⑱に位置づけられる。

この、⑥〈状態位置変化の影響動作性〉類を構成する動詞群⑮〜⑲は、「ＡガＢヲＶ」型のＡとＢに全体部分の関係などの意味的密接性を読み込んで、非・意図的他動詞文、非・影響動作性他動詞文、無生物主語の他動詞文になることも可能である。

4.6　方向性制御他動構文の位置づけ

4.5をふまえて、もう一度方向性制御他動構文の位置づけを確認してみよう。

「やめる・遮る・止める…」などを述語句とする方向性制御他動構文は、ヲ句で表される対象がある進展方向を持つ動的なものであり、その動的方向に意図的に変化を与え、静的な状態へと変化させる意味を表す。つまり、その対象が行為を受ける以前に静的か動的かの違いはあるが、対象変化の意味を持つ点で、「動かす・壊す・丸める…」など、いわゆる変化他動詞を述語

[*13] ここでいう非・意図的他動詞文や非・影響動作他動詞文には、例えば天野(1987)(2002)がとりあげた、「空襲で家を焼いた」のような文が含まれる。天野(1987)(2002)では、「叩く」などの他動詞が「空襲で家を焼いた」のような非・意図的他動詞文、非・影響動作他動詞文を形成し得ないのは、「叩く」の表す動作的意味を希薄にすることができないためとしている。

句とする文と共通している。いずれも〈状態位置変化の影響動作性〉類に所属する下位類であるということである。

```
          〈状態位置変化の影響動作性〉
┌─────────────────────────┐ ┌─────────────────────────┐
│  やめる・遮る・止める…      │ │  動かす・壊す・丸める…     │
│  動く対象○→　←主体の行為  │ │  主体の行為→○動かない対象 │
│           ⇩             │ │           ⇩             │
│        ○ 対象の静止       │ │        ○→対象の変化      │
└─────────────────────────┘ └─────────────────────────┘
```

　さらに、この〈状態位置変化の影響動作性〉の類は、「叩く・覚える・聞く・訪れる・歩く」などを述語句とする文と、意図的な働きかけの意味、〈影響動作性〉という点で共通する。この〈影響動作性〉は、「ＡガＢヲＶ」型文に所属する文類型のほとんどに共通する意味である。

　このように、方向性制御他動構文は〈状態変化の影響動作性〉の意味、すなわち対象変化の意味と、意図的な働きかけという意味とを持つことに注目したい。

　この、〈状態変化の影響動作性〉とは従来の研究により他動構文の典型的意味と考えられてきた意味なのである。例えば角田 (1991) は、他動構文の典型的意味として「動作者の動作が対象に及び、かつ、対象に変化を起こす」(p.72) ことを挙げ、典型的他動詞の１つとして方向性制御他動詞の「止める」も例に挙げている。ヤコブセン (1989) もまた、他動構文の典型的意味要素として「動作主の意図性」と「対象物の変化」の２つを、つまり本書でいう〈状態変化の影響動作性〉を挙げている。

　仮に「ＡガＢヲＶ」型文のプロトタイプ的意味が角田 (1991)・ヤコブセン (1989) の提案するように〈状態変化の影響動作性〉であるとするなら、接続助詞的なヲの文は、まず形式から「ＡガＢヲＶ」構文に属するものとみなされ、その形を共有する多様な意味の他動構文下位類型の中でも最も「ＡガＢヲＶ」型文らしい意味である〈状態変化の影響動作性〉の特徴を持つ方向性制御他動構文をベースとして選んでいると言えるのである。「ＡガＢヲＶ」形式を持ちながら語彙的な他動性の意味を欠く逸脱的な文の解釈のため、類

推のベースとする構文を選択する際に、4.4で述べたように、うまく《変容》解釈できるものを探すという方略がなされていると考えられるが、それに加えて、他動構文のプロトタイプ的意味を持つ文を探すという方略がなされていると考えられるのである[*14]。

4.7　方向性推進他動構文はなぜベースにならないか

　ところで、方向性制御他動構文と同じように〈状態位置変化の影響動作性〉を持ち、また、「〜ノヲ」句がある方向性を持つ事態を表すという点も共通していながら、なぜ「助ける」などの方向性推進他動詞の構文は類推のベースとして選択されないのだろうか。

　　（45）　私は、弘が魚を釣り上げるのを助けた。

（45）は、〈弘が魚を釣り上げる〉という方向性にある事態に対して、その事態の方向性を曲げたり変えたりせずに、その同じ方向で推進するように、「私」が影響動作を起こしたことが表されている。

　このような〈方向性推進〉の意味を語彙的意味として持つ他動詞はあまり多くない。「助ける」の他、「後押しする・支える・放置する・許す」などが挙げられるだろうが、〈方向性制御〉の意味を表す他動詞が表1のように数多く列挙できるのとはずいぶん異なる。

　方向性推進他動詞の文もまた、「AガBヲV」型文のプロトタイプ的意味、〈状態変化の影響動作性〉を表すと言えようが、方向性制御他動詞に比べてその意味は弱いのではないだろうか。例えば方向性推進他動詞と考えられる

　[*14]　Goldberg, Adele E.（1995）（A. E. ゴールドバーグ（2001））は、「構文の多義性」について考察する。構文の持つ意味には多義があり、その中に「中心的な意味」があると考えている。この「中心的な意味」は具体的であり、メタファー的なものではない。構文の中心的な意味を起点領域として、メタファー的拡張が生じるとする。「これと対立する見方として、構文に単一の抽象的意味を仮定し、動詞の意味によってその抽象的な意味が具体化されるとみなすことも可能」とし、簡潔さという点では魅力的だが、こうした抽象主義ではデータを適切に説明できないとする。

「助ける・後押しする」などは、影響を与えなくても進展する方向にある対象に対して力を添えるだけであり、進展する方向を〈変える〉方向性制御他動詞に比べてその影響力ははるかに小さいものである。また「支える」は推進する方向へ積極的に力を加えるのではなく、少なくとも逆行しないように力を加えるということであるし、「放置する・許す」などは、対象の進展する方向にむしろ手を加えないという消極的な行為を表しており、さらにその影響は小さいものと言える。

　4.2で見たように、実際に用いられる「ＡガＢノヲＶ」型のうち、方向性推進他動詞の出現頻度は低く、他動詞のヴァリエーションも少なかった。このこと自体、方向性推進他動構文の表す意味が他動構文の〈状態変化の影響動作性〉という典型的意味にあまり適したものではないことの現れとも考えられる。他動詞として語彙化されにくい意味なのかもしれない。

　接続助詞的なヲの文が類推のベースとして、同じような形式、同じような〈状態変化の影響動作性〉の意味を持ちながら、方向性制御他動構文をベースとし、方向性推進他動構文をベースとしないのは、単に方向性推進他動構文の使用頻度が低いためというだけではなく、他動構文のプロトタイプ的意味としては弱い意味のため、ということも考えられる。

5. 語彙的他動性と推論による拡張他動性

　天野（2010a）では、固定的な言語形式にコード化された語彙的知識に基づいて成り立つ他動関係を**語彙的他動関係**、所与の要素を手がかりにして推論により文脈上想定される他動関係を**推論による拡張他動関係**と呼んで区別している。「やめる・遮る」など個々の他動詞にコード化された語彙的な意味としての〈対抗動作性〉は語彙的他動性であり、接続助詞的なヲの文に補給される〈対抗動作性〉の意味は推論による拡張他動性である。

　この推論による拡張他動性は、接続助詞的なヲの文のようにヲ句の後続に直接結び付く他動詞が不在であることによってのみ想定されるというものではない。直接結び付く妥当な他動詞が顕在していても想定される場合がある。

　例えば次の（46）（47）はヲ句の後続に直接結び付く他動詞が顕在する。そして、その他動詞「吹き消す」「食べる」は〈対抗動作性〉の意味を専一

に表す「やめる・遮る」などとは異なり、語彙的な意味として方向性を断つという意味を持つわけではない。しかし、文脈上〈対抗動作性〉の意味が解釈され得る。

(46) 燃えのこりの蝋燭の消えようとするのをやけに吹き消して
(「変化」p.584)
(47) せっかく弟のおやつに作ったのを姉が食べてしまった。

(46)は燃え残りの弱々しい蝋燭の火が少しずつ力を失い放っておいても程なく消えるという方向性があるのに、「やけに吹き消す」ことによりその自然な衰退の方向性を意図的に断ったことを表している。また(47)は本来なら弟が食べるという進展方向が期待されるのに、その方向を断って姉が食べたことを表している。〈吹キ消ス〉〈食ベル〉という行為の意味が、この文脈に限り、重層的に〈断ツ〉意味、つまり〈対抗動作性〉の意味をも表すということである。

また、他動詞の語彙的な意味に重ねて〈対抗動作性〉が解釈されるということは(49)のように語彙的意味として方向性推進系の意味を表す他動詞にも見られる。

(48) もう少しで網棚に荷物が届きそうなのを助けた。
(=〈方向性推進〉)
(49) ともすれば疲れで倒れそうになるのを助けた。
(=〈方向性制御〉(〈方向性推進〉+〈対抗動作性〉))

(48)は方向性推進系の「助ける」が、放っておいてもこの先荷物が届きそうな方向にあるのに対して、さらに力を加えて届くようにと推進したことを表しているが、(49)は、放っておいたらこの先倒れそうな方向にあるのに、その方向に逆らって、倒れないようにと助けたことを表す。この場合は言語形式上は現れない期待される方向に対する行為を語彙的意味の「助ける」が表し、さらにその〈助ケル〉行為が文脈上ヲ句の方向性に対しては〈対抗動

作〉の意味として解釈される。

　(46)(47)(49)のように通常の他動構文と見えるどのような文も、可能性としては、その他動詞の語彙的な〈吹キ消ス〉〈食ベル〉〈助ケル〉意味に重ねて、文脈を加味し慣習的使用により抽象化された類型的意味の〈サエギル〉〈サカラウ〉といった〈対抗動作性〉の意味が解釈され得るわけである。

　これらは、どのような動詞であれ、個々の動詞にコード化された語彙的な意味が文脈情報を加味して《変容》解釈される可能性のあることを意味している。その《変容》解釈とは、ヲ句とは直接結び付かない個々の述部（接続助詞的なヲの文の場合）、または直接結び付く個々の他動詞（通常の他動詞文の場合）の表す語彙的な意味とともに、その意味に重ねてさらに抽象化された類型的意味〈対抗動作性〉を加える重層的解釈である[*15]。

　この場合、通常の対格と見えるヲ句も、語彙的他動性の対象であると同時に事態の〈方向性〉を表す拡張他動性の対象でもあるというように二重に解釈されるということでもある。この意味的な重層性を図示したのが以下の図3である。

図3　接続助詞的なヲの文の重層性
[手帳に写しとろうとするのを [手を（対象①）ふった（語彙的意味〈フル〉）動詞①]]
　　　　　　　　　　　　→←
　　　（対象〈方向〉②）　　　　（拡張意味〈遮ル〉）動詞句②

　　通常の他動構文に解釈される重層性
[[消えようとするのを（対象①）　吹き消した（語彙的意味〈フキケス〉）動詞①]]
　　　　　　　　　　→←
　　　（対象〈方向〉②）　　　　（拡張意味〈遮ル〉）動詞句②

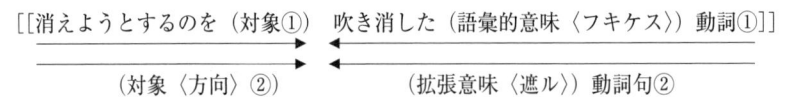

　慣習化され抽象化された類型的意味は、他動詞不在のヲの文といった周辺的な文の意味解釈だけではなく、通常の文の意味解釈にも貢献しているのである。

6. 〈対抗動作性〉と逆接

　前節で述べたように、ヲ句と結び付く他動詞が顕在している文でも、そのヲ句が自然な流れとして予測される事態を表すものと解釈でき、後続の他動詞述語句がその自然な流れを遮るものとして解釈できるなら、どのような他動詞文も〈対抗動作性〉を表すということになる。そのヲ句がノ節でなくても、である。

　　　(50)　せっかく弟のおやつに作ったのを姉が食べてしまった。
　　　(51)　せっかくの幸運を無駄にした。
　　　(52)　大事にしなければならない花瓶を、子どもが割ってしまった。

(50) では、ヲ句から自然な流れとして予測される事態は、〈弟がおやつを食べる〉ということだが、その流れに反して、〈姉がそのおやつを食べる〉という事態が生起し、自然な流れに対抗していることが表されている。(51)では〈幸運が続くこと〉が期待される流れなのに〈無駄にした〉こと、(52)では、「大事にしなければならない花瓶」ということから〈その花瓶を大事にする〉ということが自然な流れとして予測される事態だが、その流れに反して、〈子どもがその花瓶を割る（＝大事にしない）〉という事態が生起し、自然な流れを阻止している。
　こうして考えてみると、〈対抗動作性〉はあらゆるタイプの他動詞が可能性として表し得る意味であることがわかる。「踏んではいけない足跡を踏んでしまった」「造ってはいけない兵器を造ってしまった」のようにである。すなわち、〈対抗動作性〉は、すべての他動構文〈ＡガＢヲＶ文〉が表し得る意味であり、接続助詞的なヲの文がこの意味を表すこと自体は、他の同じ

　＊15　重層性については7節で詳述する。なお、(46) (47) (49) は「〜ノヲ」が「〜準体助詞・形式名詞＋ヲ」「主要部内在型関係節＋ヲ」など、どう分析されるにせよ、後続の他動詞句と直接関係する対格句を持つ文であることには変わりがない。ここではその点で接続助詞的なヲの文と異なることが重要であり、「通常の他動詞構文」と称している。従来の分析の詳細は天野 (2010a) も参照されたい。

形式〈AガBヲV文〉と共通の、ごく自然なことなのである*16。

2.1で述べたように、接続助詞的なヲは、ノニ・ニモカカワラズと言い換えても大きく意味を変えないが、すべてのノニ・ニモカカワラズがヲに換えられるわけではない。接続助詞的なヲの文は、主節事態が〈意図的〉な〈動作性〉の事態であることを必要とするのであった。接続助詞的なヲの文を包括する共通の意味は、自然な方向性を表す〈対象〉めがけての意図的な〈対抗動作性〉であり、逆接の意味合いは、この他動構文が持つ〈対抗動作性〉という意味に付随して生じるものなのである。

7. 重層的変容解釈
7.1 国広（1967）（1970）

前節まで、接続助詞的なヲの文を考察し、ヲ句の後続の述語句を重層的に《変容》解釈するということを述べてきた。この節では、この重層的《変容》解釈ということについて、もう少し考察対象を他の現象にも広げて詳しく考えてみることにしたい。

国広（1967）（1970）は、英語のイディオム表現を例に挙げ、その文脈的意味を「意味の重層性」という概念で説明している。

例えば次の（53）'thread one's way through the crowd' は原型 'make one's way through ~' の 'make' に 'thread' が取って代わるという過程を経ているのではなく、「イディオムとしての 'make one's way' の上に更に *thread* が重なっていると考えるべき」(p.122)と述べている。また、（54）は「'it is time to do' に *come* が重なったもの」(p.123)と解している。

(53)　*thread* one's way through the crowd
　　　（人ごみの中を縫うようにして進む）　　　　　　　　（国広（1967））
(54)　When it *came* time to plant the field crops, ...-Betty MacDonald.
　　　（…を植える時期がやって来たとき）　　　　　　　　（国広（1967））

---

*16　ただし、接続助詞的なヲの文が、この〈対抗動作性〉だけを表すことは別に説明しなければならないことである。

また、直接話法の伝達動詞も、say, tell, ask などの発声動詞以外の動詞、例えば add（付け加えて言う）, anticipate（先回りして言う）, beam（にっこり笑って言う）などは、原型の say と重なっているとされる。興味深いのは、「「発話者＋動詞＋直接話法」という文法的な枠が動詞の部分に 'say' に類する意味を付け加えるのだ」（pp.123-124）と述べ、この位置以外では他動詞用法を持たない「にっこり笑う」という意味の beam が「にっこり笑って言う」という意味で他動詞として機能していることを説明していることである。

　いずれも、言語形式にコード化された語彙的意味が、'make one's way through ~' 'it is time to do' などのイディオム類型の固まりや、「発話者＋動詞＋直接話法」という構文類型の固まりの中に置かれて、推論により《変容》解釈され、語彙的な意味と文脈により《変容》解釈された意味とが重層性をなすことを述べたものとして注目される。

7.2　仁田（1997）

　日本語学の文法研究でも、文脈を加味した推論による《変容》解釈について言及しているものがある。日本語学の文法研究では、文を構成する個々の単語の語彙的な意味の中に、その単語の文法的振る舞いを予測させる特徴が含まれているという観点から、単語、とりわけ動詞の語彙的意味の記述がきめ細かく行われてきたと言える。「～ている」文におけるアスペクト的意味の観点から動詞を分類した金田一（1950）や、受動文の意味の観点から動詞を分類した三上（1953）、あるいはそれらを継承発展させた寺村（1982）、仁田（1980）、工藤（1995）など、多くの詳細な研究が展開されている。

　特に仁田（1980）の語彙論的統語論はこのような研究の立場をよく示すものであるが、仁田（1997）では、拡大語彙論的統語論の名称で、文脈に影響された語彙的意味の《変容》の問題を取り扱っている。

　仁田（1997）では語彙論的統語論の基本的な考え方は「語が文の形成に参加していく際のあり方の基本は、原則的に語にあらかじめ指定しておく、といった考え方を前提にしている」（p.224）と述べた上で、しかし、「その語の有している本来的な文法的な振る舞い方は、実際の文の中では、他のある語と共起・併存することによって、抑圧されたり、変更されたりすることが

ある。その語の文法的な振る舞い方は、その語からだけではなく、文全体によって規定・変容されることが少なくない」(p.243) と述べている。
　このように、仁田 (1997) は、実際の文の使用の中で個々の単語の語彙的意味・文法情報が《変容》する場合のあることを述べているが、あくまでも、基本は語彙的意味であり、それが《変容》される場合の条件を明らかにすることによって、文の成立やその意味を説明できると考えていると思われる。

> (55)　《拡大語彙論的統語論》とは、語の有している潜在的・可能的な能力としての文法的振る舞い方の解明を文法分析・文法記述の中心に置くとともに、基因としての語の文法的な振る舞い方が実現・変容させられる際の条件の解明にも力を注ぐものである。
> (p.243)

　ここに見られるのは、文を構成する要素の文法情報と、それらを結び付ける統語規則を基本とし、それだけでは説明できない場合の条件を補助的に明らかにしていくことにより、文の成立・意味を説明していこうとする立場であり、文脈を加味しているとは言え、要素から出発するボトムアップ式の文成立・意味解釈のありかたを明らかにしようとする立場であることには変わりがない。この点には、次の7.4で取り上げる関連性理論の立場との大きな違いがあるので、後でもう一度確認することとする。
　さて、仁田 (1997) が《変容》の例として挙げているのは①慣用句、②多義動詞、③受け身文における共起成分からの影響、④アスペクト的意味の共起成分からの影響などである[17]。これらの《変容》例には異なる特徴が見られる。どのようなものがあるのか、①と②を取り上げて確認しておこう。
　まず①慣用句については以下のような例が挙げられている。

---

[17]　仁田 (1997) の「変容」には本書で取り上げたものの他に一般的条件による変容としてその動詞がどのような節の述語となるかにより文法的振る舞い方が規定される場合が挙げられている。

(56) 私が先生にお目に掛かって、〜
　　　［ガ、ニ、V ｛Nニ V｝］（←変容・語彙的意味＝掛かる［ガ、ニ］）
(57) 彼は気が違った。
　　　［ガ、V ｛Nガ V｝］（←変容・語彙的意味＝違う［ガ、ト］）

(56)では「お目に掛かる」、(57)では「気が違う」が慣用句である。これらは「1つの動詞相当と呼べるほどに」(p.246)結び付いており、慣用句全体を1つの語彙項目として扱い、それについて、格支配のあり様などが指定されればよいとしている。固定化された句を一動詞相当に扱うということである。

　他方、②で取り上げられている《変容》例とは以下のようなものである。

(58) 彼が本を書いている。　　　　　　　書く［ガ、ヲ］
(59) 彼は母に手紙を書いた。　　　　　　［ガ、ヲ、ニ（相方）］
(60) 子供が紙の上に字を書いている。　　［ガ、ヲ、ニ（場所）］

(58)〜(60)では、ヲ句に来る名詞の違いで「書く」の取る格体制が異なっているとする。(59)ではヲ句に「手紙」が来ることにより、(58)にはない〈相方〉を表すニ格が要求され、「書く」の意味も〈書キ送ル〉といった意味となり、(60)ではヲ句に「字」が来ることによって〈ありか＝場所〉を表すニ格が要求され、「書く」は〈書キ付ケル〉といった意味になるとする。このような事例について仁田（1997）は、「動詞との結合の対手となる名詞が挿入されることによって、動詞の語義が具体化・限定化し、それによって、要求される格体制が決定される」(p.247)と述べている。

　さて、①慣用句の例と②動詞の語義具体化の例とは、同じ《変容》の例とは言え異なる特徴がある。それは、①が本書で問題としてきた重層性を含むことになるのに対して、②は重層性がなく、単層の中での《変容》の問題だということである。

　①慣用句の例は、慣用句全体で1つの動詞のようになって固定化され、もはやそれを構成する元の動詞「掛ける」「違う」の意味は生きていないので、

重層的な意味が存在するとは言い難いが、構成的には1つの動詞が新たな動詞相当のまとまりの中に組み込まれており重層構造を成している。それに対し、②語義具体化は、語彙的意味として多様な可能性があり単層の中で不確定状態であるのが、文の他の要素との相関で1つの意味に確定するということであり、意味の実現のために新たな層を形成するわけではない。

　前者のように、ある要素が文脈の中で新たな要素の内部に組み込まれて重層性を成す場合を《二重化変容》、後者のように、ある要素の不確定性が文脈の中で1つに確定する場合を《一義化変容》と呼ぶことにしよう。

7.3　《二重化変容》と《一義化変容》
7.3.1　《二重化変容》

　前節で明らかになった2つの《変容》解釈のタイプとは、①ある要素が文脈の中で新たな要素の内部に組み込まれて重層性を成すような《二重化変容》と、②ある要素の不確定性が文脈の中で1つに確定するような《一義化変容》である。この2つのタイプの例をもう少し加えて考察してみたい。

　《二重化変容》の例としては、第1に、7.1で取り上げた国広（1967）（1970）の「意味の重層性」におけるイディオムの例が追加できるだろう。また、第2に、次のような「換喩・比喩（メトニミー・メタファー）」もその例として挙げられるだろう。

(61)　彼は漱石を読んでいる。　　　　　　　　　　（仁田（1997））
(62)　Robert is bulldozer.　　　　　（Carston.R（2002）p.350）
　　　ロバートはブルドーザーだ。　　　　（カーストン（2008）p.520）

　例えば（61）の「漱石」は語彙的意味としては人名であるが、この文脈では「漱石が書いたもの」という意味で解釈される。これは、仁田（1997）が「「N_1ガN_2ヲ読ム」といった構文の「N_2」の位置に使われることによる臨時的な語彙—統語的特性の付与」（p.53）がなされると言うように、語彙的意味に対して文脈上の臨時的意味が追加されていると見られる。この場合、「漱石」の語彙的意味が《変容》解釈によって捨て去られるわけではなく文

脈上の解釈に生きている。

　第3に、ベースとなる構文類型の類推によって《変容》解釈を行うことが文の生成・意味理解の過程に織り込まれた一群の構文がある。本書で取り上げてきた接続助詞的なヲの文がそうである。接続助詞的なヲの文は、ヲ句に直接関係する他動詞が不在だが、ヲ句の後続の述部を臨時に他動詞相当に見なして、元の動詞の意味に加えて〈対抗動作性〉の意味を解釈するのであった。この場合、仁田（1997）が挙げたような慣用句の例と異なり、どのような動詞句が〈対抗動作性〉を担う臨時他動詞句となるかは決まっていない。従って、仁田（1997）の慣用句の場合の対処のように、語彙項目に入れて記述するというわけにはいかない。

　そのほか、天野（2002）でとりあげた多主格文も、生産性のある、この種の《二重化変容》の例と言えるだろう。

　　　(63)　象が（は）鼻が長い。
　　　　　　［Xガ［YガZ］］

天野（2002）は、多主格文「XガYガZ」文は、「YガZ」部がこの文脈でのみ言わば1つの形容詞述語相当（Z'）になり、文全体は「XガZ'」の単主格文の意味に解釈されるとしている。これも、「YガZ」部を形成するものが固定的ではなく語彙項目化できないが、語彙的な意味の上に文脈による臨時的な意味が重なる重層的な《二重化変容》の例である。この他にも、この後、本書で述べていく状況ヲ句文、逸脱的な〈何ヲ〉文、逸脱的な〈何ガ〉文も、生産的な《二重化変容》の例である。

　このように《二重化変容》タイプは、慣用句（イディオム）の他、換喩・比喩、そして類推過程を織り込んだ構文という生産性のある例もある。いずれも、言語形式に現れた要素を、もう1つ大きな構文の部分的要素として臨時に解釈し、語彙的意味の層と臨時的な文脈的解釈の層の重層を成すものである。

7.3.2 《一義化変容》
7.3.2.1 道具目的語構文

次に、《一義化変容》の例を加えてみよう。

足立（2004）は（64）に挙げたような〈道具〉となるものがヲ句となる構文を〈道具目的語構文〉と呼んでいる。

> (64) 銃を撃つ・ピアノを弾く・テレビを見る・ラジオを聴く・ストップウォッチを計る・むちを打つ・辞書を引く・臼を挽く・マッチをつける・櫛をとかす・望遠鏡をみる

村木（1993）(2000)はこの〈道具目的語構文〉は「熊を撃つ」の「熊」のような「動作の対象が、文脈や場面によってわかっているか、重要でないといった理由から、背後にしりぞいているような場合」（村木（2000）p.69）と記述したが、足立（2004）は、この記述は〈道具目的語構文〉の容認性を説明することはできないとし、以下のように説明する。

> (65) 道具目的語構文は、動作主から道具への働きかけがそれ自体で十分な認知的まとまりを構成する有意味な事態を表す。道具目的語構文の容認性に揺れが見られるのは、このような事態認識が程度問題であり、そのような事態認識が容易なほど、道具は行為の働きかけの対象として前景化しやすく、道具目的語構文として容認されやすいと思われる。　　　　　　　　　　　　　　(p.151)

「ピアノで曲を弾く」と言わずに「ピアノを弾く」と言うこともできるが、「鉛筆で詩を書く」は言えるのに「鉛筆を書く」は許容されない。この容認性の違いを、足立（2004）は認知言語学の立場から、動作主から「ピアノ」へ、そして「ピアノ」から「曲」へと及ぶ一連の行為連鎖のうち、動作主から「ピアノ」までの事態だけで有意味な事態と認識されるのに対し、動作主から「鉛筆」、「鉛筆」から「詩」という一連の行為連鎖の中の動作主から「鉛筆」までの事態だけでは有意味な事態として認識されにくいためと説明

するのである。ではどのような事態が有意味だと認識されるのか。

　足立 (2004) によれば、「われわれが日常生活において、射的に出かけたり、ピアノのレッスンを受けたりするなどの経験を通じて、動作主から「銃」や「ピアノ」までの働きかけそれだけで十分われわれの関心の対象足りうる、有意味な活動を構成するものとして捉えることができる」(p.170) ということである。

　そして、足立 (2004) は「本来、他動詞構文にはそぐわない「動作主から道具までのエネルギー移動」の部分を切り出し、他動詞構文パタンに入れることで、そこに強制的に他動的事態としての解釈を読み込んでいる」(p.164) とする。

　足立 (2004) は Croft (1991) の coercion (強制的解釈：「ある要素がそれと統語的に結合する要素の特定の解釈を強要する現象」(p.162)) や Cruse (1986) の contextual modulation (文脈順応：「多義を構成しない単一の語義が異なる文脈に応じてその意味の焦点をずらし調節される現象」(注13))、Goldberg (1995) の構文からの「強要」などを引き、道具目的語構文にも強制的な解釈が働いているとするのである。

　このように、足立 (2004) では、言語表現から切り離された事態認識のレベルにおいて、動作主から道具までの事態と、動作主から道具、道具から対象までの事態とのどちらを関心事として他動構文で形式化するかのずれとして、「銃を撃つ」と「熊を撃つ」が説明されている。足立 (2004) は、本来、動作主から道具までの事態は他動構文にそぐわない事態だが、他動構文による強制的解釈が働き、他動的事態として、事態解釈が《変容》解釈されるとしているわけである。ここでは、「撃つ」「弾く」という他動詞の語彙的意味の《変容》が言われているのではないことに注意したい。足立 (2004) においては「撃つ」「弾く」の語彙的意味は不動である。

　しかし、本来、動作主から道具までの事態が他動構文にそぐわないというのは本当だろうか。本書の筆者には、次のような他動詞は語彙的意味として道具を対象とするヲ句を持つ他動詞と言ってよいように思われる。

　　(66)　使う・使用する・操る・操作する・操縦する・扱う・取り扱う・

第1章　接続助詞的なヲの文　　69

運転する・駆動する・始動する・起動する

「ミシンを使う」が表す事態は、ミシンで洋服を縫う事態の一部を切り取ったものであるかもしれないが、「使う」という他動詞を用いた文においては、この事態が本来的な他動的事態として表されていると言わなければならない。道具を表す「ミシン」が「対象」として形式化される格パターンはこれらの他動詞の語彙的意味として記述されるものである。

何を他動的事態として表すかは、他動詞類型によって異なる。対象の変化を含む事態を他動的事態とする他動詞もあれば、対象の変化を含まず接触までを他動的事態とする他動詞もあり、道具の使用までを他動的事態とする他動詞もあるわけである。そして、それぞれに、どのような意味のヲ句を取るかが語彙的意味として決まっている。

(67) 私は背後から襲われ、咄嗟に杖で犯人を突いた。
(68) 黒石氏は、杖を突いている。

(67) は「犯人」が接触行為の対象であり、この場合の「突く」は「叩く・ぶつ・殴る・さする・撫でる…」などと同類の動詞として「動作主ガ接触対象ヲV」の意味パターンを実現している。これに対し、(68) は「杖」が道具であり、この場合の「突く」は「使う・使用する・操る・操作する・操縦する・扱う…」などと同類の動詞として「動作主ガ道具対象ヲV」の意味パターンを実現していると考えられるだろう。つまり、「突く」は語彙的意味として複数の他動詞類型に所属する可能性をもっており、そのいずれであるかは文の中で確定するのである。まさに、これは、動詞の語彙的意味が文脈により確定される《一義化変容》の例である。

道具目的語構文以外も例を追加しよう。

(69) 吉田刑事は部屋を捜していますよ。
　　①吉田刑事は一人暮らしを希望し、勤務先の近くにアパートの部屋を借りたいと思っているという状況。

②犯行現場で犯人の手がかりを手分けして捜している状況。

①の状況で発話される（69）は〈部屋があるかどうかを捜す〉意味を表す。この場合の「探す」は「探し当てる・探し出す・見つける・調べる…」類であり「動作主ガ探索項目ヲＶ」という意味パターンを実現するものである。他方、②の状況で発話される（69）は、〈特定の部屋の中を目あてのものがあるかどうか捜す〉意味と解釈され、「探し回る・探し歩く・歩く・移動する・うろうろする…」類であり「動作主ガ移動空間ヲＶ」という意味パターンを実現するものである。つまり、この場合も同じ「探す」が異なる意味類型に属する可能性を持っており、文脈によりそのいずれかが確定する《一義化変容》の例である。

（70）　エスカレーターを２階で降りる。
（71）　エスカレーターを歩いて降りる。

（70）と（71）はヲ句がともに「エスカレーターを」であり述語もともに「降りる」であるが「２階で」と「歩いて」の違いで異なる他動構文に所属するものとなっている。（70）は動いているエスカレーターに乗り、その状態が継続する方向性にあるのに、その流れを２階でやめる、「やめる・休む・遮る・断る…」などの方向性制御他動構文の類である。それに対して（71）は、エスカレーターという移動空間（経路）を移動することを表す、「歩く・走る…」などの移動他動構文の類である。

（72）　舞台を降りる。
（73）　舞台から降りる。

（72）は（73）と似たような意味を表し、（72）の「舞台を」は移動の起点を表すようにも見えるが、文脈上この「舞台」が〈舞台で演じること〉を意味している場合にはこのヲをカラに変えることはできない。その場合の（72）は、舞台で演じる状態が続く方向にあるのに、その流れをやめること

を表す、方向性制御他動構文の類と考えられる。
　これらと同様に「銃を撃つ」「ピアノを弾く」における「撃つ」「弾く」は、「熊を撃つ」「曲を弾く」における「撃つ」「弾く」とは所属する動詞類型が異なるものと考えられる。
　「銃を撃つ」「ピアノを弾く」における「撃つ」「弾く」は、「使う・使用する・操る・操作する・操縦する・扱う…」類に属し「動作主ガ道具対象ヲV」の意味パターンを実現し、「熊を撃つ」の「撃つ」は「叩く・ぶつ・殴る・さする・撫でる…」などと同類の動詞として「動作主ガ接触対象ヲV」の意味パターンを、「曲を弾く」における「弾く」は、「作る・作成する・創造する・詠む・描く…」などと同類の動詞として「動作主ガ生産物ヲV」という意味パターンを実現しているのではないだろうか。そのように考えれば、これも不確定な動詞の語彙的意味を文脈により確定する《一義化変容》の例であると言える。
　ある動詞が特定の文脈の中で「AガBヲV」という鋳型にはめ込まれ、他の構成要素との相互規定が働き、どの動詞類型に所属するかが確定するということは、とりもなおさず、他動構文の中でも、その下位にある様々な他動構文類型のうちのどれに所属するかが確定するということである。
　つまり、同じ「弾く」でも、使用動作（「使う」など）の他動構文に所属するのか、出現（「造る」など）の他動構文に所属するのかが、文脈を加味して《一義化変容》解釈されるということである。この《変容》解釈の内実は、「使う」他動構文の鋳型か「造る」他動構文の鋳型のどちらかをベースに当の文に意味を写像するということであり、このことが、強制解釈なのであると筆者は考える[*18]。
　このように文脈により確定される《一義化変容》は単層の中での問題であり、動詞の一義化が完了するということは他の動詞類型の可能性が捨て去られるということなので、異なる動詞類型の要求する格体制が一文内に共起することはあり得ない。

　　(74)　＊銃を熊を撃つ。
　　(75)　＊ピアノを曲を弾く。

(76) ＊壁をペンキを塗る。

　この結果は、先に見た《二重化変容》が二重ヲ句を許容するのと異なるわけである。

　最後に、意味役割の《一義化変容》ということも言っておきたい。以上に見たように、同じ１つの形式の動詞でも、複数の動詞類型に所属する可能性があり文脈によりその所属が確定するわけだが、文脈によりどの動詞類型の構文であるかが確定するということは、ヲ句の意味役割もそれに伴い確定するということである。格助詞ヲの意味を細密に記述しようと思えばいくらでも多様に記述できるが、その多様性とは、実は動詞類型の多様性、ひいては「ＡガＢヲＶ」構文の多様性の反映であることを考える必要がある。動詞がどの類型に所属するものかが文脈により確定するとは言ってもその動詞を多義動詞とまでは言わない場合があるように（例えばここで取り上げた「撃つ・弾く・突く・探す・降りる…」などは多義動詞とは認定されないであろう）、ヲの意味役割も多義とは言えない場合があるということである[19]。

＊18　足立（2004）では使役移動構文に生起しうる動詞、例えば「塗る」が「ペンキで壁を塗る／ペンキを壁に塗る」のどちらも可能であるのはそのスキーマ的意味において〈事物の移動〉と〈場所の状態変化〉を含み、「両構文が喚起するフレームのそれぞれの異なる部分を前景化し、概念化したものと捉えることができる。」（p.155）と述べ、道具目的語構文には含めない。本書の立場は、「塗る」の語義不確定性と同様に「撃つ・弾く」なども考えるということである。なお、このような本書の立場に立つと、「ピアノを弾く」とは言えても「鉛筆を書く」と言いにくいのは、「弾く」は「使う」類に《変容》解釈しやすいのに「書く」はしにくいからであるというように、動詞に起因する制約も考えるべきことになる。つまり、動詞が異なる（あるいは通常喚起されるその動詞の意味とは異なる）動詞の意味としてシフトできるかどうかも重要であるということである。

＊19　ヲ以上に格助詞ニの意味はさらに多様に記述されるが、和氣（1996）（2000）は、ニ句の意味役割をガ・ヲ句とニ句間の名詞の意味素性の相関関係や、動詞のアスペクト、語用論的な条件などによって、文脈で解釈される性格のものとして整理している。

7.4　Goldberg（1995）（ゴールドバーグ（2001））―融合 fusion

これまで述べてきたように、《二重化変容》であれ《一義化変容》であれ、《変容》解釈が行われるのは、具体的な文脈においてある構文類型をベースとし、その構文類型に見合うように当の文の述語句の意味に語彙的意味以上の意味を補給しなければならないからであった。構文類型は慣習的に文形式と意味とが緊密に結び付き、ひと固まりのようになったものである。このような構文類型が日常の言語の生成・理解の上で重要な働きをするのである。本書では、特に逸脱的特徴を持つ文の解釈に構文類型が役割を果たすことを述べてきたことになる。

こうした、構文の重要性を論じる研究の1つとしてゴールドバーグが展開する構文文法論が挙げられるが、その一連の研究の中では、逸脱的特徴を持つ文の解釈はどのように説明されているのだろうか。

ゴールドバーグは、動詞によりどのような項を持つかが決まっているとし、このような動詞の指定する項のことを参与者役割（participant role）と呼ぶ。これに対し、構文もどのような項を持つかが決まっているとし、構文の指定する項のことを項役割（argument role）と呼ぶ。ある動詞が特定の構文に現れたときに、参与者役割と項役割が一致しない場合に、動詞の意味と構文の意味の融合（fusion）が起こる。ゴールドバークは、構文と動詞の融合する関係として以下の1から5をあげている。

(77)　動詞の意味と構文の意味の関係
　　　（構文が指定する事態タイプを e_c、動詞が指定する事態タイプを e_v とする）
　　1　e_v が e_c の下位タイプ
　　2　e_v が e_c の手段を指定
　　3　e_v が e_c の結果を指定
　　4　e_v が e_c の前提条件を指定
　　5　ごく限られた程度に様態・手段・結果を指定
　　　　　　　　（Goldberg（1995）p.65、ゴールドバーグ（2000）pp.86-87）

これは、融合の場合をボトムアップ的に動詞の事例からリストアップした

ものに過ぎない。1から5のそれぞれの関係も十分に整理されているとは言えず、融合する場合は動詞と構文が相互に何らかの意味的関連性を持っているということ以上のことは示していないように思える。

　例えば、「手をふる」全体で構文の〈サエギル〉意味になるとき、「手をふる」という行為の意味は、〈サエギル〉の具体事例でもあり、〈サエギル〉結果として現れた事例でもあり、〈サエギル〉ための手段、あるいは〈サエギル〉ときの「様態」であるとみることもできる。1〜5のような時に融合が可能なのではなく、融合しようとする結果、1〜5のような意味解釈が生まれるのである。

　この点に関するゴールドバーグの記述は、語彙的特徴を列挙して制約の記述としてきた語彙論的統語論の手法と同じである。文脈を加味した意味解釈の過程を説明する際には、そのような方法で過不足無く制約条件をリストアップすることは不可能であると本書の筆者は思う。なぜなら、文脈を加味した場合には「どんな動詞でも《補充》・《変容》解釈できる」からである。それが構文類型の持つ鋳型の力である。

　もちろん、どんな動詞でも《補充》・《変容》解釈できたとしても、ある意味特徴・意味類型を持つものは解釈しやすく、ある意味特徴・意味類型を持たないものは解釈しにくい、という差や、実際に出現する場合の意味特徴・意味類型の傾向性というものはあるだろう。しかし、これを「融合の可能な条件」として記述することはできないのである[*20]。

　また、ゴールドバーグが融合として考える事例は、動詞が顕現し、項が顕現することが、ある特定構文の解釈へと進む手がかりになっているものである。しかし、本書で考えている日本語の事例は、動詞が顕現しなくてもかまわない（例：「忙しいところをありがとう」）ものである。この場合、手がかりとして重要なのは「ヲ」であり、ヲの後続の述語部分の言語形式が直接的な手がかりになっているわけではない。つまり、後続の動詞との関係で構文との融合が可能になっているわけではないのである。《補充》《変容》解釈は、臨時的な他動性述語句を「創造」しているのである。

　このように動詞が顕現しなくても臨時的な他動性述語句を創造できるわけであるから、本書で考察する事例のようなものも融合と呼んでよいのなら、

動詞と構文の意味的関係を融合の場合としてリストアップすることは、融合という現象の本質を捉えるものではない、ということになる。

本書では、ヲが出現し、「ＡガＢヲＶ」型文であると認識されること、そしてそのヲ句が方向性を表すと解釈できる場合に、「ＡガＢヲＶ」型文の中でも方向性制御他動構文をベースとして、ヲ句の後続述語を〈対抗動作性〉の他動詞として臨時に《補充》《変容》解釈する、という「推論」が働いていると考える。この場合、ヲ句の後続述語の語彙的意味が関与するのは、〈対抗動作性〉の他動詞として解釈しにくい特徴を持つ場合（非意図的動作など）には許容度の低い（あるいは許容不可能な）文として、解釈しやすい特徴を持つ場合には許容度の高い文として実現するという、写像のしやすさ、つまり類推の働きやすさにのみ、程度問題として関与すると考える。

動詞と構文の融合は、ある条件が見いだされるときに自動的・機械的に生じるというものではなく、条件がそろわずとも、トップダウン的に鋳型を当てはめて推論するという解釈の過程を経ていることを言わなければならないのである。

7.5　Carston（2002）（カーストン（2008））

7.2で述べたように、仁田（1997）の拡大語彙論的統語論は、文脈を加味しているとは言え、要素から出発するボトムアップ式の文成立・意味解釈のあ

＊20　伊藤（2008）は、ゴールドバーグの1～5を批判し、「動詞と構文の融合の可能性、及び、融合された結果としての文の文法性は、動詞の意味と構文の意味だけでは解決できない」とし、コンテクストを含めた推論が働くとする（p.64-64）。本書の筆者もそのように思う。ただし、伊藤（2008）はこれ以上立ち入らないとしている。また、伊藤（2008）は「融合」の条件は精緻化していくことが必要で、「特定の構文にどのような動詞が融合できるのかという問題についてはさらに検討していく余地がある」とする（p.63）。しかし、本書の筆者は、条件をいくら精密にしても、トップダウン的な推論を仮定しなければ、成立を説明することにはならないと思われる。また、伊藤（2008）は日本語の場合、構文の形式をより重視し、「格パターン」を用いて記述するが、その点も賛同する。ヲという形態が引き金となって推論を要請していると思われる。

りかたを明らかにしようとする立場であることには変わりがない。また、ゴールドバーグの融合についての関心も特徴のリストアップであり、なぜ、文脈を加味した意味解釈が行われるかの説明にあるのではない。本書のように逸脱的特徴を持つ文の意味も解釈できるということを説明するためには、本質的に、どのようなものであれ、実際の文脈で用いられた言語形式ならば意味を持つはずだという認識の元に、言語形式を離れた推論を加えて意味解釈していくことを論じなければならない。そのような言語形式を離れた推論が全くの場当たりで支離滅裂にならずに、コミュニケーション上支障なく意味を得るに至っているのは、言語使用者が解釈の原理を持ち、それに従っているからだと考えられる。

　その解釈の原理がどのようなものなのかという考察は、これまで日本語文法論の分野では不問に付されてきた。それも当然のことで、日本語文法論が究明しようとしてきたのは、主として言語形式と意味との関係であり、推論が加わる解釈の問題は語用論の分野の問題として切り離されてきたからである。

　本書の筆者には語用論的考察に深く立ち入るだけの力量はないが、とりわけ本書で考察しているような逸脱的特徴を持つ文の意味の解釈には、語用論的な解釈の原理が働いていることが明確に見られるので、語用論の成果も見ておきたい。むしろ、解釈の原理を考察する研究の側から、本書で論じているような逸脱的な特徴を持つ文の意味の問題が豊かに論じられているのである。

　語用論の中でも Sperber and Wilson（1995）が提唱した「関連性理論」は文脈の中の発話の意味を解釈する原理に関し、明確な仮説を持っている。「関連性理論」では、人間は、自分が持っているさまざまな知識や情報などの認知的環境を、常に更新したり修正したり削除したりして改善しようとするものであるとし、そのような改善をもたらす効果のある情報を関連性のある情報と呼ぶ。

(78) Cognitive Principle of Relevance：認知的関連性の原理
　　　Human cognition tends to be geared to the maximisation of

relevance.
（人間の認知は、関連性を最大にするよう働く傾向を持つ。）

(Sperber and Wilson (1995) p.260)

以上は人間の認知一般に当てはまる原理として言われているものである。この認知的関連性の原理をふまえて以下のような伝達における関連性の原理があるとされる。

(79) Comunicative Principle of Relevance：伝達的関連性の原理
Every act of ostensive communication communicates a presumption of its own optimal relevance.
（すべての意図明示的伝達行為は、それ自身の最適関連性の見込みを伝える。）

(Sperber and Wilson (1995) p.260)

これにより、ある文脈に実現された言語形式を受容した聞き手は、その言語形式が最適な関連性を持つものとしての解釈を施すのである。つまりできるだけコストを払わずに（複雑な解釈ではなく）、できるだけ多くの認知環境の改善をもたらす意味が得られるように、当の発話を解釈するとするのである。この原理があるから、本書が考察してきたような逸脱的な特徴を持つ文も実際の文脈の中で意味解釈され得るのだと言える。

関連性理論では、文脈に現れた発話の、明示的な意味と考えられているものも、言語形式にコード化された意味を解読するだけで得られているわけではなく、語用論的推論によって復元されるものと言われる。この語用論的推論について Carston. R (2002) では以下の4種が挙げられている。

(80) Carston. R (2002)：表出命題の意味を確定する4つの語用論的推論
①一義化　disambiguation
　　言語形式の持つ多義を、文脈上一義に決めること。
②飽和　saturation

指示詞の意味を文脈上決定することなど、文法的に補充を必要とする言語要素の出現によって引き起こされる、意味の補充。

③自由拡充　free enrichment

「There's nothing worth watching on the telly tonight.
(Carston.R（2002）p.188)
今夜テレビで（見るに値する）番組はない。」の括弧内の要素を補うように、特定の言語要素の要求ではなく、文脈上自由になんらかの要素を補うこと。

④アドホック概念形成　ad hoc concept contrusction

文脈に合うように語彙論的意味を調整し、その場限りのアドホック概念を形成して、言語形式にコード化されている概念と置き換えること。

「This stake is *raw*.(Carston.R（2002）p.328)このステーキは生だ。」では、「raw」にコード化されている概念〈火が通っていない〉が調整され、この文脈では〈幾分かは火が通っているが十分ではない〉という意味に置き換えられている。

　このカーストンの①〜④は本書の《補充》《変容》とどのように関係するだろうか。

　まず、カーストンの①〜④のうち、積極的に言語形式が手がかりとなるものとされているのは②「飽和」である。そのほかは特に言語形式が手がかりとなることを条件にして分類されているわけではないようである。

　接続助詞的なヲの文が、「AガBヲV」という言語形式を手がかりとして、特にヲ句の存在に方向付けられて類推を行っていることを考えると、この「②飽和」との共通性があるようにも思われる。

　しかし、その文脈のみの、文脈に合わせた、臨時的な意味の創造という点では、④「アドホック概念形成」と共通している。

　また、《変容》解釈のうちの《一義化変容》は、これも日本語の場合には「AガBヲV」形式が手がかりとなり下位の他動構文類型との類推で動詞の

意味が確定するのであるが、語彙概念が一義に確定するという結果の共通点だけを言えば、①「一義化」と共通している。

また、《補充》解釈は、ヲ句が手がかりになるとは言え、言語形式の不在箇所に意味を補う点では③自由拡充と共通している。

このように、カーストンの語用論的推論4種とこれまで本書で論じてきた《補充》《変容》とは文脈により創造される推論的意味を説明するという点は同じであるものの、その分類の視点が異なるためにうまくかみ合わないところがある。特に、本書のこれまでの考察において特に詳述してきたことで、カーストンの語用論的推論4種の中に含まれず、その特徴を追加すべきと思われるのは、《二重化変容》の《重層性》という特徴である。《二重化変容》は、言語形式を手がかりとし、文脈に合わせて臨時的な意味を創造するのだが、その意味の創造により、元の意味が喪失するわけではない。「〜しようとするのを手をふる」における「手をふる」から〈対抗動作性〉の意味を得るのに、「手をふる」は事実の描写として当該の文の中で意味を持っている。その上に追加される形で、〈サエギル〉といった〈対抗動作性〉の抽象的な意味が構文類型の要請により重層的に創造されるのである。

カーストンは、以下の（81）を、「アドホック概念の形成」の例として挙げ、語彙概念の論理特性、定義的な特性が消失しているとする。

(81) Robert is bulldozer.　　　　　　（Carston. R（2002）p.350）
　　　ロバートはブルドーザーだ。　　　（カーストン（2008）p.520）

しかし、ここでは、ブルドーザーの語彙的な意味は何ら変更されず、その上に、「ロバートはBだ」という構文類型が要求する「ロバートについての特徴記述」にふさわしい意味として、〈ひとの性質・状態性〉がプラスされていると見ることもできるのではないだろうか。

こうした比喩についてはカーストンのようにその定義的特性が消失しており《二重化変容》ではなく《一義化変容》だとする見方も可能かもしれないが（本書では《二重化変容》とする）、少なくとも、接続助詞的なヲの文や国広（1967）（1970）のイディオムに見られる意味の重層性は、認めなければならな

いと思われる。

8. 二重ヲ句の許容

　これまで論じてきたように、接続助詞的なヲ句は、臨時的に他動性述語句の意味を創造してそれと結び付くものと考えられる。臨時的な他動性述語句は、文脈上存在しないものを《補充》したり、文脈上顕在するものを《変容》したりして、臨時に創り出されるものである。その《補充》・《変容》の際に、元となる文に顕在する述語が形容詞・名詞・自動詞であってもかまわないし、あるいはまた、他動詞であってもかまわない。元となる文に存在する述語の他に、もう1つの他動性述語句を創り出す。そこで元となる文に存在する述語が他動詞の場合に、二重ヲ句が実現することになる。

　加藤（2006a）は、次のような例を接続助詞的なヲの文の例として挙げている。

(82)　使い方がわからないのを適当にいじっていたら、ついに動かなくなってしまった。　　　　　　　　　　　　　（加藤（2006a）（1））
(83)　東も西もわからないのを気の向くままに歩いていったら、いつのまにか駅に出た。　　　　　　　　　　　　（加藤（2006a）（2））

　加藤（2006a）はこれらのヲが格助詞であるかどうかは「ヲ格名詞句追加テスト」で判断できるとする。「ヲ格名詞句追加テスト」とは、ヲ句文にさらにもう1つの対格ヲ句を関係させ、許容度をみるテストである。一般に、同じ対格が二重に単述語文に共起することはできないとされる（Harada（1973, 1975）・柴谷（1978）・加藤（2006b）・平岩（2006）[21]）。このため、もしもこのテストの結果、二重ヲ句が許容されるのであれば、一方のヲ句は対格ではないという判断ができるというのである。

---

　[21]　いわゆる二重対格制約は、研究者により中身に差異があることが平岩（2006）で整理されている。本書に関わるのは「1つの述語に対し2つのヲ句が関係する」ことの制約である。

(82)' 使い方がわからないのを適当に兄のパソコンをいじっていたら、ついに動かなくなってしまった。
(83)' 東も西もわからないのを気の向くままに大通りを歩いていったら、いつのまにか駅に出た。

　加藤 (2006a) は (82) (83) に対格ヲ句を追加した (82)' (83)' は、若干の不自然さはありながら、不適格と見なすほどではないとしている。このことから、加藤 (2006a) は「最初に現れるヲは、格助詞と見なすわけにはいかず、接続助詞として扱うのが妥当」(p.139) としている。しかし、これらも以下のように重層的《変容》解釈が行われていると考えられる。
　(82)' は、「適当に兄のパソコンをいじる」というまとまりを、「使い方がわからない」のだから何もしないと予測されるのに、それをまげて、予測と逆行する〈適当にいじる〉という意味に解釈される。(83)' は「気の向くままに大通りを歩く」という述語句のまとまりは、「東も西もわからない」なら歩けないだろうと当然予測されるが、その予測の流れと対抗するような他動的意味を持つ動作として解釈される。これらの重層性は以下のように図示できる。

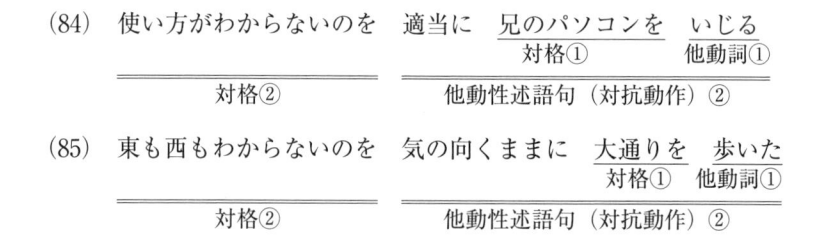

(84)　使い方がわからないのを　適当に　兄のパソコンを　いじる
　　　　　　　　　　　　　　　　　　　対格①　　　　　他動詞①
　　　　　対格②　　　　　　　他動性述語句（対抗動作）②

(85)　東も西もわからないのを　気の向くままに　大通りを　歩いた
　　　　　　　　　　　　　　　　　　　　　　　対格①　　他動詞①
　　　　　対格②　　　　　　　他動性述語句（対抗動作）②

　見かけ上、1文の中に述語他動詞は1つしか顕在していなくても、接続助詞的なヲ句と関係する他動性述語句は、それとは別に臨時に想定されるのであり、2つのヲ句は、それぞれ別の層の述語句と関係すると考えられる。
　黒田 (1999a) の挙げる次の例も二重ヲ句の例である。

(86) 警官が、暴漢が襲いかかってきたのを、逆にそいつをくみふせて
　　　しまった。　　　　　　　　　　　　　　（黒田（1999a）（158））

　この例も「暴漢が襲いかかってきたのを」というヲ句と結び付く臨時的な他動性述語句として「逆にそいつをくみふせる」から〈対抗動作性〉の動作が重層的に解釈され、他動関係を成り立たせている（第4章で再びとりあげる）。

(87)　警官が、暴漢が襲いかかってきたのを、逆に　そいつを　くみふせた
　　　　　　　　　　　　　　　　　　　　　　　　対格①　　他動詞①
　　　　　　　　　　　　　　　　　　　　　　他動性述語句（対抗動作）②
　　　　　　　　　　対格②

　この章で述べた接続助詞的なヲの文の重層性を、その述部が自動詞により構成される場合も含めて抽象化して図示すると以下のようになる（丸括弧部分は動詞①が自動詞の場合に対象①が無いことを表す）。

図4　接続助詞的なヲの文の重層性

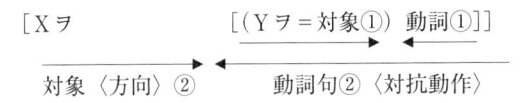

　　　［Xヲ　　　　　　　［（Yヲ＝対象①）　動詞①］］
　　　　　対象〈方向〉②　　　　動詞句②〈対抗動作〉

　接続助詞的なヲの文は述部が他動詞から構成される場合に2つのヲ句が現れ、一見二重ヲ格制約に違反するように見えるが、関係する動詞句の層が異なるために許されるものと考える。
　また、二重ヲ句が出現した場合に、接続助詞的なヲはより文頭に近い位置に現れるが、それも、重層性により説明できる。接続助詞的なヲの文は、述部他動詞が語彙的意味として要求する対格補充「Yヲ」と述部他動詞とが結び付いたまとまりを、臨時的に1つの他動性述語句とみなして「Xヲ」と関係する重層構造をなすためである。

9. おわりに

　接続助詞的なヲの文は他動詞が不在であるが、その形式から「ＡガＢヲＶ」型文すなわち他動構文に属すると認定される。そして、具体的な文要素・要素間の意味関係、とりわけＢヲが事態の進展方向として解釈できるということを手がかりとして、他動構文の一類型である方向性制御他動構文をベースとした類推が行われ、その他動的意味〈対抗動作性〉が後続述部に重層的に解釈される。言わば文脈上臨時に他動詞句の意味が補給され、その他動詞句の意味とヲ句とが結び付くのであり、ヲは他動の対象を表す格助詞の機能をなんら失ってはいない。

　この〈対抗動作性〉という意味は方向性制御の他動詞文に見られる意味というだけでなく、他動構文の典型的〈他動性〉の意味特徴を引き継いでいるものと考えられる。〈対抗動作性〉は、より抽象化された〈意図的に対象に影響を及ぼし対象の変化を起こす動作〉といった意味の１つの現れと位置づけられるのである。ということは、接続助詞的なヲの文は中心的な他動構文の意味特徴を写像するものとも言えるのである。

　さて、このように接続助詞的なヲの文の解釈には他動構文の類型的意味がベースとしての役割を果たす。構文という結合体全体に特定の意味が対応することを述べ、構文という単位の重要性を指摘する Goldberg（1995）では、その意味が構成要素からは予測不可能な点に構文単位の認定の基準を置いているが、他方、Goldberg（2006）では、予測可能であっても出現頻度が高い結合体の場合には構文として認定されるとしている。「構文」という概念をどのようなものとして設定するのが言語研究上有効であるのかということ自体が研究の進展とともに推移するわけだが、本研究では構文を広く捉え、慣習化され抽象化される文の類型的意味は、構成要素から組み立て式に文全体の意味が予測されるものであっても、言語運用上重要な役割を果たすことを述べたことになる。

　接続助詞的なヲの文の意味自体はその構成要素の総和では得られないが（そもそも構成要素の他動詞が不在である）、そこに鋳型として役割を果たす類型的意味は、方向性制御他動構文の構成要素から予測される意味が慣用により類型化し抽象化したものである。

さらに、5節で述べたように、この抽象化した類型的意味は構成要素を欠いた接続助詞的なヲの文にのみ、トップダウン処理の鋳型として役割を果たすのではなく、構成要素の総和で文の意味解釈が可能な場合（例：「せっかく弟のおやつに作ったのを姉が食べてしまった。」）にもその意味に重ねて鋳型として働き、重層的に文の意味を付与することがある（例：〈予測される方向性を遮った〉）。すなわち、語彙的他動性に推論による他動性が重ねられる場合があるということである。

　このように通常の文解釈にも推論による他動性解釈がなされていることはあまり目をひかず、逸脱的な文の解釈だけが特殊なものとして捉えられがちだが、むしろ、逸脱的な文の解釈は通常の文解釈の際に用いられる一般性のある方略（この場合には構文類型をベースにした類推という語用論的推論）が適用されているものとして説明されるべきなのである。

第2章

古代語の接続助詞的なヲの文
―― 古代語と現代語の対比 ――

要旨

　この章では、古代語の接続助詞ヲについての先行研究を吟味し、現代語の接続助詞的なヲの文と比較する。現代語には明確に接続助詞のヲがあるとは言われないが、古代語にはあったとされている。では、その古代語の接続助詞のヲと、現代語の接続助詞的なヲとの関係はどのようなものなのだろうか。

　近藤（1979）（1980）（2000）は上代から中古にかけての文献資料から、助詞ヲの機能を①格助詞②間投助詞③終助詞④接続助詞に分類している。このうち、上代語の②間投助詞③終助詞の用法は現代語には引き継がれていない。また、①格助詞の用法は縮小して引き継がれている。

　残る④接続助詞の用法について、第1章で明らかにした、方向性制御他動構文をベースとした類推、《補充》《変容》解釈が古代語でもなされるていたと考えられるかどうかを吟味する。

　その結果、古代語と同様の用法が失われて現代語には接続助詞としてのヲはない、という見方も可能だが、実は古代語の接続助詞のヲの用法とされるものに格助詞性があり、現代語の、「格助詞ヲの周辺用法としての接続助詞的なヲ」と変わらないという見方も可能であることを指摘する。

0. はじめに

　第1章では、現代語の接続助詞的なヲの文について考察し、この文は「AガBヲV」型文であると認識され、「AガBヲV」型文の中でも方向性制御他動構文をベースとする類推が働き、そのヲの後続述語部に重ねて〈対抗動

作性〉の意味の臨時的な他動性述語を《変容》解釈する、または創造的に《補充》解釈することにより成り立つ文であることを述べた。従って、現代語の接続助詞的なヲは、接続助詞ではなく格助詞であるとした。

この現代語の考察を引き継ぎ、第2章と第3章では古代語の接続助詞的なヲの文について考察してみたい。従来ノニと言い換えられるような接続助詞（的）なヲは、古代語に多くの用例が指摘されている。この章では、次の第3章で取りあげる古代語の接続助詞（的）ヲの文の考察の前提となるものとして、先行研究において古代語について述べられてきた知見を現代語研究の成果と比較する形で再考することとする。

1. 古代語のヲ句の三分類—近藤（1980）（2000）の吟味

上代語のヲの分類に関しては諸説がある中で、近藤（1980）（2000）の分類は、構文的基準による明快なものである。近藤（1980）（2000）によれば、上代語のヲは次のような基準により、三分類できる。

表1　近藤（1980）（2000）の上代語のヲの分類と、その分類基準

品詞	分類基準
①格助詞	文脈から考えて、対応する述語用言があり、目的語となっている体言をうけていると考えられるヲ
②間投助詞	広義の連用に続くヲ
③終助詞	対応する述語用言が存在せず、単独で体言・連体形等をうけているヲ

①格助詞②間投助詞③終助詞の例は、この順に以下の（1）〜（3）が挙げられている。

（1）　父母乎美禮婆多布斗斯（父母を見れば）　　　　　（万葉・巻5・800）
（2）　保等登藝須　許〻尓知可久乎、伎奈伎弓余（近くを来鳴きてよ）
　　　　　　　　　　　　　　　　　　　　　　　　　　（万葉・20・4438）
（3）　安思比奇能夜麻毛知可吉乎、保登等藝須都奇多都麻泥爾、奈仁加

吉奈可奴（山も近き<u>を</u>）　　　　　　　　　　　　（万葉・17・3983）

　近藤（1980）（2000）は、上代語のヲにすでに格助詞と言えるものがあったと述べ、その根拠として、連体内部に現れるヲがあるということを挙げている。そのような位置に間投助詞・終助詞が現れることは、上代語の他の用例の状況からもあり得ないし、また、一般に現代語のモダリティ研究の成果から理論的に考えても、あり得ないことである。従って、こうした位置にヲが現れるということは、ヲに格助詞性を持つものがあることを示しているというわけである。
　なお、従来、この時代のヲに格助詞性を認めない立場からは、ヲが何らかの情緒的意味を伴うという点が根拠として挙げられてきた（小山（1958）など）。しかし、近藤（1980）（2000）は、「何らかの感情を込めることや限定を強調することと、格助詞性とは必ずしも両立できないものではない」（近藤（2000）p.112）とし、そのような意味合いが文脈上解釈できるとしても、それがヲの格助詞性を否定する根拠となるわけではないとしている[*1]。
　この①～③のうち、言うまでもなく①格助詞のヲは現代語に引き継がれているが、②間投助詞のヲの用法はない。また、③終助詞のヲの用法は、現代語では専ら「～モノヲ」の形式に固定して用いられている。それぞれ、対応する用法と考えられる現代語の例を挙げておく。

（4）　　振り返って、父母<u>を</u>見た。　　　　　①格助詞
（5）　＊ホトトギスよ、近く<u>を</u>来て鳴いてよ。　②間投助詞

＊1　ヲがテキストに顕現する場合に何らかの限定や強調が感じられるという、小山氏の指摘する現象自体は、現代語の観察においても見られるものであり、ヲの機能を論じる上で無視できないことである。しかし、その現象をどう説明するかという点においては、本書は近藤（1980）（2000）の立場を支持する。近藤（1980）（2000）の立場は、現代語のガの格表示機能と焦点表示機能の共存性を論じた天野（2000）と軌を一にするものである。格構成に関するレベルと、情報構造上の意味付与のレベルとは異なるのであり、同形式がそれぞれのレベルの機能を同時に果たし得る可能性を持つと考える。

(6)　　私に言ってくれればやってあげたものを。　③終助詞*2

2. 古代格助詞ヲから接続助詞ヲの派生

　以上のように、近藤（1980）（2000）は上代語のヲに①格助詞②間投助詞③終助詞の三類を認めるのであるが、近藤（1979）（2000）は、こののち平安時代の散文では、準体を受ける格助詞のヲから派生した接続助詞のヲが現れるようになるとする。中古になり、格助詞ヲが準体を受けることが稀でなくなると、ただちに接続助詞の用法が派生したとするのである。
　近藤（1979）（2000）が接続助詞の例として挙げているのは次のようなものである。

(7)　　かうかう今はとてまかるを、何事もいささかなることもえせでつかはすことと書きて　　　　　　　　　　　　（伊勢・16段）
　　　（このように、「今は、（もう行きます）」と言って（妻が）去っていくのを、何事も、わずかなこともできないで行かせること、と書いて）

(8)　　「車なりし人はおほかりしを誰にある文にか」となむいひやりける。　　　　　　　　　　　　　　　　　　　（大和・103段）
　　　（「車に乗っている人は多いのを、誰に対する手紙なのでしょうか」と言ってやった。）

　しかし、近藤（1979）（2000）も含め従来の研究が明らかにしているように、こうした接続助詞のヲは、構文的特徴という点で格助詞と区別できたとしても、格助詞性が全く無いとすることはできないものであることは、再度確認しておいてよいであろう。

＊2　近藤（1980）（2000）の三分類の③終助詞のヲを、次節の接続助詞のヲと同じ類とする立場もあるが、本書では構文的特徴の異なり（前接する連体形の種類の異質性）を重視する近藤の分類に従った。また、現代語では専ら「ものを」の形式で出現するものなので、本書ではこれ以上の考察をしていない。

（7）は、「…まかるを」の関係する動詞述語の出現としてまず期待される位置に「何事もいささかなることもえせで」が現れ、「まかるを」の直接関係する述語が無いように見える。また、この直後の句との意味的関係をつけるとしたら〈「まかる」のに「何事もいささかなることもえせで」〉といった接続的な意味を補いたくなる例である。このようなことからこのヲが接続助詞の例として挙げられるのであろう。しかし、（7）では、「…えせで」のさらに後に「つかはす」が続いていることは無視できない。この「つかはす」が「…まかるを」と関係する動詞述語であるという解釈は十分自然なものなのである。現代語で類例を考えてみよう。

　　（9）　もうお別れね、と言って出て行くのを、何もできずにただ見送っていた。

　（9）は文脈上〈…出て行くのに〉という含意が感じられ、また「…出て行くのを」と直接関係する動詞の出現が期待される位置に「何もできずに」とあり、直接関係する述語が無いようにも見えるが、さらに後続の「(何もできずにただ)見送る」という述語と直接関係するものとしても自然に解釈できる。この場合には格助詞のヲとして自然に解釈できるのである。
　（8）は、（7）よりもさらにヲ句と関係する動詞がみつけにくく、また、ノニと言い換えられるような逆接的な意味的関係が見いだされる例である。これこそ、格助詞性の無い例と言えるだろうか。これも、現代語で類例を考えてみよう。

　　（10）　自分でやればいいのを、誰に対しての依頼状ですか！

　（10）は、依頼状を受け取った人が、依頼されたことに腹を立てて発したものとして作例している。〈自分でやればいいのに私に依頼するなんて腹立たしい！〉といった意味である。（8）と共通しているのは、「…いいのを」に直接関係する動詞がどこにも言語化されていない点と、そのヲ句の後続が名詞述語の疑問詞疑問文であるという点である[*3]。また、この例は、ヲを

ノニに言い換えて「自分でやればいいのに」としてもほとんど意味が変わらないようにも感じられる。つまり接続助詞性が確かに感じられるということである。

しかし、その一方で、「自分でやればいいのを」—《やらないで》「自分でやればいいのを」—《人に頼んで》などといった下線動詞述語部が、意味的に補われるようにも思える。つまり、格助詞性を捉えた解釈もまた、なされるように思えるということである。

見かけ上どこにも直接的に関係する動詞述語が無いにもかかわらず、そこにつじつまをあわせるように（言語形式や文脈から、ある構文類型をベースとしてその類型的意味と合致するように）ある意味を《補充》するということは、様々な言語状況で言語使用者が行っていることであり、現代語の接続助詞的なヲの文は、方向性制御他動構文をベースとして〈対抗動作性〉の他動性述語句の意味を想定すると第1章で述べてきた。まさに、この (10) も〈対抗動作性〉述語句を《補充》解釈していると考えられる。

この場合、《補充》解釈を促す要因としてヲ句が〈自分でやればいい〉方向にあると解釈されることの他に、後続の疑問詞疑問文の意味も参与していると思われる。「自分でやればいいのを」は決してここまでで切れるのでなく、後続と密接に関係していると考えられるのである。後続の名詞述語の疑問詞疑問文は、直接的には、「もの」がどのような「もの」であるかを問うている（「Aは誰に対するAか」）。しかし、実は、「もの」を問題にしているのではなく、その「もの」を成り立たせる人物の「行為」を問題にしている。「これは誰に対しての依頼状か」と問うた形で、その「もの」を成り立たせた相手の行為（この場合には「私に依頼するという行為」）をとがめだてているのである[*4]。言わば、「誰に対して依頼しているんですか！」とも言えるよう

＊3　(10) には少し不安定さが感じられるかもしれない。こうした場合により自然な形は次のようなものであろう。両者の派生関係は考えるべきものであるが、「〜ものを」は近藤 (1980) (2000) では終助詞として位置づけられているため、ここでは考察しない。

（i）自分でやればいいものを、誰に対しての依頼状ですか。

な内容を表しているということである。そして、この、とがめだての語用論的含意を持つ後続があるからこそ、「自分でやればいいのを」は、それと関係する〈対抗動作性〉の述語句の意味として、《自分でやらないで》とか《人に頼んで》といった意味を補うことの妥当性が保証されているように思われるのである。

では古代語の（8）はどうだろうか。もう一度検討してみよう。

(8) 「車なりし人はおほかりし<u>を</u>誰にある文にか」となむいひやりける。 (大和・103)
（「車に乗っている人は多いの<u>を</u>、誰に対する手紙なのでしょうか」と言ってやった。）

「車なりし人はおほかりしを」からは、車に乗っている人は多いのだから自然と期待される方向性としてたくさんの人の中から目当ての人が誰であるかを特定して示すことが想定される。ところがこれに逆行するように、《特定しないで》、「誰にある文にか」、つまり誰に手紙をあてているのかわからない、そんなやり方はだめだ、ととがめていると解釈できる。この《特定しないで》は《補充》解釈である。

このように、見かけ上、ヲ句と結び付く動詞述語がなくても、文脈上の様々な要因からその動詞述語の意味を《補充》して解釈しているとすれば、現代語の接続助詞的なヲと同様にこうした例のヲにも格助詞性は生きていると言わなければならない。

なお、次のような例は、(10) ほど込み入らず、ヲ句の後続の疑問詞疑問文の中にヲ句と関係する動詞述語が出現するものである。

(11) 早く言ってくれればいいのを、どうして<u>言ってくれなかった</u>の？
(12) 放置すれば悪くなるだけなのを、なぜ<u>放っておいた</u>んですか？

＊4　天野（2008b）では、疑問詞疑問文が疑問の意味を表しつつ、語用論的含意として相手の行為をとがめだてる場合があることを述べている。第6章で詳述する。

これらのヲ句も、意味的にヲ句まででいったん途切れて、後続部とは一続きではないようにも感じられる。語順を変えた（13）（14）とは異なる意味合いが感じられるのである。

(13) どうして、早く言ってくれればいいのを言ってくれなかったの？
(14) なぜ、放置すれば悪くなるだけなのを放っておいたんですか？

また、(11)(12)のヲ句を後続と関係させるとすればノニと言い換えられるような意味であるという点でも、(10)とそれほど隔たっているように感じられない例である。(11)(12)は下線を引いたように後続部の中に言語化している動詞述語と格関係で結び付き得るという点で、(10)よりもヲの格助詞性がよく見て取れる例だが、これは、第1章5節で述べたように、通常の格関係を結ぶ語彙的他動性の上に重ねて拡張他動性が読み込まれている例である。こうした例との連続を考えても、(10)のヲに格助詞性が全く無いと断言することは困難であると思われる。

3. 接続助詞の認定条件の再考
3.1 接続助詞の認定条件①②③

では、中古期の接続助詞のヲの中に、もはや格助詞性を払拭し、接続助詞の機能のみを果たすものとして確立しているものはないのだろうか。近藤(1979)(2000)は、次の(15)のような条件①〜③がそろったものは「完全な接続助詞になった」と考えられるとしている（近藤(2000) pp.432-433）。

(15) 接続助詞の条件
　　①ヲを承ける述語が全くない。
　　②ヲのあとの文に、ヲの承けるものとは異なる目的語がある。
　　③ヲの承ける句中に「は」を含む。（「は」は準体中には現れにくいから）

それぞれの例として挙げられているのは次のようなものである。

(16) 行きとぶらひける<u>を</u>、む月の十日ばかりのほどに、ほかにかくれたり。(伊勢・4) 　　　　　　　　　　　　　　　　　…①の例

(17) 蛍のとびありきける<u>を</u>「かれとらえて」と、このわらはにのたまはせければ (大和・40) 　　　　　　　　　　　　　　…②の例

(18) 枇杷の大臣<u>は</u>、えなりたまはでありわたりける<u>を</u>、つゐに大臣になりたまひにけるおほむよろこびに、太政大臣梅を折りてかざして (大和・120) 　　　　　　　　　　　　　　　　　　　　…③の例

　この条件①〜③はどのような意味を持つものであり、その条件でもってヲに格助詞性が全く無いと言えるのかどうか、吟味してみたい。

3.2　古代語接続助詞条件①②と、現代語のヲ句

　上記の近藤(1979)(2000)の接続助詞条件①②は、外形上は異なる特徴であるが、要するに、当該のヲ句と直接関係する動詞述語が無い、ということである。①はヲ句と結び付き得るような他動詞が存在しないということであるし、②は他動詞が存在していてもそれと結び付くヲ句が他にあり、当該のヲ句と結び付くことが阻止されているということである。

　しかし、この、〈当該のヲ句と直接関係する動詞述語が無い〉ということが、ただちに接続助詞であることを示すとは言えないことは、すでに前節の例(7)(8)で見たとおりである。前節での考察をまとめてみよう。

(19) 当該のヲ句と直接関係する動詞述語が無いが、格助詞性があると考えられる場合
　　Ⅰ　直後の述語動詞とは結び付かなくても、さらにその後に続く述語動詞と関係する場合 (=(7))
　　Ⅱ　言語的に顕在化していなくても、文脈上意味的な動詞述語が《補充》解釈され、それと関係する場合 (=(8))[*5]

　このことをふまえて、近藤(1979)(2000)が条件①②の例として挙げた(16)(17)を吟味してみよう。まず、(17)は、他動詞があってもそれには

他のヲ句が結び付いていて、見かけ上、当該のヲ句と直接関係する他動詞が無いようにみえるものである。

 (17) 蛍のとびありきけるを「かれとらえて」と、このわらはにのたまはせければ（大和・40）   …②の例
    （蛍がとんでいるのを「あれつかまえて」と、この女の子におっしゃったので）

この例ではヲ句の直後に続く他動詞「とらへて」とは「かれ」が結び付いているが、さらにその後に「のたまはす」が続いており、この「のたまはす」と当該のヲ句とが結び付くという解釈は自然である。類例を現代語で考えてみよう。

 (20) 選手が歩いてやってくるのを「ね、あの人見て、松井選手だよ」と、父親に言った。

 (20)のヲ句は「…言った」と関係する格助詞として解釈するのは自然であろう。(17)は、先に挙げた(19)当該のヲ句と直接関係する動詞述語が無いが、格助詞性があると考えられる場合の、Ⅰの場合である。
 次に、(16)はどうだろうか。

＊5 Ⅱについては、次のような現代語のヲ句の例も加えられるだろう。これらは第1章で説明した《補充》解釈にあたる例である。
 （ⅰ）素敵なプレゼントをありがとう。
 （ⅱ）雨の中を申し訳ございません。
（ⅰ）（ⅱ）は、ヲの付加する名詞句「素敵なプレゼント」「雨の中」と、後続部分「ありがとう」「申し訳ございません」の意味に支えられて、（ⅰ）は、素敵なプレゼントをくれてありがとう、（ⅱ）は雨の中を来てくれて申し訳ございません、といった意味の動詞述語が結び付くものであろうことが容易に推測できる。これらのヲを、見かけ上結び付く動詞が無いからといって格助詞性が無いものであると言うわけにはいかない。

(16) 行きとぶらひけるを、む月の十日ばかりのほどに、ほかにかくれたり。　　　　　　　　　　　　　　　　　　　　　　（伊勢・4）
（（彼女の所に）行ってみたのを、一月十日あたりの頃に（彼女は）どこかに隠れてしまっていた。）

　(16)には、確かにヲ句と結び付く他動詞が出てこない。現代語訳するとヲ句のままではかなり不自然で、「行ってみたのだが」「行ってみたのに」のように言い換えたくなる。このように、このヲは現代語では用いられない、接続助詞ヲの用法のように見える。
　しかし、この例も、全く格助詞性が払拭されていると断言してしまってよいか、筆者には躊躇される。例えば現代語でも、(16)の直訳を少し変えた次のような表現では、受容できるように思われるからである。

(21) 俺様がせっかく会いに行ったのを、彼女は出てこなかった／彼女は隠れやがった。

全く不自然さが無いわけではないが、(21)は(16)の直訳よりも許容度が上がるのではないだろうか。(21)は、「せっかく会いに行った」という形式から、このヲ句には《せっかく会いに行ったのだから当然の流れとして出てくるべきだ》というような方向性が解釈され、「出てこなかった／隠れやがった」という見かけ上の自動詞述語に、《俺様の行為に対抗して意図的にそれを無視した／無駄にした》という他動的な〈対抗動作性〉の意味が読み込まれて受容されているように思われる。もしそうだとすると、この場合も、見かけ上は〈当該のヲ句と直接関係する動詞述語が無い〉が、その動詞述語句を他動的な意味に《変容》解釈することにより、それと格関係を結ぶヲとして解釈するものと言うべきである。(21)の類例として、第1章で考察した以下の例が挙げられる。

(22) 二人がそれを手帳に写しとろうとするのを、じれったそうに手をふって、「いいんだよ、それは持ってお行き。こっちにゃ住所の

控えはあるから」　　　　　　　　　（「ちょ」レー（1988）p.83）

　(22)の下線部分を承ける直接の動詞述語は確かに無い。これは近藤(1979)(2000)の接続助詞条件①②に相当するものである。また、ヲをノニ／ケレドモなどに言い換えてもさほど意味が変わらないようにも思えるのであった。しかし、(22)では「じれったそうに手をふって」という句が、その全体として「遮って・おしとどめて・断って」といった動詞で表すことができるような、相手の行為を意図的に止める行為を表すものとして《変容》解釈可能なのであり、この場合のヲ句はその止める行為の対象という意味で結び付く、対格ヲ句と考えられるのであった。

　このように考えてみると、中古期の(16)も、完全に格助詞性が無いとは断言し得ないように思われる。(16)(21)(22)で検討したことを、「当該のヲ句と直接関係する動詞述語が無いが、格助詞性があると考えられる場合」のⅢとして追加することにしよう。

　　(19)'　当該のヲ句と直接関係する動詞述語が無いが、格助詞性があると
　　　　　考えられる場合
　　　　Ⅰ　直後の述語動詞とは結び付かなくても、さらにその後に続く述
　　　　　　語動詞と関係する場合（＝(7)）
　　　　Ⅱ　言語的に顕在化していなくても、意味的に動詞述語が《補充》
　　　　　　され、それと関係する場合（＝(8)）
　　　　Ⅲ　言語的に顕在化している動詞述語句が、意味的に他動詞相当句
　　　　　　として《変容》解釈され、それと関係する場合（＝(16)）

　近藤(1979)(2000)が挙げた(15)①②という条件は、典型的な格助詞ヲとは異なる性質を持つヲを客観的に抽出するために有益なものである。しかし、その特徴さえあればただちに接続助詞であって格助詞性の無いものと認定できる条件であると解釈するのは危険である。

3.3 古代語接続助詞条件③と、現代語のヲ句

では、近藤（1979）（2000）の接続助詞の条件（15）③はどうだろうか。

(15) 接続助詞の条件
③ヲの承ける句中に「は」を含む。（「は」は準体中には現れにくいから）

ヲが名詞句（名詞相当句）を承けていなければ、格助詞性は消失していると考えられる。格助詞は、名詞句の、動詞句に対する格関係を示すものだからである。主題を表す「は」は名詞句の中には入らないので、もしも「〜は」がヲ句の内部に出現していれば、そのヲ句は名詞句ではないと考えられる。そして、その場合のヲは、格助詞ではなく接続助詞であるというわけである。現代語で考えてみよう。

(23) 洋子はインフルエンザに罹ったのだが、純子は知らなかった。
(24) ＊洋子はインフルエンザに罹ったのを、純子は知らなかった。
(25) 洋子がインフルエンザに罹ったのを、純子は知らなかった。

(23)のように、接続助詞ガの承ける句の内部に主題の「〜は」があっても自然である。しかし、現代語では(24)のようにヲの承ける句の内部に主題の「〜は」があると不自然である。「〜は」が「〜が」であれば、(25)が示すように自然である。そして(25)のヲ句は、後続句の動詞述語「〜知らない」と格関係を結ぶ。現代語では、ヲの承ける句中に「は」を含んで、接続助詞的な意味で自然に解釈できる例は無いようである*6。

では、中古期はどうだったか。近藤（1979）（2000）の挙げる中古期の例を見てみよう。少し文脈を長めにとって再掲する。

---

*6 次の例は不自然さを伴いながらも許容できる例と言えるのかもしれない。「は」をヲ句が含むのはどのような場合であるのかは、今後の課題としたい。
（ⅰ）？ガンは放置すれば悪くなるだけなのを、なぜ放っておいたんですか？

(26) おほきおとどは、大臣になりたまひて年ごろおはするに、枇杷の大臣はえなりたまはでありわたりけるを、つひに大臣になりたまひにける御よろこびに、おほきおとど梅を折りてかざしたまひて、（太政大臣は、大臣におなりになって長年その地位においでになるのに、枇杷の大臣は、おなりになることができないままでお過ごしだったが、ついに大臣におなりになったそのお祝いに、太政大臣は梅を折って、冠におさしになって、*7）
 (大和・120)

　確かに (26) は、「枇杷の大臣はえなりたまはでありわたひけるを」というヲ句に「～は」が現れている。しかし、この「枇杷の大臣は」は、先行文脈にある「おほきおとどは」と対比的に示され、〈「おほきおとどは」～デアルノニ「枇杷の大臣は」～デアル〉という意味合いがある。このような対比的意味の「は」の場合には名詞句中にも現れ得るということは現代語の従属句の研究で明らかにされている（南 (1974) では「サトイモハ　ソダツ　土地」が対比の場合に成り立つとしている (p.170)）。従って、(26) のヲ句も名詞句であることが十分考えられ、近藤 (1979)(2000) の条件③を説明する例としてはふさわしくない。

　ただし、この (26) のヲ句は他の条件のために、格助詞としての解釈が困難である。すなわち、「枇杷の大臣はえなりたまはでありわたりけるを」というヲ句が名詞句だとしても、その名詞句と直接結び付く他動詞が無く、近藤 (1979)(2000) の条件①に該当するのである。他動詞が期待されるところには「大臣になりたまひける」という自動詞句が現れ、この場合、(19) Ⅲのようにこの「なる」を他動詞的意味に解釈するのも困難である。この文脈の「なる」は自動詞の中でも非意図的な変化を表すものだからである。

　現代語の類例で考えてみよう。

(27) ?（道子は罹ったけど）洋子はインフルエンザに罹らなかったのを、

---

*7　例 (26) は本文・現代語訳ともに『日本古典文学全集』（高橋正治校注・訳「大和物語」小学館、p.356）によった（その他の例は近藤氏の提示を生かし、現代語訳を適宜本書筆者が補った）。

とうとう罹ってしまった。
(28) ?（恵子はなったのに）私は長年会長になれなかったのを、とうとう今春なれちゃった。

　(27)(28)が示すように、(26)に類するような例、つまり、接続助詞的なヲの後続に非意図的な変化を表す自動詞が現れる現代語の文は、筆者にとってはかなり許容度が低い。ただし、この場合も、全く許容されない、全く解釈不能の文と言い切ることはできない。例えば、(28)で、文脈上、純子が会長になりたいと意図していたとすると、とうとう純子は《会長になれない》方向にある状況を《打破した》とか《払拭した》とか、《努力の末なれる状況を生み出した》という〈対抗動作性〉の意味を《変容》解釈することができるとする母語話者もいるかもしれない。かなり不自然な文ではありながら、「とうとう今春なれちゃった」という自動詞句を純子の意図的な他動的行為と読み込んで許容できるという母語話者もいるかもしれないのである。
　こうした現代語の状況から考えると、(26)の例文が示す中古期の状況も、単に接続助詞としての姿というだけではなく、さまざまな可能性を含んでいるように思われる。確かに、①現代語と異なり、ヲ句の後続が意図性の無い変化を表す自動詞句のような場合でも問題なく成立したのであり、この場合のヲは現代語に類例のない、接続助詞としての用法である、という可能性も考えられる。その一方で、②ヲ句の後続が意図性の無い変化を表す自動詞句であっても、現代語よりもその自動詞句を意味的に他動的なものと解釈することが容易であって、そうした場合の文も問題なく成立し、この場合のヲは格助詞である、ということも可能性として考えられるのである。さらに、③現代語と同様、ヲ句の後続が意図性の無い変化を表す自動詞句の場合にはその文の許容度は低かったのであり、低いながらもヲは格助詞として解釈された、という可能性でさえ、排除することはできないということである。具体的に許容度がどのようであったかは歴史的研究の場合には忖度できないが、文献に現れている例が一律の許容度であったわけではないことは確かである。
　第1章で見たように、現代語ではある一群の用法が「接続助詞的なヲ」であると言われることはあるが、それらが明確に格助詞から独立した「接続助

詞のヲ」であると言われることはほとんどない*8。本節での検討により、中古期に格助詞から派生して生まれたとされる接続助詞のヲも、慎重に考えるならば、格助詞のヲから完全に独立したものではなく、格助詞性を伴ったものであったと考え得ること、現代語の接続助詞的なヲとさほど変わらない状況だったという可能性も捨て切れないことを確認した。

4. 松下（1930）

　以上のように古代語の接続助詞的なヲを対格と考える先行研究として、松下（1930）がある。松下（1930）は、ヲを古代語も現代語も「他動格」と称する類に位置づけている*9。松下（1930）の「他動格」は、「事柄の他動的客体を表す用法」である。
　その例の中に、以下のようなものを挙げ、ヲの後続が「他動性動詞ではないが他動的に取り扱はれてゐる」（pp.590-591）とする。

　　(29)　都出て、君に逢はむと来しものを来しかひもなく別れぬるかな
　　　　　　　　　　　　　　　　　　　　　　　　　　　　　　　　（土佐日記）
　　(30)　わびわたる我が身は露を同しくば君が垣根の草に消えなむ
　　　　　　　　　　　　　　　　　　　　　　　　　　　　　　　　（貫之集）

　特に松下（1930）は次の（31）について詳述している。波下線部のヲ句の後続は「自動性動詞であるが、こゝでは形式的に他動態である」とし、ヲ句に対して「処置する意」があるとする。松下（1930）によれば、君は〈「我の待つこと」を遇するに「終に来らず」を以てした〉と解釈でき、この意味に

---

*8　第1章で見たように、加藤（2006）は「接続助詞」と見ることもできるとする。田中（1998）は「接続助詞的な成分」と呼ぶ。
*9　松下（1930）は「名詞の表示態」（概念を表示する運用法）に、「主格・他動格・依拠格・出発格・与動格・比較格・連体格・一般格の八格がある」とし、連用格の中に、「主格・他動格・依拠格・出発格・与動格・比較格」があるとする。「他動格・依拠格・出発格・与動格・比較格」は「主格・客格」の「客格」の下位分類である。

おいて波下線部は「他動態動詞である」(p.591) と言う。

(31) 我は終日待ちしを君は終に来らざりき。

以上の類例として松下（1930）が挙げるのは以下のようなものである。

(32) 雪とのみ降るだにあるを桜花如何に散れとか風の吹くらむ
 (古今集)
(33) 夏の夜はまだ宵ながら明けぬるを雲の何処に月宿るらむ　　　（同）
(34) 雨降れど露も漏らじを笠取の山はいかてかもみぢそめけむ　　（同）
(35) 夕月夜久しからぬを天の川早く七夕漕き渡らなむ　　　　　（貫之集）
(36) 冬の池の上は氷に閉ぢたるをいかてか月の底に入るらむ
 (古今六帖)

　松下（1930）はこうした例のヲ句は「処置される形式」であり、「此の他動格的なる言ふに言はれない妙味が分からなくては中古以前の文はわからない。漫に「を」は「のに」の意で感動的であるなどと世の解釈家は説きたがるが、それでは微妙な意味がよくわかるまいと思ふ」(p.592) と述べている。
　しかし、その「微妙な意味」とは何であるのか、松下（1930）の「処置」という意味記述も広すぎてよくわからない。「のに」で表される場合とどのように異なるのか、「処置」の意味が具体的に述べられているわけではないのである。したがって、こうしたヲの後続が自動詞であっても「他動態」であると解釈されるということの根拠も、明示的とは言えない。また、なぜ、このような意味解釈ができるのかも考察されていない。
　接続助詞的なヲの後続を他動性述語句として意味解釈する点は同意するが、本書は、第1章で述べたように、この種のヲ句の後続の意味は単に他動的意味というだけではなく、方向性制御他動構文をベースとして写像される、〈対抗動作性〉の意味が重層的に《変容》解釈されたものと考える。

5. 古代語のその他のヲ句

前節まで、古代語のヲ句について、近藤（1979）（1980）（2000）の整理に従い、格助詞・間投助詞・終助詞、そして格助詞から派生した接続助詞とされるものを見てきた。近藤（1980）（2000）は、さらに一見特殊に見えるヲについても、構文的特徴の違いをもとにして分析している。そこでは、四類のうち一類を「分類が困難」とする以外は、ヲの前接句の構文的特徴から格助詞のヲであると分析している。以下、例とともに近藤（2000）の見解を表にまとめておく。

表2　近藤（2000）その他のヲ句

ヲの環境	例文	分類
①「ミ語法」に伴うヲ	瀬をはやみ岩にせかるる滝川のわれても末にあはむとぞ思う	格助詞
②特殊な用言を伴うヲ	紫草能尓保幣類妹乎尓苦久有者（むらさきのにほへる妹をにくくあらば）（万葉・1・21）	格助詞
③現代語では異なる格助詞が現れる場合のヲ	妹之田本乎加流類比来（妹が袂を離るるこの頃）（万葉・11・2668）	格助詞
④分類が困難なヲ	都麻碁微爾、夜幣賀岐都久流、曽能夜幣賀岐袁（やへがきつくる、そのやへがきを）（古事記歌謡・1）	分類困難

①〜③のヲは、前接句の構文的特徴からは格助詞であるとされるが、格助詞ならば期待されるような他動詞述語句が後続にない。この点に関連し、近藤（2000）は興味深い指摘をしている。①については「ミ語法は他動の用言」であると言い、また、②については、対格が時間や場所を表したり、形容詞の対象や限定範囲を示したりすることは古く印欧語にも（またその一部は現代ドイツ語にも）見られることを指摘し、また③については、自他の概念規定を再考する余地のあることを示しているのである。ここに挙げられるヲの用法は現代語には無いものであり、上代語における格助詞のヲが、現代語の格助詞ヲよりも広い範囲にわたって用いられるものであったということは明らか

である。

6. おわりに

　本書では、近藤（1979）（1980）（2000）による上代語および中古語のヲの分析を現代語と照らし合わせて考えることにより、ヲの用法範囲の縮小を確認した。上代語の間投助詞・終助詞のヲの用法がなくなった、あるいは「ものを」という形式にのみ固定したということ、格助詞のヲの用法が狭くなったということは、既に明らかにされていることだが、接続助詞のヲについては、現代語の接続助詞的な、「格助詞のヲ」の周辺に位置するものとも、つまり、格助詞性を維持するものとも考えられることを述べた。

　このような考察により、上代から中古にかけて、ヲが格助詞として大変豊かに機能していたことは明らかである。その格とはどのようなものであったのか、そのヲ句と述語句とが結び付いてできる他動詞文とはどのようなものであったのか、ヲの本質的機能はどこにあると考えればよいかということについては、今後の考察にゆだねたい。

第3章

古代語の接続助詞的なヲの文
―― 紫式部日記と徒然草から ――

> **要旨**
>
> 　この章では、古代語の接続助詞的なヲの文について、『紫式部日記』『徒然草』の用例を用いて考察する。
>
> 　前章で検討したように、先行研究では中古期において格助詞ヲから接続助詞ヲが確立したとされるが、そのヲにも格助詞性が残っていた可能性がある。
>
> 　この章では、実際に『紫式部日記』『徒然草』に現れる「準体＋ヲ」句文の全てを観察する。その結果、「準体＋ヲ」句＋他動詞述語文の用例には、「見る」「言う」ことの内容についての引用がヲ句の後に続く例が非常に多く、この種のヲ句が引用マーカーとしての役割を果たしていたと考えられることを述べる。
>
> 　また、「準体＋ヲ」句の後続にこのヲ句と直接結び付く他動詞が不在である場合、すなわち接続助詞のヲの文と考えられる場合は使用例数が少なく、また、そのほとんどが不在の述語句に語用論的に〈対抗動作性〉の述語句の意味を《補充》《変容》解釈することができることを述べ、前章で述べたように、古代語の接続助詞のヲも、対格として解釈できる可能性があることを述べる。

0. はじめに

　第1章で述べたように、現代語の助詞ヲは対格を表す格助詞であり、格助詞のヲとは独立に接続助詞としてのヲが確立していると言われることはあまりない。次のようなヲは接続助詞的であると言われるが、方向性制御他動構文をベースとする類推が行われ、述語句に〈対抗動作性〉の他動性述語句の

意味を《補充》したり《変容》したりして解釈するものと本書では説明してきた。

(1) 二人がそれを手帳に写しとろうとするのを、じれったそうに手をふって、「いいんだよ、それは持ってお行き。こっちにゃ住所の控えはあるから」　　　　　　　　　　　（「ちょ」レー (1988) p.83）

他方、古代語[*1]は、第2章で見たように、先行研究、例えば近藤 (1979) (2000) によれば、中古期において格助詞のヲから派生して接続助詞のヲが確立したとされる[*2]のであった。

(2) かうかう今はとてまかるを、何事もいささかなることもえせでつかはすことと書きて　　　　　　　　　　　　　　（伊勢・16段）
（このように、「今は、(もう行きます)」と言って（妻が）去っていくのを、何事も、わずかなこともできないで行かせること、と書いて）

もしも中古期に接続助詞ヲが確立していたとすると、一旦は生まれたものの、現代に到るまでの間に衰退し、再び格助詞の機能を果たすもののみにヲの機能が収斂したということになるだろう。しかし、第2章では、一旦生まれた新しい機能のヲが消滅したのではなく、実は、日本語の歴史上、一度も接続助詞のヲが確立したことはなかったという可能性があることを述べた。

---

*1　本書での古代語とは、広く近世・近代語に対するものを呼び、上代から中世までの日本語を含む。
*2　古代語の接続助詞ヲは、此島 (1966) のように、中古期以前から存在していたとする考えもあるが、中古期以前の接続助詞とされるヲと中古期以降の接続助詞とされるヲとは、接続する助動詞の種類が異なり、構文環境的特徴が非連続であることが近藤 (2000) により明らかにされている。現代語の接続助詞的なヲと連続していると言えるのは、この、中古期以降の接続助詞ヲである。本書では近藤 (2000) の説に従い、格助詞から派生して成立したとされる中古期以降の接続助詞ヲを、考察の対象とする。

すなわち、確立したかに見える中古期のヲも現代語のヲと同じような「接続助詞的な格助詞」であって、派生しかけた接続助詞的なヲの用法が完全に「接続助詞」として分化されないまま、今日に至っているという可能性があるとしたのである。格助詞から十分に独立したと言えるほどに格助詞性が払拭されていたのではなく、現代語と同程度の格助詞性が保持されていたという可能性について、この章でもさらに実際の例を観察して検討を深めたい。
　本書が調査の対象とするのは、近藤（1979）（2000）が調査した中古期初頭成立の文献よりも少し後の時代の、『紫式部日記』と『徒然草』である。そこに見いだされる「準体＋ヲ」の用例、特に先行研究により接続助詞と認定される用例を再検討し、意味的な格助詞性の存在を問い直してみる。
　その結果、『紫式部日記』『徒然草』に見いだされるいわゆる接続助詞のヲは、その多くが推論によって他動的行為の対象を表示するものと解釈できることを明らかにする。そして、推論による文の表意の確定の過程を認める立場から見ると、そのヲは現代語の接続助詞的なヲとさほど変わらない状況にあったと考えられることを述べる。

1. 先行研究

　第2章で述べたように、古代語のヲに接続助詞という一類を設定しない立場に松下（1930）がある。松下（1930）は、ヲの後続に他動詞が顕在しない例を挙げ、そのヲの後続が「他動性動詞ではないが他動的に取り扱はれてゐる」とし、この場合の対格ヲの意味を「処置・処理される」ものと記述するのであった（pp.590-591）。また、現代語に関しては、第1章で述べたように、寺村（1987）が「事態の自然な進展があるできごとによってさえぎられる」意味が見いだされるとするのであった。
　これらを受け、本書では、接続助詞的なヲの文にはヲの後続に直接結び付く他動詞が顕現しないが、〈方向性制御の他動詞〉を述語とする他動構文をベースとした、語用論的な推論が行われ、〈対抗動作性〉の意味が創造的に解釈されて成り立つと考えてきた。松下（1930）が、顕現する自動詞が他動詞のように「取り扱はれてゐる」としたのも、この語用論的解釈過程を想定した記述と位置づけてよいだろう。こうした語用論的解釈過程は、松下

(1930)が述べたように、古代語の接続助詞のヲの文にも認められるのだろうか。〈対抗動作性〉は、古代語の接続助詞ヲの文にも語用論的に解釈できるのだろうか。

近藤(1979)(2000)は、古代語の「接続助詞のヲ」の特徴を、構文環境的条件によって明確に記述し、次のような条件①～③がそろったものは「完全な接続助詞になった」と考えられるとするのであった(近藤(2000) pp.432-433)。

  (3) 接続助詞の条件
    ①ヲを承ける述語が全くない。
    ②ヲのあとの文に、ヲの承けるものとは異なる目的語がある。
    ③ヲの承ける句中に「は」を含む。

これらについて第2章では、古代語のいわゆる接続助詞ヲとされる例文も、語用論的解釈過程を想定する余地があり、また、文脈を広げれば他動詞が存在する可能性があることを示した。この章ではこの可能性を、他のテキストでも検証してみたい。そして、古代語の接続助詞ヲとされるものの「格助詞性」を検討し、どれくらい「接続助詞」として確立していたと言えるかを改めて考え直してみる。

2.『徒然草』『紫式部日記』調査[*3]
2.1　後続に他動詞が顕現する場合

この章で観察する対象は、1つは11世紀初頭成立と考えられる『紫式部日記』、もう1つは14世紀前半成立と考えられる『徒然草』である。

両テキストとも、「いきとぶらひけるを」のようないわゆる「準体(連体形)＋ヲ」の形式をすべて調査対象とした。この「準体＋ヲ」の中には、格助詞であるヲの句と、接続助詞であるヲの句の両方の可能性があるというこ

 ＊3 徒然草『新日本古典文学大系』岩波書店(正徹本)久保田淳校注／紫式部日記『新日本古典文学大系』岩波書店(宮内庁書陵部本(黒川本))伊藤博校注による。

とになる。

　表1に示したように、『紫式部日記』では「準体＋ヲ」の総数は64例、『徒然草』では136例であった。そのうち、後続に他動詞が存在し、明らかに対格助詞のヲとみなせるものは、『紫式部日記』では54例、『徒然草』では125例であった。

表1　『紫式部日記』『徒然草』の準体＋ヲ

『紫式部日記』　準体＋ヲ　計64例		
他動詞あり	54例（そのうち「AをBと言ふ／思ふ」など18例）	
他動詞無し（＝接続助詞的）	10例	意図的で、対抗動作解釈可能　7例
		非意図的で、対抗動作解釈困難　3例
『徒然草』　準体＋ヲ　計136例		
他動詞あり	125例（そのうち「AをBと言ふ／思ふ」など59例）	
他動詞無し（＝接続助詞的）	11例	意図的で、対抗動作解釈可能　9例
		非意図的で、対抗動作解釈困難　2例

　この、他動詞が存在し、対格助詞のヲとみなせる例とは以下のようなものである。

a　「〜ヲ」の後続に他動詞が顕現する場合
　（4）　御前にも、近うさぶらふ人びとはかなき物語する**を**聞こしめしつつ
　　　　　　　　　　　　　　　　　　　　　　　　（紫式部・寛弘五年秋）
　（5）　橋の南なる女郎花のいみじう盛りなる**を**、一枝折らせ給て
　　　　　　　　　　　　　　　　　　　　　　　　（紫式部・寛弘五年秋）
　（6）　飲みける**を**見て　　　　　　　　　　　　　　　（徒然・18段）
　（7）　後徳大寺の大臣の寝殿に、鳶ゐさせじとて、縄を張られたりける**を**、西行が見て、「鳶のゐたらむは、何か苦しかるべき。この殿の御心、さばかりにこそ」とて、其後はまいらざりけると聞き侍るに
　　　　　　　　　　　　　　　　　　　　　　　　　　　　（徒然・10）

この、後続に他動詞が顕現する場合の中には、「ＡヲＢト（ニ）言う／思ふ（など）」の型のものが大変多く、『紫式部日記』では18例、『徒然草』では59例も見いだされる。

a'「ＡヲＢト（ニ）言ふ／思ふ（など）」型——引用マーカー——
　（8）たゞことなる咎なくて過ぐすを、たゞめやすきことにおぼしたる
　　　　　　　　　　　　　　　　　　　　（紫式部・寛弘七年頃消息的部分）
　（9）一つ二つひき出でて見侍るを、女房あつまりて、「御前はかくおはすれば、御幸はすくなきなり。なでふ女か真名書は読む。昔は経読むをだに人は制しき。」と、しりうごちいふを聞きはべるにも…
　　　　　　　　　　　　　　　　　　　　（紫式部・寛弘七年頃消息文的部分）
　（10）ある時出でて帰り来たるを、法印、「いづくへ行きつるぞ」と問ひしかば、
　　　　　　　　　　　　　　　　　　　　　　　　　　　　　　（徒然・90）

　上の（8）〜（10）は、比較的、ヲ句から他動詞までの距離が短いものだが、例えば次の（11）のように、ヲ句の後、それと結び付く他動詞までに長い発話内容がある場合もある。

　（11）「吾妻人こそ、言ひつる事は頼まるれ。都の人は、言受けのみよくて、まことなし」と言ひしを、聖、「それはさこそおぼすらめど、をのれは宮こに久しく住み馴れて見侍に、人の心劣れりとは思侍らず。なべて心やはらかに、情あるゆへに、人の言ふほどの事、けやけくいなびがたくて、よろづえ言ひ放たず、心よはく言受けしつ。偽りせんとは思はねど、乏しく、叶はぬ人のみあれば、をのづから本意通らぬこと多かるべし。吾妻人は、我方なれど、げには心の色なく、情おくれ、ひとへにすくよかなる物なれば、初めより、『いな』と言ひてやみぬ。賑ひ豊かなれば、人には頼まるゝぞかし」と、ことはられ侍しこそ、
　　　　　　　　　　　　　　　　　　　　　　　　　　　　（徒然・141）

　こうした例は、ヲ句からそれと結び付く他動詞までの距離が長いために、

従来は接続助詞のヲの例として数えられてきた可能性がある。近藤（1979）（2000）で接続助詞の例とされていた（12）もまた、この類型である。

 （12） <u>蛍のとびありきける</u>を「かれとらえて」と、このわらはに<u>のたまはせければ</u>
                  （大和・40）

　これらは、「準体＋ヲ」で表されるある事態を、見たり聞いたりと知覚した主体が、それに対してどのような感想を述べたり判断したりしたか、どのように反応したかを後続の「Bト（ニ）」で表す類型となっている。知覚した事態に対する、発言内容や思考内容が「Bト」の形式で具体的に引用されて述べられたり、「Bニ」の形式で抽象化されてまとめられて述べられたりするパターンである。これは（13）のように記すことができる。

 （13） 「知覚される事態」ヲ＋「発言内容・思考内容」ト・ニ＋言ふ・思ふ（など）

　このパターンは、既出の例（14）のような、知覚動詞「見る」などが当該のヲ句に直接結び付く他動詞として直後に顕現するタイプを介して、成立したものではないだろうか。

 （14） 後徳大寺の大臣の寝殿に、鵄（とび）ゐさせじとて、<u>縄を張られたりける</u>を、<u>西行が見て</u>、「鵄のゐたらむは、何か苦しかるべき。この殿の御心、さばかりにこそ」とて、其後はまいらざりけると聞き侍るに、
                  （徒然・10）

　知覚動詞が直後に顕現しない（11）のようなパターンは、調査対象からかなりの例数が見いだされ、この時期には慣習化されたものだったと言ってよいと思われる。十分にパターン化していれば、「～ヲ」という句が出現することによって、その後続にはそれを知覚して想起されたことがらや発話されたことがらが、会話の引用や思考内容の叙述として現れるであろうことが予

測されたと思われる。つまり、この種のヲは、発話や思考内容の叙述の開始部を示す談話マーカーとしての機能を果たしていたのではないかと考えられる。

例えば（11）では、当該のヲ句の後には発話内容が現れることが予測され、直後に続々と出現する動詞「おぼす・住み馴る・見る・劣る・思ふ…」は、発話内容の終了点であることを示す「ト」が出現するまで、当該のヲ句と結び付く他動詞としては選ばれずに素通りにされ、当該のヲ句と結び付く他動詞の探索は先送りにされる。そして、「ト」の後の「ことはる（理る）」に至り、結び付き先であると認識され、予測に適った理解に至る。

書記システムの中に、会話や思考内容の引用・叙述の、開始部・終了部を示すカギ括弧などの記号（仮にこれを引用マーカーと呼ぶ）が無かった時代に、こうした構文のパターン化が、少なくとも書記言語における線状的理解を助ける手がかり、すなわちカギ括弧などに匹敵する引用マーカーとして、一定の役割を果たしていたのではないだろうか。そのような役割をヲが果たし得たのは、ヲが格助詞として機能し、後続に他動詞が出現することを予測させたためである。

さて、これらも含め、以上は、他動詞が後続に存在し、ヲを格助詞とみなせる場合である。

2.2 後続に他動詞が顕現しない場合

これに対し、先の表1が示すように、後続に他動詞が存在せず、従って接続助詞のヲである可能性が高い例は、『紫式部日記』で10例、『徒然草』で11例であった。

しかし、このうち、後続の述語句が当該のヲ句と唯一的に結び付く他動詞ではないにしても、意図的行為を表すものであって、容易に、自然な進展に対する〈対抗動作性〉の意味、つまり、他動性述語句としての意味を《変容》して解釈しやすいものが、『紫式部日記』では7例、『徒然草』では9例である。例えば次のようなものである。

b 他動詞無し＝接続助詞的なヲの文

ただし、意図的行為が後続に叙述され、〈対抗動作性〉の補充・変容解釈が容易な場合

(15) 恥づかしさに、御屏風の上に書きたることをだに読まぬ顔をし侍りしを、宮の、御前にて、『文集』の所々読ませ給などして

(紫式部・寛弘七年頃消息的部分)

(屏風の上に書いていることをさえ、読まない顔をしていましたのを、中宮様が、お前で、『白紙文集』の所々を私にお読ませになりなどして、)

《読めない（ふりをする）》→←《読ませる》

(16) 今宵はなき物と思はれてやみなばやと思ふを、人に問ひ聞き給へるなるべし　　　　　　　　　　　　（紫式部・11月17日）

(今宵はいないものと思われて過ごしたいと思っているのを、ここにいることを誰かに尋ねてお聞きになったのであろう)

《いないと思われて過ごしたい》→←《その思いを無駄にし、いることをつきとめる》

(17) 是も仁和寺の法師、…かたはらなる足鼎を取りて頭にかづきたれば、つまるやうにするを、鼻を押し平めて、顔をさし入れて舞出でたるに　　　　　　　　　　　　　　　　　（徒然・53）

(つっかえて入らないようになったのを、鼻を押して平たくして、顔をすっぽりと差し入れて舞って出たところ)

《足鼎が詰まりかぶれない方向性》→←《かぶる》

(18) 高名つかまつらんずるを、抜ける太刀空しくなし給へること

（徒然・87）

(手柄を立てようとするのを、私の抜いた太刀を無駄になされてしまったことだ)

《手柄を立てようとする方向性》→←《手柄を立てさせない》

(19) 師匠死にさまに、銭二百貫と坊一譲りたりけるを、坊を百貫に売りて、かれこれ三万疋を芋頭のあしと定めて、京なる人に預けて置きて、十貫づゝ取寄せて、芋頭をともしからず召しけるほどに、又異用に用ゐることなくして、そのあし皆に成にけり。

(徒然・60)

（師匠が、死に際に、銭二百貫と僧坊ひとつとを譲ってくれたのを、僧坊を百貫で売って、あれこれ合わせて三万疋を親芋の代金と決めて、京都にいる人に預けておいて、十貫ずつ取り寄せては、親芋をたっぷり食べているうちに、別に、その費用を違う用途に使うこともなく、その銭がみななくなってしまった。）

《銭二百貫と坊１つもらい大金がある》→←《すべて使い果たす》

　これらは、ヲ句の後続に他動詞が存在しないものの、その後続の述語句は、人物を主語とする意図的行為を表すものであり、〈対抗動作性〉を持つ他動行為の意味に解釈しやすいものである。これらは、現代語において「接続助詞的な格助詞」のヲの文として取り上げられる例（１）などに匹敵するものと言える。

2.3　後続に他動詞が出現せず、〈対抗動作性〉が解釈しにくい場合

　表１が示すように、『紫式部日記』では後続に他動詞が存在しない10例のうちの残りの３例、『徒然草』では後続に他動詞が存在しない11例のうちの残りの２例、合わせてもわずか５例が、その後続に非人物主語の述語句が続き、形式上は意図の無い状態的な事態の叙述であるために〈対抗動作性〉の解釈が比較的困難なものである。

　その例のすべてが次の（20）〜（24）である。

b 他動詞無し＝後続述語句が形式上非意図的・状態的であり、〈対抗動作性〉の補充・変容解釈が困難な場合

(20) 日ごろの御しつらひ、例ならずやつれたりしを、あらたまりて、

御前のありさまいとあらまほし。　　　　　　（紫式部・10月17日）

《いつもと違って理想的でない》→←《元に戻して理想的だ》

(21)　なにばかりの耳とゞむることもなかりつる日ごろなれど、五節過ぎぬと思ふ内裏(うち)わたりのけはひ、うちつけにさうざうしきを、巳の日の夜の調楽(でうがく)は、げにおかしかりけり。　　（紫式部・11月24日）

《ものさびしかった》→←《舞楽の調練が興味深かった》

(22)　大輔(たいふ)はさゝやかなる人の、やうだいいと今めかしきさまして、髪うるはしく、もとはいとこちたくて、丈に一尺(しゃく)／余(よ)あまりたりけるを、落ちほそりて侍り。　　（紫式部・寛弘七年頃消息文的部分）

《髪が多く美しい》→《髪が抜け落ちて美しくない》

(23)　内裏にてありけるを、申されけるによりて、他所へ行幸ありけり
　　　　　　　　　　　　　　　　　　　　　　　（徒然・156）

《内裏にいる》→←《内裏にいないで外出する》

(24)　八重桜は奈良の都にのみありけるを、この頃ぞ世に多くなり侍なる。　　　　　　　　　　　　　　　　　　　（徒然・139）

《八重桜は奈良の都にだけ植えられた》→←《奈良の都以外の家にも植えられた》

　それぞれの後続述語は、(20)は「あらたまる」、(21)は「お(を)かし」、(22)は「落ち細る」、(23)は「あり」、(24)は「多くなる」と、いずれも形式的には非人物主語の状態や状態変化を表す述語であり、これらのヲの文は、現代語で言えば第１章でノニならば連結できるがヲでは許容度が低く成立しがたいとした、「？？頑張って地震対策したのを、タンスが倒れた」のような例に匹敵する。つまり、『紫式部日記』の「準体＋ヲ」54例のうちの３例、『徒然草』の136例のうちの２例は、〈対抗動作性〉の解釈がしにくく、格助詞性がきわめて低いもの、すなわち、現代語ならば許容しがたく、古代語の時代のみに「接続詞のヲ」として確立していたと言えるかもしれないような例なのである。

　しかし、この計５例についても、語彙的には状態性述語であっても、文脈上、人物の意図的行為の意味が背後に読み取ることができるということもま

た、考えておかなければならない。

　例えば（20）の「あらたまる」は、文脈上人間が意図的に部屋の中のしつらいを元に戻したので結果として「あらたまった」状態になったのであり、（21）の「お（を）かし」は人間が演奏したことが「お（を）かし」であり、（22）の「落ち細る」も人間がその状態変化の所有者であり、（23）の「行幸あり」は、お出かけになったという人物の意図的動作を意味している。（24）も、八重桜が勝手に多くなったのではなく、人間が意図的に植えることによって多くなったという意味である。つまり、完全に人間の関与の無い例とは言えないのである。文脈上読みとれるこうした人間の関与の意味が、当該の非人物主語の状態性述語を《変容》解釈させるものとして働いたかどうかは明言できない。本書は指摘するにとどめておく。

3. おわりに

　現代語の接続助詞的なヲの文は、推論によって、ヲの後続述語句が「自然な進展に対する意図的な〈対抗動作性〉のある他動行為」の意味を表すものと解釈されること、ヲはその他動行為の〈対象〉を表すものと考えられることをふまえ、古代語の接続助詞ヲの文には、この意味が見いだせないかを考察した。その結果、『紫式部日記』『徒然草』に現れる「準体＋ヲ」の文のうち、意図的な〈対抗動作性〉の他動行為の意味を、推論によっても解釈しがたい例は、わずか5例であった。この5例が、許容度の低い「対格助詞」ヲの例であるのか、「接続助詞」として確立していたヲの例であるのかを判断するには、同時代の他のテキストをさらに調査し、慎重に考えていかなければならない。しかし、言語形式的・構文環境的側面から、格助詞から派生して確立したと認定される接続助詞ヲのほぼ全体にわたり、意味的には、〈対象性〉が見いだせることは明らかになったと思われる。

　また、「格助詞」ヲの例の中にも引用マーカーとしての役割を果たしていたと考えられるパターン化が見いだされ、この点でも「AガBヲV」構文という類型化が意味理解上一定の役割を果たしていたということが明らかになった。

第 4 章

主要部内在型関係節と接続助詞的なヲ
——「リンゴを置いておいたのを取った」——

> **要旨**
> 　第 1 章では接続助詞的なヲの文が推論の過程を経てその述語部に〈対抗動作性〉他動性述語句の意味を想定することを述べ、そのヲは対格助詞であるとした。
> 　この章では、対格ヲではないヲの文とされることのある、主要部内在型関係節のヲの文をとりあげる。主要部内在型関係節とは次の下線部のようなものである。
>
> （1）　太郎は花子がきのうリンゴを皿の上に置いておいたのを取った。
>
> 　主要部内在型関係節のヲの文で、対格のヲではないとされるものも、本書の立場から検討すると対格のヲと位置づけられることを述べる。

0. はじめに

　この章では、主要部内在型関係節の議論に用いられ「補語ではない」ヲ句を持つ文と位置づけられてきた種々の文を、いわゆる接続助詞的なヲの文に関する考察で得られた知見に基づき観察し、その中には、臨時に〈対抗動作性〉という他動的意味を解釈することにより成立している文、つまり「補語である」ヲ句を持つ文と解釈できる文が含まれていることを明らかにする。
　現代日本語における主要部内在型関係節と呼ばれる現象は次のようなものである。

(1)　太郎は花子がきのうリンゴを皿の上に置いておいたのを取って、
…　　　　　　　　　　　　　　　　　　　　（Kuroda（1974-77））
(2)　警官は男が逃げようとするのを呼び止めた。　（三原（2008）p.88）

例文（1）（2）はいずれも次の（3）のような他動構文の格パターンを持つ事例のように見える。

(3)　Aが　Bを　取った／呼び止めた。

（1）（2）は、他動構文を構成するヲ句が「～のを」という節になっている。（1）は「花子がきのうリンゴを皿の上に置いておいたのを」であり、（2）は「男が逃げようとするのを」である。この「～の」節全体に「を」がつき、主節述語他動詞「取る」「呼び止める」に直接関係する補語となる、他動構文の形式と考えられるということである。
　しかし、これらの文は単に当該のヲ句が他動構文の〈対象〉を表す補語であるというだけではすまない、ある意味的な特徴を持つ。すなわち、これらは、ヲ句全体が〈対象〉を表すというよりも、意味的に例えば「取る」「呼び止める」という他動行為の〈対象〉となるのが「～の」節の中にある一部の要素、「リンゴ」「男」であると考えられるのである。この意味的特徴の存在は、従来次のように言い換えてもほぼ同じような意味を表すということにより根拠づけられることが多かった。

(4)　太郎は花子がきのう皿の上に置いておいたリンゴを取って、
(5)　警官は逃げようとする男を呼び止めた。

このような特徴を持つ「主要部内在型関係節＋ヲ」については、それが「補語である名詞句」であるのか、「補語ではない、副詞句」であるのかに関し、様々に論じられてきた。この後者、「主要部内在型関係節＋ヲ」を「補語ではない、副詞句」と考えるということは、当該の「～のを」を、次の（6）の「B～のに」「B～けれども」「B～ので」などと同様の、「取る」

「呼び止める」が要求する必須補語ではないものと考えるということである
((6)の非太字は非必須補語)。

(6) a　**Aが**　**B〜のに**　(Cを)　**取った・呼び止めた**
　　 b　**Aが**　**B〜けれども**　(Cを)　**取った・呼び止めた**
　　 c　**Aが**　**B〜ので**　(Cを)　**取った・呼び止めた**
　　 d　**Aが**　**B〜のを**　(Cを)　**取った・呼び止めた**

　こうした主張の通り、「B〜のを」のヲは格助詞ではないということになるのだろうか。かりに格助詞ではないとしたら、何なのだろう。〜ノニ・ケレドモ・ノデと同様の接続助詞という位置づけが妥当なのだろうか。しかし、そうした場合、主要部内在型関係節を除いた現代日本語のヲの用法に関しては、第1章で述べたように接続助詞のヲが確立しているとは言えないのに、「主要部内在型関係節＋ヲ」の場合にだけ接続助詞のヲが確立しているということになるのだろうか。
　この章では、現代日本語の主要部内在型関係節の文のうち、主要部内在型関係節にヲが接続するタイプを取り上げ、いわゆる接続助詞的なヲの文との関係を観察する。そして、一般に、現代日本語のヲが格助詞とは独立に接続助詞としての類を確立してはいないという第1章の考察をふまえ、主要部内在型関係節を対象とした議論にのぼせられる様々な種類のヲ句文もまた、意味的には他動行為の〈対象〉を表す補語であるヲ句と、他動行為を表す述語句とが結び付いて成り立つ、他動構文であることを示す。

1. 格の一致・不一致と、接続助詞的なヲの文

　第1章では、次の例文(7)のような、いわゆる接続助詞的なヲと言われるヲ句の文を考察対象とした。これらは、当該のヲの後続述部にヲと直接結び付く語彙的他動詞が存在しない文であった。第1章では、このような文も推論の過程を経て臨時に他動性述語句の意味を想定し成立する、他動構文であることを述べた。

（7） 二人がそれを手帳に写しとろうとするのを、じれったそうに手を
ふって、「いいんだよ、それは持ってお行き。こっちにゃ住所の
控えはあるから」　　　　　　　　　（「ちょ」レー（1988）p.83）

第1章の主張点で、この章に関わることを（8）に列挙しておく。

（8） 接続助詞的なヲの文
① 「～のを」句は、事態の進展の方向性の意味が解釈される名詞句である。
② 「～のを」の後続述部には、その方向性を意図的にさえぎったり、変えたり、押し戻したりする、〈対抗動作性〉の意味（＝臨時的他動性述語句の意味）が解釈される。
③ ②の意味は、《補充》解釈や、実際に用いられている述語の意味を手がかりにした《変容》解釈といった推論過程を経て得られる。
④ ①と②は、〈対象〉と〈他動動作〉という他動関係で結び付く。
⑤ ④の他動関係の結び付きは、「～のを」の後続述部の意味に重ねて、重層的に行われる。

例文（7）の重層的な他動関係を図示したのが（9）である。

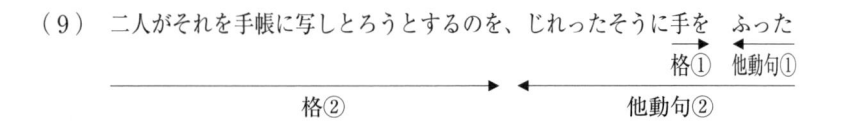

（9） 二人がそれを手帳に写しとろうとするのを、じれったそうに手を　ふった
　　　　　　　　　　　　　　　　　　　　　　　　　　　　　　　格①　他動句①
　　────────────────────▶◀──────────────
　　　　　　　　　格②　　　　　　　　　　　　　　他動句②

格①と他動句①との他動関係は、他動詞「ふる」にコード化された、語彙的知識に基づき成り立つ関係である。他方、格②と他動句②との他動関係は、固定的な言語形式にコード化されたものではなく、所与の要素を手がかりとして、推論によって想定されるものである。前者の他動関係を語彙的他動関

係、後者の他動関係を推論による拡張他動関係と呼ぶのであった（第1章5節）。

　このように、第1章では、ヲ句の後続に直接結び付く語彙的な他動詞が存在しない場合であっても、そのヲ句は推論による拡張他動関係の補語であり、また、その文は他動構文であると述べたわけである。

　これに対して、この章で問題とする「主要部内在型関係節＋ヲ」の文は、そもそも、ヲの後続に他動詞が存在するものである。

　これまでの本書の考察では、ヲ句の後続に語彙的な他動詞が存在する場合には、そのヲ句を補語（＝格①）としてきたが、その考察の対象外であった「主要部内在型関係節＋ヲ」の句も、補語と言ってよいだろうか。この点について、5節で検討を加える。

　さて、先行研究の主要部内在型関係節の位置づけと、本書の立場との関係を簡単にまとめたのが次頁の表1である。表1の「本書」の欄の太字は、本書の5節での検討事項を表し、？を付している。

　「主要部内在型関係節＋ヲ」の文は、主節述語に他動詞があり、その他動詞の語彙的要求と一致する形でヲが現れている。先行研究ではこれを「格の一致現象」と呼び、当該の「〜のを」が補語であるとする立場の重要な証左とされている。表1の「格の一致」とある欄が主要部内在型関係節のヲの文であり、「格の不一致」とある欄は、主要部内在型関係節のヲの文ではないものである。

　第1章で論じてきた接続助詞的なヲの文はこの後者（グレー部分）に匹敵する。表1からも明らかなように、この部分は、主要部内在型関係節関連の議論では、本書以外のどの研究も「副詞句」としている。「主要部内在型関係節＋ヲ」が副詞句であるかどうかがテーマの議論においては、この、いわゆる接続助詞的なヲの文のタイプは、議論の余地のない、副詞句側の極端な例として提示されてきたのである。

　本書の立場は、そうした最も副詞句的とされるような例であっても、臨時的な他動文の対格として解釈されるというものである。この結論は、主要部内在型関係節の位置づけのために指摘されてきた様々な現象に照らしても、支持できるであろうか。続く2節・3節で、まず、主要部内在型関係節の位

表1*1　先行研究における主要部内在型関係節の位置づけ

	黒田(1999a)	レー・バン・クー(1988)	坪本(2003)	三原(2006)	堀川(2000)	本書
格の一致	名詞句	名詞句	名詞句性の側面（二重性）	副詞句	名詞句	格①？名詞句？／格②？名詞句？
格の不一致	副詞句	連続／副詞句的	副詞句性の側面	副詞句	副詞句	接続助詞的なヲの句＝格②　名詞句

置づけをめぐる議論に付随して述べられてきた様々な現象を対象とし、接続助詞的なヲの句の位置づけについて再検討を加えてみることとする。

2.「格の不一致」は副詞句か？

　黒田（1999a）は、主要部内在型関係節を名詞句であると主張し、その対極にあるものとして、次のような例を「副詞節でしかありえないことは明白」（p.37）であるとしている。

　（10）　太郎は午前中は日が照っていたのを午後になって雨が降り出してから出て行った。　　　　　　　　　　　　　　（黒田（1999a）（28））

＊1　表1が示すように、黒田（1999a）は、格の一致・不一致で、名詞句か副詞句かを明確に分ける。これに対し、三原（2006）は、格の一致・不一致にかかわらず、いわゆる主要部内在型関係節は副詞句であるとする。レー・バン・クー（1988）は、名詞句から副詞句まで連続的とし、坪本（2003）は、もともと名詞句性と副詞句性の二重性を持っており、そのどちらの側面が色濃く現れるかの違いとする立場である。堀川（2000）は、名詞句・副詞句の両方があるとする点では黒田（1999a）やレー・バン・クー（1988）・坪本（2003）と同じだが、格の一致・不一致にかかわらず、内在主要部の一義的解釈が可能か不可能かで名詞句・副詞句を非連続に二分する立場である。

黒田（1999a）では、(10)が「副詞節」であるのがなぜ「明白」であるのかは述べられていないが、おそらく、この「〜のを」と直接結び付く他動詞が、後続の主節述語に見いだせないためであろうと思われる。
　そして、黒田（1999a）は、(10)のような例をもとに、「主要部内在型関係節と同音形の副詞節がある」とし、「同音同型の格助詞と接続助詞」(p.87)があるとする。しかし、そのように格助詞のヲと接続助詞のヲ（〜ノヲ）を二分しながらも、黒田（1999a）は、その接続助詞句が完全には「副詞節」と言い切れないことを述べてもいることに十分注意しなければならない。
　すなわち、黒田（1999a）は、「〜のを」は逆接的ではあるが「〜のに」と違ってその逆接の意味が明確に確定してはいないとする。また、逆接的な「〜のを」は、例えば「平村は始めは術語がよく思い出せなかったのが書いているうちに気にならなくなった」における、逆接的な「〜のが」と、相互に交換することはできないことを示し、こうした場合のヲとガは、「実質的な辞であるよりも構造上の特徴で選ばれる形式的な標識」であり、「歴史的な淵源である形式的な格助詞としての「が」と「を」の性格を引き継いでいる」(p.88)と言うのである。そして、「副詞節に「が」「を」を付加する機構は主語・目的語の名詞句に「が」・「を」を付加する機構と統一して考えられなければならない」(p.89)とも言うのである。
　このように、黒田（1999a）は、「副詞節」になぜヲが伴われるのか、単に「副詞節」というだけでなく、「〜のが」とも「〜のに」とも異なる、どのような意味が「〜のを」にあるのかを、格助詞ヲとの共通性で説明すべきことを示唆しながら、その説明は行われず課題として残されている。
　本書の立場で言えば、黒田（1999a）の接続助詞ヲは、格助詞ヲと同類の対格を表示するものであり、両者のヲの統一性は、行為の〈対象〉を表示するものとして説明される。形式上他動詞が顕在していなくても、意味的に〈対抗動作性〉の他動性述語を臨時的に創出し、当該のヲ句はそれと関係する対格であると解釈される。そもそも、形式上の他動詞の不在は、当該のヲ句の非・対格性を示す根拠にはならないのである。

3. 「格の不一致」のヲ句は名詞性を喪失しているか？
3.1 レー（1988）

レー（1988）は、「〜の」節に続くヲを考察し、格表示機能を持つヲから、格表示機能が稀薄になり、接続助詞的になっているヲまで、連続的であるとしている。レー（1988）によれば次の（11）から（14）へと順に格助詞性が稀薄になり、接続助詞的になるということである。

(11) 柏木は酔いが醒めていくのを、知った。　　　　　　　　（工藤1985）
(12) 太郎は花子がきのうリンゴを皿の上に置いておいたのを取って、…
(13) こちらは、歩き方が早すぎるのではないかと反省しているのを、先方は見習って早く歩きたいという。
　　　　　　　　　　　　　　　（朝日新聞「天声人語」1984：10、レー（1988）（28））
(14) 二人がそれを手帳に写しとろうとするのを、じれったそうに手をふって、「いいんだよ、それは持ってお行き。こっちにゃ住所の控えはあるから」　　　　　　　　　　（「ちょ」レー（1988）p.83）

（11）は、「酔いが醒めていくの」という「〜の」節全体の表す事態が、後続の「知った」という動作の対象であるという関係にある。このような「〜の」節はそれ全体がヲ格補語になっていることから、レー（1988）は「補語としての名詞節構文」と呼ぶ。この場合には、ヲは対格補語のマーカーとして働く、格助詞ということになる。

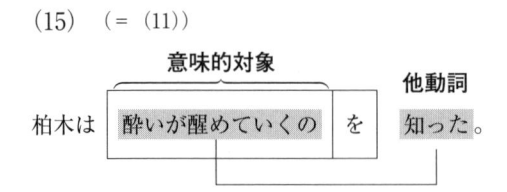

(15) （＝（11））

　　　　　　意味的対象　　　　　　　他動詞
　柏木は　｜酔いが醒めていくの｜を　｜知った｜。

（12）は、いわゆる主要部内在型関係節＋ヲの文である。Kuroda（1974-77）は、（12）は（11）と異なり、「〜の」節の中の一部構成要素が主節述語

と関係を結ぶと指摘した。(12)は、「花子がきのうリンゴを皿の上に置いておいたの」という「〜の」節の中の一部である「リンゴ」が、後続の「取った」との間に、対象―動作という意味的関係を持つ、ということである。

(16) (=(12))

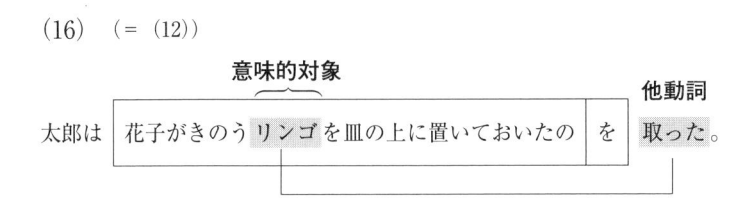

意味的対象　　　　　　　　　　　　　　　　　　他動詞
太郎は｜花子がきのう リンゴ を皿の上に置いておいたの｜を｜取った｜。

レー(1988)は、さらに、こうした主要部内在型関係節の文には、Kuroda (1974-77)が挙げたような、「〜の」節事態と主節述語事態とが対立なく連結する類(＝縁合関係の連体節構文)以外に、(13)のような、対比的な意味合いで関係する類(＝対比関係の連体節構文)があることを指摘した。

(17) (=(13))

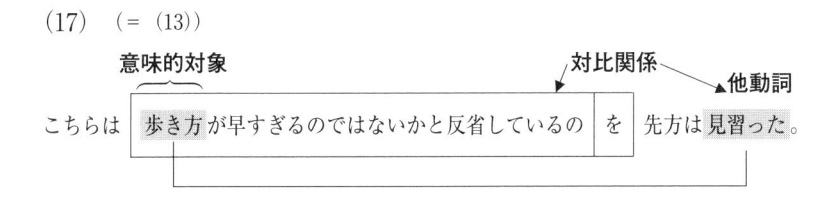

意味的対象　　　　　　　　　　　対比関係　　他動詞
こちらは｜歩き方 が早すぎるのではないかと反省しているの｜を｜先方は 見習った｜。

このタイプに属する「〜の」節の文として、他に次のようなものがレー(1988)では挙げられている。

(18) 防衛庁はこのため、FSX国産開発の時間を稼ごうと、<u>現用のF1戦闘機が六十八年ごろから退役する計画だったのを</u>、七十二年まで使うことにし、… 　　(朝日新聞1985：9、レー(1988)(29))

主要部内在型関係節の文のうち、Kuroda (1974-77)が挙げたタイプの

第4章　主要部内在型関係節と接続助詞的なヲ　　127

「縁合関係」のものと、レー（1988）が追補した「対比関係」のものとは、意味的に、「〜の」節事態と主節事態とが対比的であるかどうかにより分けられるだけであり、明確な境界線の引けるようなものではない。この二類はいずれも「格の一致」する主要部内在型関係節の文であり、本書の立場で言うと、いずれもヲの後続に語彙的他動詞が顕在する、非・接続助詞的ヲの文のタイプ、すなわち、通常の他動構文である。

レー（1988）の「対比関係」は本書の〈対抗動作性〉にあたり、第1章5節でも指摘したように、通常の他動構文には、〈対抗動作性〉が解釈できる場合も解釈できない場合もあるということなのである。本書ではレー（1988）と異なり、〈対抗動作性〉が認められるからといって、そのヲの格助詞性が稀薄になっているとは考えない。

さらに、レー（1988）は、この延長上に、本書で考察してきた接続助詞的なヲの文、すなわち、ヲの後続にそれと直接結び付く他動詞が存在しない、「格の不一致」な文を位置づけ、そのヲを、最も格助詞性が稀薄な、接続助詞に近接するものとする。

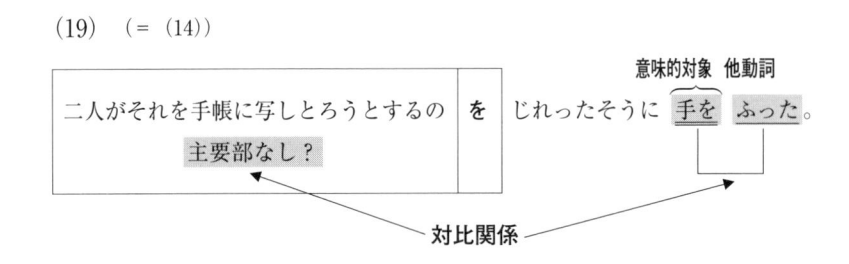

(19) （＝（14））

| 二人がそれを手帳に写しとろうとするの
主要部なし？ | を | じれったそうに 手を ふった。 |

意味的対象　他動詞

対比関係

レー（1988）は、例文（14）の「〜の」節には主要部が無い、つまり、意味的な〈対象〉を表すものが「〜の」節の内部に見いだせないとしている（＝「底部の無形化」）。そして、この、内在主要部が無い場合には必ず意味的な「対比関係」が見いだされると指摘する。他に類例として次のようなものが挙げられている。

(20) 欠席した方がいいのを、無理をして、出席していたのかもしれな

い。 (湯川秀樹「旅人」、レー (1988) (66))
(21) 「でも、あの…」
<u>牧原由美子が口ごもるのを、</u>
「シュルツさんの別荘？」
可南子は平気だった。 (松本清張「聖獣配列」下、レー (1988) (67))
(22) やがて、その宴会に呼ばれていない新治は、<u>いつもなら友人と談笑しながら帰るところを、</u>一人で抜け出して、浜ついたに八代神社の石段の方へ歩いた。

(三島由紀夫「潮騒」レー (1988) (11) P.104)

　このように、レー (1988) は、「①補語としての名詞節 (例 (11))、②主要部内在型関係節で、非対比的な意味のもの (例 (12))、③主要部内在型関係節で、対比的な意味のもの (例 (13) (18))、④内在主要部が不明で、対比的な意味のもの (例 (14) (20) ～ (22))」の順に格助詞性が稀薄になり接続助詞的になるとしたのである。
　しかし、レー (1988) が、(14) や (20) ～ (22) のヲが接続助詞に近接するとする、その理由を、主要部内在型関係節との比較で、内在主要部が無いことに求めることには首肯できない。内在主要部があるか無いかは、そのヲ句の名詞性・ヲの格助詞性とは関係ないと思われるからである。最も高い格助詞性を持つとされる (11) のヲ句も、内在主要部は無い。この場合はヲ句全体が名詞性を持っているのである。本書の立場では、次の3.2で述べるように、接続助詞的なヲの句も、内在主要部は無いがヲ句全体が名詞性を持つと考える。

3.2 「事態の方向」という名詞性
　本書では、接続助詞的なヲの句は、事態の進展する〈方向〉という名詞性を持つとした。
　接続助詞は、従属節の表す事態と主節の表す事態という２つの事態間の関係をつける機能をもち、他方の格助詞は、１つの事態の成立に参与する参与者（＝モノ）とその動き・状態との関係をつけるものである。本書で問題と

しているヲが接続助詞的と言われるのは、そのヲ句が、「モノ」ではなく「事態」を表すとも見えるからである。

しかし、第1章で述べてきたように、当該のヲ句は見かけ上事態を表すように見えても、ヲ句全体が名詞性をもち、主節事態とならぶ2つ目の事態ではなく、主節の表す1つの事態の参与者としてその主節事態に組み込まれ一体化する「モノ」と捉えられていると考えられる。

 (23) 二人がそれを手帳に写しとろうとするのを、じれったそうに手をふって、「いいんだよ、それは持ってお行き。こっちにゃ住所の控えはあるから」   （「ちょ」レー（1988）p.83）

(23)の「二人がそれを手帳に写しとろうとするの」という句からは、これから進展する事態の方向性の意味が解釈される。今後、二人がそれを手帳に写しとるという行為が引き続いて行われ実現するという予測がなされるのである。そのような、予測される事態の進展の方向そのものが、〈対抗動作性〉の対象となる「モノ」である。「じれったそうに手をふって」は、この予測される進展の方向を対象として、それをさえぎり、やめさせる行為なのである。

こうした、事態の進展する〈方向〉を対象とすることは、接続助詞的なヲの文にのみ見られる、特殊なことではない。語彙的にヲ句に事態の進展する〈方向〉を表す名詞句を要求する他動詞に、「さえぎる・やめる・断つ…」などがあるのであった。

 (24) 太郎は社長を辞めた。
 (25) 山本は田中の出馬を阻んだ。

(24)の「社長」は、〈社長の状態が持続する〉方向性を表し、「辞めた」は、その方向性に対抗する行為を表す。(25)の「田中の出馬」には、この先〈田中が出馬する〉という事態が成立するであろう方向性の意味があり、「阻んだ」は、その方向性を遮断した行為を表す。第1章ではこうした他動

詞（句）を「方向性制御の他動詞」と呼び、こうした他動詞からなる他動構文が、接続助詞的なヲの文のベースであるとした。

つまり、「格の不一致」のヲの文は、方向性制御他動詞（句）による他動構文をベースにして、①ヲ句の言語形式的意味を手がかりに、そのヲ句を、事態の進展の〈方向〉を表す名詞句と解釈し、また、②ヲ句の後続の言語形式的意味を手がかりに、その述語句の意味を、そのヲ句の表す進展の方向を阻止する〈対抗動作性〉の意味の他動性述語句と解釈して成り立つと考える。「格の不一致」のヲの文は、事態の進展する〈方向〉をモノ化して表し、それを、〈対抗動作性〉の意味の事態成立のための参与者として組み込んだ文なのである。

4. 坪本現象──照応詞ヲ句との二重ヲ句
4.1 対格①と対格②の二重生起──第1のタイプ──

2節・3節では、「格の不一致」の文、つまりいわゆる接続助詞的なヲの文について、当該のヲ句が対格と捉えられることを再検討してきた。4節では、「格の一致」する文について、検討を試みる。

坪本（1995）は、次の（26）（27）のような、「～のを」の後に「照応詞＋を」が重複する現象を挙げている。

(26) 暴漢は久美子さんが逃げようとするのを、それを押し倒した
(27) 警官が、暴漢が襲いかかってきたのを、逆にそれを組み伏せてしまった。

坪本（1995）は、（26）（27）のような例は、「押し倒す」「組み伏せる」という主節述語が語彙的に要求する格を満たすように「～の」節が出現しているので、「格の一致」は見られるが、二重にヲ句が出現していることになり、このような「～の」節は、主要部内在型関係節（すなわち名詞句）と、典型的な副詞句の間に位置する特徴を持つ、中間型であると位置づけている。

この現象に対しても、当該の「～のを」は対格を表す名詞句であると本書では考える。この場合、2つのタイプがあると思われる。

1つのタイプは、2つのヲ句に、それぞれ異なる述部が関係するタイプであり、もう1つのタイプは、2つのヲ句が、同じ1つの意味内容を持つ、反復的使用であるタイプである。いずれにしても、当該のヲ句は対格を表す。
　まず前者のタイプはどのようなものであろうか。第1章8節では、接続助詞的なヲの句がもう1つの対格ヲ句と二重に生起可能であることを、それぞれの関係する述語他動詞句が重層的に異なることにより説明した。(26) (27) もその事例であるとみるのが、第1のタイプである。例えば (26) は、「組み伏せる」という主節他動詞述語と格関係を結ぶのが「それを」であり、「暴漢が襲いかかってきたのを」というヲ句と格関係を結ぶのは、「それを組み伏せる」という述語句全体を《変容》解釈して得た、〈襲いかかってくる〉進展の方向を阻止する〈対抗動作性〉の臨時他動性述語句である。このようにそれぞれのヲ句が関係する述語他動詞句が異なるために、二重対格生起が可能だというタイプである。以下の図は第1章8節の再掲である。

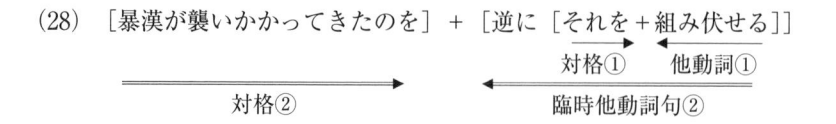

　　(28)　［暴漢が襲いかかってきたのを］＋［逆に［それを＋組み伏せる］］
　　　　　　　　　　　　　　　　　　　　　　　　　対格①　　他動詞①
　　　　　　　　　　　対格②　　　　　　　　　　　　臨時他動詞句②

　しかし、(26) (27) に関してはこの説明だけでは不十分である。(26) (27) の照応詞が、人物を指示対象とする「そいつ」や「彼」ではなく、非人物を指示対象とする「それ」であるからである。「そいつを」であるならば、以上の分析に補足するものはない。

　　(29)　［暴漢が襲いかかってきたのを］＋［逆に［そいつを＋組み伏せる］］
　　　　　　　　　　　　　　　　　　　　　　　　　対格①　　他動詞①
　　　　　　　　　　　対格②　　　　　　　　　　　　臨時他動詞句②

　「押し倒す」「組み伏せる」の要求を満たす対格ヲ句ならば、人物を表すヲ句が現れることが期待されるところに、なぜ人物を指示対象とする「そいつ」や「彼」ではなく、非人物を指示対象とする「それ」が出現しているの

だろうか。

　黒田（1999a）は、この点に注目し、(26)(27)のような場合の二重ヲ句を、「副詞節のヲ句（=すなわち格機能をもたない非名詞節）」+「代名詞の中に主要部内在型関係節の潜在するヲ句（=すなわち格機能をもつ名詞節）」であると説明した。

　「久美子さんが逃げようとするのを」や「暴漢が襲いかかってきたのを」は副詞節であり、他方、「それを」は、それらの副詞節を先行詞とした、つまり「久美子さんが逃げようとするのを」「暴漢が襲いかかってきたのを」を意味内容として持ち、その中の、「久美子さん」「暴漢」を主要部とする、主要部内在型関係節であるとし、「押し倒す」「組み伏せる」の項となる名詞句であるとしたわけである。

(30)　暴漢が襲いかかってきたのを　逆に　それを　組み伏せる
　　　　　　副詞節　　　　　　　　　　対格　他動詞

　黒田（1999a）の説明は、「久美子さんが逃げようとするのを」「暴漢が襲いかかってきたのを」が、述語他動詞句と関係する対格ではないという立場に立ったものである。

　これに対し、本書の立場、つまり当該のヲ句が対格であるという立場からは、どのような説明が可能だろうか。

4.2　反復的使用の「それを」——第2のタイプ——

　本書では、当該のヲ句が対格であるという立場から4.1にあげた第1のタイプの他に、第2のタイプが存在する可能性を提起したい。

　本書の筆者には、この(26)や(27)の「それを」が、長い先行詞をまとめなおして後続述部との文法関係をわかりやすくするための、あるいは再度言及することによって強調するための、反復的使用の可能性があるように思われる。類例として次のようなものが挙げられる。

(31)　私から彼に伝えようと思っていたのに、それなのに彼女が伝えて

しまった。

(32) 誕生日のプレゼントに祖父がくれた皿を、こともあろうに<u>それを</u>割ってしまった。

　(31)の「それなのに」は、先行する「私から彼に伝えようと思っていたのに」と同じ意味内容を持ち、同じ文法関係を後続述部に対して持つ、反復的使用である。(32)も同様に、「それを」は先行の「誕生日のプレゼントに祖父がくれた皿を」と同じ意味内容を持ち、同じ文法関係を後続述部に対して持つ、反復的使用である。これらと同じように、(33)も反復的使用と解釈すべき余地があるのではないだろうか。

(33) 暴漢は<u>久美子さんが逃げようとするのを</u>、<u>それを</u>押し倒した。

　(33)では、「久美子さんが逃げようとするの」が、この後に進展する事態を予測させ、ある方向性の意味を表し、「それを」も、反復してその方向性の意味を表す。「押し倒す」はその方向性を遮断する〈対抗動作性〉を持った臨時他動性述語句である。すなわち、「押し倒す」は他動詞であり、それの要求するヲ句を、2つの先行のヲ句、あるいは2つの先行のヲ句のうちのいずれかが満たすように見えるが、そうではなく、「押し倒す」は《変容》解釈を受け、「押し倒す」ことによってある事態の進展の方向性に対してさえぎったり変えたり押し戻したりする〈対抗動作性〉を持つ他動性述語句であると臨時的に解釈され、その臨時他動性述語句と、「久美子さんが逃げようとするのを」・「それを」の両者が、推論による拡張他動関係の補語（＝対格②）として関係するというものである。

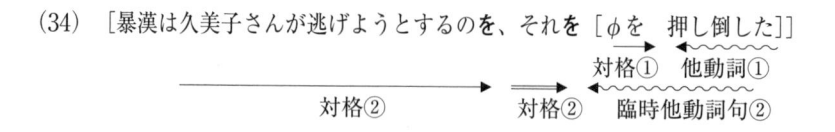

(34) ［暴漢は久美子さんが逃げようとするのを、それを［φを　押し倒した］］
　　　　　　　　　　　　　　　　　　　　　　　　　　　対格①　他動詞①
　　　　　　　　　　　　　　　　　　　　　　　　　対格②　臨時他動詞句②
　　　　　　　　　　　対格②

　「押し倒す」「組み伏せる」と結び付くヲ句でありながら、非人物の「それ

を」が現れているのは、「それを」が、「押し倒す」「組み伏せる」の語彙的意味と結び付く対格①ではなく、推論により拡張された〈対抗動作性〉を持つ他動性述語句②と結び付く、対格②であるからである。「それ」は、対格②が単に〈人物〉を表すのではなく、事態の進展する〈方向〉を表す名詞句であることに応じた形式をとっているのである。

5.「他動詞」顕在の他動構文の、2つのタイプ

　反復的使用の「それを」が、推論により拡張された〈対抗動作性〉の意の他動性述語句②と結び付く、対格②であるならば、その「それを」が現れず、述語に他動詞が顕在する次のような (35) にも、可能性として、当該「～の」節が語彙的他動関係の補語 (＝対格①) である場合 (＝(36)) の他に、推論による拡張他動関係の補語 (＝対格②) である場合 (＝(37)) もあるのではないかと考えられる。

(35)　暴漢は久美子さんが逃げようとするのを、押し倒した。
(36)　暴漢は [久美子さんが逃げようとするのを、押し倒した]
　　　　　　　　対格①　　　　　　　　　　　他動詞①
(37)　暴漢は [久美子さんが逃げようとするのを、[φを　押し倒した]]
　　　　　　　　　　　　　　　　　　　　　　　対格①　　他動詞①
　　　　　　　　　　　対格②　　　　　　　　　　　　臨時他動性述語句②

　(37) は、「押し倒す」の語彙的要求により結び付くはずの、押し倒す行為の物理的被影響物を表すヲ句は出現せず、〈その対象が誰であれ、押し倒すというような、その対象の動きの進展をさえぎる〈対抗動作性〉の意の意図的行為を行った〉という意味が、「押し倒す」から推論的に解釈されるということである。これは、第1章5節において、どのような他動詞にもそれに重ねて〈対抗動作性〉の意味が推論により解釈できるとして述べたことである。
　この後者の解釈の可能性を支持する現象として、第6章で考察することになる逸脱的な〈何ヲ〉文の、次のような現象を挙げることができる。

(38) 誰をぶっているの！
(39) 何をぶっているの！

　(38)も(39)も、同じ状況で、例えば友だちをぶっている子どもに対して発話し、その行為を制止する意味で用いることができる。(38)は「ぶっている」対象が誰であるかを問うことによって、ぶつべきではないことを表す。この場合の「誰を」は、「ぶつ」が語彙的に要求するヲ句を埋めるものである。
　これに対して、(39)は、対象が人物であるにもかかわらず、「誰を」ではなく「何を」が用いられている。この場合、その対象が誰であれ、誰かをぶつという行為全体が、何を目的にして行われているのかが問われ、その行為に対する非難が表されているものと思われる。この場合の「何を」は、「ぶつ」が語彙的に要求するヲ句を埋めるものではない。第6章で詳述するが、この場合の「ぶつ」は、抽象的な意図的行為〈する〉の意味を具体的な〈ぶつ〉という行為で例示するに過ぎない。この違いを次のように図示することができる。

(40)　誰を　ぶっているの！
　　　──→　　〜〜〜〜〜
　　　対格①　　他動詞①

(41)　何を　［φを　ぶっているの！］
　　　　　　　──→　　〜〜〜〜〜
　　　　　　　対格①　　他動詞①
　　　──→　　〜〜〜〜〜〜〜〜〜〜〜
　　　対格②　臨時他動性述語句②〈スル〉

　(40)は(36)に匹敵し、(41)は(37)に匹敵する。この(41)のような逸脱的な〈何ヲ〉文と同様に、主要部内在型関係節のヲの文もまた、述語他動詞が言語的に顕現する場合であっても推論の過程を経て《変容》解釈され、当該のヲ句とは対格②として結び付いていると解釈される場合があり得るということである。
　これは、個々の他動詞がその語に固有にコード化された具体的行為の意味を実現しつつ、同時に、一段抽象化された他動性の意味（この場合には〈対抗

動作性〉という意味）も表す場合があるということを示している。
　この第2のタイプの存在は、例えば（42）には（43）と全く同じであるとは言えない意味があることを示している。

(42)　警官は**男が逃げようとするのを**呼び止めた。　　　（三原2008p.88）
(43)　警官は逃げようとする**男を**呼び止めた。

　（43）の表す他動事態は、「呼び止める」という具体的行為の対象が、〈男〉であるということを第一義的に意味するが、（42）の表す他動事態は、「呼び止める」という具体的行為により実現される、〈さえぎる〉という行為の対象が、「男が逃げようとする」という事態の進展として予測されるある〈方向性〉である、という意味を表す可能性を持つ文だと言える[*2]。

6. おわりに

　この章では、現代日本語において、格助詞のヲの他に接続助詞のヲが確立しているわけではないという立場から、主要部内在型関係節をめぐる議論に用いられる種々のヲ句文を考察し、その結果、「格の一致」が見られる主要部内在型関係節のヲの文も、また、「格の一致」が見られない「副詞句」と分析されるヲの文も、意味的には他動行為の〈対象〉を表す補語であるヲ句と、他動行為を表す述語句とが結び付いて成り立つ、他動構文であると考えられることを述べた。
　ヲの後続に他動詞が顕現しない場合に加えて、他動詞が顕現する場合であっても、文脈により「～のを」が事態の進展する〈方向性〉を表す名詞句であると解釈され、また、その後続の述部がその〈方向性〉をさえぎったり変えたり押し戻したりする、〈対抗動作性〉の意味を表す他動性述語句である

[*2]　（42）のような主要部内在型関係節の文と（43）のような主要部外在型関係節の文とが異なる意味構造を持つことは野村（2001）などでも論じられている。加えて、本稿では接続助詞的なヲの文と同様の、拡張他動構文としての解釈があり得ることを示した。

と推論により解釈され、〈対象〉とそれに対する〈他動行為〉という、推論による拡張他動関係が成立する。

こうした推論が可能なのは、語彙的に〈方向性制御〉の意味を表す他動詞が述語となった場合の他動構文がベースとなり、類推が行われるためと考える。

この章で扱ってきた文は許容度が低いと判断されるかもしれない。例えば黒田（1999a）は、次の（44）の下線部「暴漢が襲いかかってきたのを」も、（45）の下線部「暴漢が襲いかかってきたのに」も、同様に「副詞節」であると位置づけながら、（44）の方が（45）よりも許容度が下がるとしている。

(44)　警官が、暴漢が襲いかかってきたのを、逆にそいつをくみふせてしまった。　　　　　　　　　　　　　　　　（黒田（1999a）（158））
(45)　警官が、暴漢が襲いかかってきたのに、逆にそいつをくみふせてしまった。　　　　　　　　　　　　　　　　（黒田（1999a）（158））

その理由を、黒田（1999a）は、「現代語では、副詞節としてノヲ節はやや座りが悪く、機能的に不安定であるのに対し、「のに」は逆接の接続助詞として確立されているからであろう。」（p.64）としている。つまり、当該のヲが、新たな機能として接続助詞としての機能を確立しているとまでは言えない段階であるために、許容度が低いと説明しているわけである。

しかし、変化の途上にあるというだけでは許容度の低さを説明したことにならない。許容度が低いのは、慣習化され固定化されたルールから何らかの点で逸脱があるためである。本書の立場から説明するならば、もしも許容度が低いと判断されるとしたら、それは、この種の「～のを」は「～のに」と異なり格を表示するものだが、十分に慣習化され言語形式に固定化された格関係ではなく、述部言語形式を手がかりにしてその文脈に応じて推論が行われ、臨時的に意味を《変容》して解釈するという、語用論的な操作が行われるためだと考える。固定化された語彙的知識のみで他動関係を得るのではなく、推論により、臨時的な他動関係を創造的に構築しなければならないために、許容度が落ちると判断されることもあると思われるのである。

しかし、それは非文法的であることを意味しない。もしも許容度が低いと判断されたとしても、慣習化された言語使用からある意味の型を抽出し、それを類推のベースとして用い、推論を手段にして意味を創造するという、この一連の過程もまた、慣習化された言語形式に拠るだけでは到達できない、効率的で豊かなコミュニケーションを果たすために必要な過程であると考える。

第 5 章

状況ヲ句文
——「豪雨の中を戦った」——

要旨
　この章で考察するのは次のような文である。

（1）　防衛軍は豪雨の中を最後まで戦った。

　（1）の「豪雨の中を」は「状況」を表すヲ句と言われるものである。このような文をこの章では状況ヲ句文と呼んで考察対象とし、第1章で考察した接続助詞的なヲの文や移動を表す他動構文と比較してその共通点や相違点を考察し、次のようなことを明らかにする。

① 「状況」を表すヲ句は、「〜デ」や「〜ニモカカワラズ」と異なり、動作の実現をはばむ〈逆境〉を表し、状況ヲ句文の述語句にはこの〈逆境〉に対抗して動作を遂行する〈移動・対抗動作性〉の意味がある。
② この〈逆境〉に対する〈移動・対抗動作性〉という意味は、個々の動詞の語彙的意味としてあるのではなく、当該の「AガBヲV」文の述語句に「突破する」型他動詞を述語とする他動構文の意味を写像して臨時的に《変容》解釈して得られる意味である。
③ 状況ヲ句は単一文中に他のヲ句と二重に生起することができるが、それは、語彙的意味に応じた補語のヲ句と、さらにその動詞句を語用論的に解釈して得られる臨時他動性述語句に結び付くヲ句（＝状況ヲ句）との意味的重層性が存在することの現れと考えられる。

0. はじめに

現代日本語の「AガBヲV」型文には、次のように様々なものがある。

（1） 客が、<u>皿を</u>割った。
（2） 田中夫妻は、<u>遊歩道を</u>歩いた。
（3） 防衛軍は、<u>豪雨の中を</u>最後まで戦った。
（4） ガス会社の職員は、<u>吹雪の中を</u>点検作業した。
（5） <u>ふりしきる雪とつめたい風の中を</u>、ボートは、右に左にゆれながら、むこう岸をめざした。　　　　　　　　　　　　（「戦場」p.126）
（6） <u>二人がそれを手帳に写しとろうとするのを</u>、じれったそうに手をふって、「いいんだよ、それは持ってお行き。こっちにゃ住所の控えはあるから」　　　　　　　　　　　　　（「ちょ」レー（1988）p.83）

　現代日本語の「AガBヲV」型文に見られる下線を引いたような多様なヲ句のうち、この章では特に（3）～（5）のようなヲ句の意味を考察し、他のヲ句との差異や連続性・共通性を明らかにしたい。便宜上（1）～（5）を意味的観点から（1）を**対象ヲ句**、（2）を**移動空間ヲ句**、（3）～（5）を**状況ヲ句**と名付け、（6）を機能的観点から**接続ヲ句**と名付けて、計4つの類に分けておく。
　この章で中心的な考察の対象とする状況ヲ句を含む文は、①直接結び付く他動詞が不在と見える場合がある、②二重ヲ句を許容する、③不自然さを伴うといった逸脱的な特徴を持つためか、周辺的な現象とみなされてあまり顧みられて来なかったように思う。しかし、このようなヲ句文も実際にはいくらでも見つけることができる。むしろ、このような不自然さを伴う文を作り出したり解釈したりすることができるのはなぜかを考察することにより、母語話者の持つ柔軟な言語運用能力や、文法的知識の本質を理解することができるように思われる。
　この章では、まず状況ヲ句文に関しての先行研究を概観し、①移動空間ヲ句文との相違点と類似点、②接続助詞的なヲの文との相違点と類似点、③ヲ句文全体の中での位置づけについてどのように論じられてきたかを整理する。

その上で、④状況ヲ句文の意味を具体的に考察し、⑤第1章で論じた文脈における類推過程がこの文のタイプにも働いていることを述べる*1。

1. 状況ヲ句についての先行研究
1.1 移動空間ヲ句との相違点

　この章で考察する状況ヲ句とは、杉本（1986）（1993）が状況補語と呼ぶものにほぼ匹敵する。杉本（1986）は、（3）〜（5）の下線を引いたヲ句「豪雨の中を」「吹雪の中を」「ふりしきる雪とつめたい風の中を」は、（1）の「皿を割る」や、「敵を倒す」「本を読む」などの、いわゆる行為の〈対象〉の意を表すとされるヲ句とも、（2）の「遊歩道を歩く」や、「交差点を過ぎる」「軌道を離れる」などの、〈移動空間〉の意を表すヲ句とも異なり、意味的に「動作の行われる状況」を表すとしている（p.296）。加藤（2006a）も、「物理的空間」ではなく「背景的状況」を表すと述べている（pp.140-143）。

　こうした他のヲ句との意味的な異なり、特に移動空間ヲ句との異なりを裏付けるものとして、さまざまな現象が先行研究では指摘されている。例えば、杉本（1986）・加藤（2006a）では次の①②③が、加藤（2006a）では④が示されている*2。

　　（7）　移動空間ヲ句と異なり、状況ヲ句類を独立した類と設定する根拠
　　　　　①状況ヲ句は、対象ヲ句や移動空間ヲ句と単一文中に二重共起できる。
　　　　　②状況ヲ句と結び付く動詞の意味的制限は、移動空間ヲ句と異なり、緩い。

---

　*1　本書の考察対象は現代日本語のヲ句であり、対象・移動空間・状況・接続助詞的なヲの意味的連続性を考察する際に、歴史的変化の方向性は考慮していない。ヲ句の各機能の歴史的発生については近藤（2000）・金水（1993）を参照されたい。
　*2　杉本（1986）は、この他に①被使役主の「を」マーキング②代用形式③受身化④目的語主格化⑤数量詞の遊離⑥「の」前での消去について検討し、状況ヲ句が対象ヲ句とは異なることを示しているが、この①〜⑥は状況ヲ句と移動空間ヲ句との異なりは示さない。

③移動空間ヲ句は場所を表す名詞に直接付くが、状況ヲ句は場所の意を表さない名詞に「〜ノ中」を付けることによりヲ句として成立する。
④移動空間ヲ句と異なり、状況ヲ句の「〜ヲ」は「〜デ」に置き換えることができる。

1.2 移動空間ヲ句との類似点

　1.1で見たように、杉本（1986）加藤（2006a）は状況ヲ句が対象ヲ句や移動空間ヲ句とは異なる類の補語であると位置づけるわけだが、同時に、いずれの研究もこの3類が連続的であることも述べている[*3]。後に、杉本（1993）では、むしろ移動空間ヲ句との近さを強調し、杉本（1986）の行った位置づけを変更して状況ヲ句を移動空間ヲ句の中に含めている。杉本（1993）が指摘する移動空間ヲ句との近似性を示す現象は以下の通りである。

（8）　状況ヲ句と移動空間ヲ句の近似性を示す現象
　　　①状況ヲ句は、何らかの移動を伴う動作を表す動詞とのみ共起する。
　　　②状況ヲ句であるか移動空間ヲ句であるかの解釈が確定できない場合がある。
　　　③状況ヲ句は、「中」などの付加によって名詞の意味が場所化される必要がある。

　さらに、杉本（1993）は、1.1の（7）の①②に関し次のような説明を与えて、①②の現象が状況ヲ句と移動空間ヲ句とを別類とする根拠とならないことを述べている。

（9）　杉本（1993）：状況ヲ句類設定の根拠が根拠たりえないことの説明

---

　*3　菅井（1998）（1999）（2003）は状況ヲ句を移動空間ヲ句からの拡張であるとしている。

根拠①について：二重共起する２つのヲ句は「広い範囲」と「狭い
　　　　　　　　　　　範囲」を表すものであり、このような場合には同
　　　　　　　　　　　一意味役割でも二重に共起できるものである。
　　　根拠②について：何らかの移動を伴う動作を表す動詞と「移動空
　　　　　　　　　　　間・状況」を表すヲ句が共起し、純粋な移動動詞
　　　　　　　　　　　の場合にはヲ句が移動空間、その他の動詞の場合
　　　　　　　　　　　にはヲ句が状況の意味を表す。

　こうして、杉本（1993）は、状況ヲ句を移動空間ヲ句のヴァリエーション
の１つとして位置づける。
　1.1・1.2で見たように、状況ヲ句は移動空間ヲ句と相違点・類似点持ち、
どの先行研究も両者が分かちがたく連続していることを述べつつ、同類と位
置づける立場・別類と位置づける立場がある。状況ヲ句を移動空間ヲ句と同
類と認めるべきかどうかについては３節で明らかにする。

1.3　接続ヲ句との異同

　次に、状況ヲ句と接続ヲ句とはどのような関係にあると考えられてきたの
だろうか。
　加藤（2006a）は、接続ヲ句には逆接の意味合いが感じられるとしている。

　（10）　使い方がわからないのを適当にいじっていたら、ついに動かなく
　　　　なってしまった。　　　　　　　　　　　　（加藤（2006a）（１））

　加藤（2006a）によれば、例えば（10）は「使い方がわからないのに」と言
い換えられ、接続ヲ句は「〜ノニ」「〜ニモカカワラズ」に言い換えても大
きく意味が変わらないとする（p.136）。これに対し、状況ヲ句は「逆接の意
味合いを持つこともあるが、接続助詞的な用法ほど明確ではなく義務的でも
ない」（p.140）と述べ、状況ヲ句を接続ヲ句とは別の類に位置づけている。
例えば、次の状況ヲ句（11）には、逆接的な意味合いが感じられないとする
（p.143）。

(11) 東京行きの始発便は、そよ風の中を気持ちよさそうに新千歳空港を飛び立った。
(加藤（2006a）（31））

　こうした加藤（2006a）の位置づけに対し、田中（1998）は、むしろ状況ヲ句を接続ヲ句と同類とみなす。田中（1998）は次の状況ヲ句について、「「～という状況をついて／おして」という対処的な意味を帯びたもので、単なる状況と判断するだけでは意味が不鮮明」であるとし、この「～中を」は「接続助詞的な機能をもつ複合辞」とみなされてよいとする（p.45）。

(12) 梅雨の晴れ間の、三十二度を越える猛暑のなかを、アメリカ合衆国の、軍官の要人たちが羽田に着いた。（「青春」田中（1998）（75））

　状況ヲ句文の逆接の意味の有無については3節で検討する。
　さて、1.1～1.3で見てきたように、状況ヲ句は移動空間ヲ句・接続ヲ句との相違点・類似点が指摘され、それらとどのような関係にあるかが様々に説かれてきたと言える。では、移動空間ヲ句・状況ヲ句・接続ヲ句、さらには対象ヲ句も含めた、すべてのヲ句の類似点というものはどのように考えられてきたのだろうか。

1.4　ヲ句全体の共通性・典型性との関係

　ヤコブセン（1989）は、現代日本語の「AガBヲV」型文をプロトタイプ理論の考え方で原型事象から周辺事象までの連続として捉えた先駆的な研究であるが、第1章4節・5節で述べたように、「AガBヲV」型文全てに共通する意味的特徴については「2つの関与物のうち、一方が他方に対して支配的立場にある」という性質を述べている（p.225）。また、「AガBヲV」型文のプロトタイプ的意味については、〈動作主の意図性〉と〈対象物の変化〉の二要素を挙げている。しかし、ヤコブセン（1989）は状況ヲ句・接続ヲ句を考察の対象に含めていないので、それらも含めた場合にも上の記述があてはまるのかは検討する必要がある。
　菅井（1998）（1999）（2003）（2010）では、状況ヲ句も含めて、認知言語学の

立場からヲ句文全体の共通性が説明されている。

 (13) 菅井（2003）：ヲ句の共通性
    日本語の対格は主格の対極にあって、イメージスキーマ《起点→過程→着点》における《過程》のプロファイルとして意味的に規定され、個々の意味役割は《過程》を中核とする隠喩的写像によってネットワーク化される。(p.494)

菅井（1998）（1999）（2003）（2010）で言われるヲ句全体の共通性は、〈過程のプロファイル〉ということである。この〈過程〉という概念には、どのような意味合いが含まれるのだろうか。菅井（2003）では対象ヲ句文（14）を例として次の（15）のように説明されている。

 (14) 社長が京都から大阪に支店を移した。 （菅井（2003）（2 a））
 (15) 「移す」という事象において働きかけを受ける側の対格「支店」は働きかけを「与える」側の主格「社長」と対峙する関係にあり、しかも、空間的に奪格の「京都」と与格の「大阪」の中間に位置づけられる（p.476、下線本書筆者）。

この〈過程〉の意味合いが状況ヲ句文の場合にはどのような点に見いだせるのだろうか。

 (16) 太郎は雨の中を懸命に走った。

菅井（1998）では、この状況の対格を〈過程〉として分析するのは「「雨の中を」が「走る」という事象の中で"真っ只中の側面"を表すとともに主格と対極的な関係にあるからである」と述べている（p.26、下線本書筆者）。菅井（1998）（1999）（2003）では、状況ヲ句文の〈動作・行為・出来事の真っ只中〉という意味と、〈主体との対極関係〉という意味が重要視されていると言える。しかし、（14）のような対象ヲ句文で説明される具体性を持った《過程》

の意味と（16）のような状況ヲ句文で説明される《過程》の意味が同じものだということは、なお説明が必要であると思われる。

他方、田中（1998）は、意味的にヲ句をニ句と対照することにより、ヲ句全体に〈意図性〉・〈事態の総体的把握〉という特徴があること、とりわけ前者の〈意図性〉はヲ句に「強く付与され」ている意味であることを述べている（p.47）。状況ヲ句にもヲ句の特徴が抽出されると述べ、「対処的な意味」があるとされている（p.45）。田中（1998）の言う「対処的な意味」とは、「意志性が強く見られ、単に"対象"としてとらえるだけでなく、それを付帯的状況として評価、判断する表現者の対処的、処置的な姿勢」（p.22）という文脈で用いられており、田中（1998）が強調する〈意図性〉を含む意味と理解される。

このように、先行研究の一端を瞥見しただけでも、〈支配〉〈対峙〉〈過程〉〈意図〉といった様々な意味的性質がヲ句全体に共通するものとして示されていることがわかるが、これらの先行研究のいずれも状況ヲ句についての考察が少なく、この意味的説明が状況ヲ句も含めた「ＡガＢヲＶ」型文のスキーマ的意味として妥当であるのかどうかはさらに多くの例で検証される必要がある。また、こうした意味的説明の妥当性を裏付けるテストととなるような言語現象を補強していくことも必要だろう。

この章ではその検証に寄与するため、以下の点を検討する。

①状況ヲ句文の表す意味はどのようなものか。〈状況〉とは何か。「〜デ」「〜ニモカカワラズ」に置き換えられるのか。（2.1、2.2）述語句はどのような意味的特徴を持つものか。（2.3）
②状況ヲ句文と移動空間ヲ句文とは同類か否か。（3節）
③状況ヲ句文と接続ヲ句文とは同類か否か。（4節）
④状況ヲ句は他のヲ句と二重共起できるか。可能な場合、それはなぜか。（5節）
⑤状況ヲ句文に「ＡガＢヲＶ」型文の意味、支配性・対峙性・過程性・意図性は見いだせるか。（6節）
⑥状況ヲ句の不自然さはどこから生じるのか。不自然ながらも成立する

しくみ、運用を支えるしくみはどのようなものか。(7節)

2. 状況ヲ句の意味——〈状況〉とは何か
2.1 ～デとの相違点

　この節では、状況ヲ句の〈状況〉という意味がどのようなものであるのかを考えるために、「～デ」との互換性を観察してみたい。

　加藤 (2006a) は次の (17) (18) のように状況ヲ句が「～デ」に置き換えられることを示し、そこから状況ヲ句は副詞句に近く、「背景的状況を付加的に述べるもの」(p.143) であるとしている。

> (17) 大雨の中を、太郎は故障部品の交換を済ませた。
>
> (加藤 (2006a) (16))
>
> (18) 大雨の中で、太郎は故障部品の交換を済ませた。
>
> (加藤 (2006a) (20))

　確かに、対象ヲ句や移動空間ヲ句は「～デ」に置き換えられないのに[*4]、状況ヲ句の多くは (17) (18) が示すように「～デ」に置き換えられる。このことは、状況ヲ句とデ句との意味的な近さを示しているだろう。しかし、両者が全く同じ意味を表すわけではない。(17) のヲ句は、〈太郎が故障部品の交換を済ませる〉という動作を実現させるために突破すべき、抵抗物としての状況という意味合いがあり、他方の (18) のデ句は、そのような実現を阻むような状況という意味合いは無く、単なる背景的条件としての空間範囲を示しているように感じられる。

　次の例が示すように、単なる背景的条件としての空間範囲を示すデ句の中には、状況ヲ句に言い換えられない場合がある。

[*4] 「でも」「でさえ」のように条件的な意味合いが付与された場合には問題なく許容される。
　(ⅰ) 嵐の中でも、来てくれた。／嵐の中でさえ、来てくれた。

第5章　状況ヲ句文

(19)　嵐の中で／夜明けのやわらかい光の中で、王の世継ぎが生まれた。　　　　　　　　　　　　　　　　　　　　　(1.89)＊5
(20)　??嵐の中を／夜明けのやわらかい光の中を、王の世継ぎが生まれた。　　　　　　　　　　　　　　　　　　　(0.27)

「嵐の中・夜明けの柔らかい光の中」は、〈王の世継ぎが生まれる〉という出来事が成立する背景的条件として解釈できるので、デを伴った（19）は成り立つ。しかし、そのデをヲに換えた（20）は成り立ちにくいように思われる。これは、〈王の世継ぎが生まれる〉という事態が、そもそも何かに抗って意図的に行われるものではないので、動作を実現させるために突破すべき抵抗物としての状況という意味のヲ句と、共起しにくいためではないだろうか。

出来事が意図的に行われるものであれば状況ヲ句文が成り立つというわけでもない。次の例の〈社長が練習通りに演説する〉という事態は意識的・意志的なものであるが、デ句文（21）は成り立つのにヲ句文（22）は成り立ちにくいように思われる。

(21)　桜の花が舞い散る中で、社長は練習通りに演説した。　(1.84)
(22)　?桜の花が舞い散る中を、社長は練習通りに演説した。　(0.90)

これは、「桜の花が舞い散る中」に〈社長が練習通りに演説する〉という出来事の実現を阻む逆境の意味が無いためであろう。次の（23）は（22）に比べれば許容度が増すように思われる。それは、（22）に比べて（23）のヲ句が逆境の意味を持つためだと考えられる。

＊5　例文末括弧内の数字は、東京の大学生44人に自然度調査した結果の数値である。自然＝2点、少し不自然＝1点、全く不自然で許容できない＝0点とした平均値で、小数点第三位以下四捨五入。0.6未満は??、0.6以上1.5未満は？を、参考までに付している。

(23) 社長退陣の怒号が響く中を、社長は練習通りに演説した。

先の (22) も「桜の花が舞い散る中」が〈練習通りに演説する〉ことを阻む状況だと解釈される場合には（例えば桜の花びらが原稿の上に次々に舞い落ち、練習通りに読みながら演説することがしにくかった、など）その許容度は上がると思われる。

2.2 〜ニモカカワラズとの相違点

この状況ヲ句の逆境性は、「〜ニモカカワラズ」といった逆接の意味に近い。1.3で見たように、加藤 (2006a) は状況ヲ句にはこの逆接の意味合いがある場合と無い場合があると指摘しているのであったが、逆接の意味合いがあるとされている例も、「〜ニモカカワラズ」と全く同じ意味を表すわけではない。例えば次の (24) (26) の「〜ニモカカワラズ」を「〜中ヲ」に置き換えた (25) (27) は不自然な文である。

(24) 懸命に思い出そうとするにもかかわらず、社長はとうとう何も思い出せなかった。
(25) ??懸命に思い出そうとする中を、社長はとうとう何も思い出せなかった。 (0.23)
(26) 最新の防火対策が施されたにもかかわらず、ビルの店舗部分が焼け落ちた。 (1.89)
(27) ??最新の防火対策が施された中を、ビルの店舗部分が焼け落ちた。 (0.18)

これらの述語句の表す〈思い出せない〉〈焼け落ちる〉は意図的な動作ではない。〈思い出せない〉とは本人の意志とは関わらずに生じる事態であるし、〈焼け落ちる〉も無意志物を主体とする出来事である。このような場合には「〜ニモカカワラズ」の文は成り立つが状況ヲ句文は成り立ちにくい。

このように、状況ヲ句と空間範囲を表すデ句や、逆接を表す「〜ニモカカワラズ」とは、互換的で近い意味を表すと考えられる場合もあるが、置き換

えられない場合もあり、状況ヲ句の表す意味がデ句・「〜ニモカカワラズ」と全く同じ意味の、単なる状況・単なる逆接的事象とは言えないことが明らかである。状況ヲ句には意図的動作の実現を阻む〈逆境〉の意味合いがある*6と思われる。

2.3　動詞句の〈移動・対抗動作性〉

　前節で述べたことを、状況ヲ句文を構成する動詞の意味的特徴の点から確認してみよう。

　杉本（1993）は、状況ヲ句文を構成する動詞は移動動詞でなくてもよいが、「何らかの移動を伴う動作」を表す動詞でなければならないとしている。この「何らかの移動を伴う動作」とはどのようなものだろうか。

　本書では、状況ヲ句文を成り立たせる動詞句の意味を〈移動・対抗動作性〉と名付けてみたい。状況ヲ句文は前節で述べたようにヲ句が出来事・動作の実現をはばむ〈逆境〉を表しており、それと関係する動詞句はその〈逆境〉に対抗し、それをおしたり打ち破ったりして遂行する動作性の意味を持っていると思われる。

　例えば、(28) は〈思い出せない〉が意図的な動作ではないために状況ヲ句文が成り立ちにくいと述べた。同じ動詞の否定形であっても (29) の〈諦めない〉は「ひどいブーイングの嵐」という〈逆境〉に意志的に対抗し頑張る行為を表している。この場合には状況ヲ句文として (28) よりも自然である。

　　　(28)　??懸命に思い出そうとする中を、社長はとうとう何も思い出せなかった。
　　　　　　　　　　　　　　　　　　　　　　　　　　　　　　　　　　(0.23)
　　　(29)　?ひどいブーイングの嵐の中を、松井は最後まで諦めなかった。
　　　　　　　　　　　　　　　　　　　　　　　　　　　　　　　　　　(0.70)

　また、次の (30) と (31) を比べると、(31) の方が許容度は高いのでは

---

*6　先行研究は状況ヲ句の全ての事例にこの〈逆境性〉が見いだせるわけではないとしている。このことについては、3節で改めて論じる。

ないだろうか。

　　（30）　??多くの問題がある中を、工事が始まった。　　　（0.36）
　　（31）　?多くの問題がある中を、工事が始められた。　　（0.75）

　これは、「工事が始まった」が工事を起こす動作主の存在を不問にした自動詞文であるのに対して、「工事が始められた」が、顕在化こそしていないものの、動作主の存在を前提とする他動詞（Xが工事を始める）を用いた受動文であることに起因すると思われる。潜在的な動作主の意味が、〈逆境〉をおして遂行する意味と適合し、より許容度が上がるのではないだろうか。
　同様に、次の（32）の「火事が起こる」「警報システムが故障する」「警報システムが作動しない」ということには、〈逆境〉をおして行為を遂行する意味がなく、状況ヲ句文の許容度が低いと思われるが、「レスキュー隊が頑張った」には意識的に〈逆境〉に対抗し行為を遂行する意味があり、状況ヲ句文の許容度が上がる。

　　（32）　a ??二次災害が心配される中を、火事が起こった。　　（0.27）
　　　　　　b ??二次災害が心配される中を、警報システムが故障した。
　　　　　　　　　　　　　　　　　　　　　　　　　　　　　　　（0.30）
　　　　　　c ??二次災害が心配される中を、警報システムが作動しない。
　　　　　　　　　　　　　　　　　　　　　　　　　　　　　　　（0.23）
　　　　　　d ?二次災害が心配される中を、レスキュー隊が頑張った。
　　　　　　　　　　　　　　　　　　　　　　　　　　　　　　　（1.39）

　これらの動詞句の意味は、単に何かに意図的に対抗するというだけではない。接続助詞的なヲの文の表す〈対抗動作性〉が、第1章で述べたように、予測される方向性に対してその方向を止めたり変えたりする意味であったのに対して、状況ヲ句文の動詞句が表す意味は、〈逆境〉という抵抗空間を打ち破ったりその圧力に屈しないで突き進んだりして、動作を遂行する意味であると思われる。両者を図に書いて示すと以下のようになる。

図1　接続助詞的なヲの文の動作　　図2　状況ヲ句文の動作

※細矢印はヲ句の意味、太矢印は述語句の意味をイメージとして表す。

　状況ヲ句文を成り立たせる動詞句は「走る・進む・行く…」というような、語彙的な意味として〈移動〉を表す動詞でなくても、〈逆境〉を打ち破って次の段階へと進み、動作を敢行する意味を解釈させる。その全体のイメージが、〈逆境〉に屈せずに「突き進む」移動のイメージと類似していると思われるのである。これまでこの章で取り上げてきた状況ヲ句文で、語彙的な意味として〈移動〉の意味を持たないものの許容度が比較的高いものを再掲してみる。

　　(33)　防衛軍は、豪雨の中を最後まで戦った。
　　(34)　ガス会社の職員は、吹雪の中を点検作業した。
　　(35)　大雨の中を、太郎は故障部品の交換を済ませた。
　　　　　　　　　　　　　　　　　　　　（加藤（2006a）（16））
　　(36)　社長退陣の怒号が響く中を、社長は練習通りに演説した。
　　(37)　ひどいブーイングの嵐の中を、松井は最後まで諦めなかった。
　　(38)　多くの問題がある中を、工事が始められた。
　　(39)　二次災害が心配される中を、レスキュー隊が頑張った。

これらの文の動詞句は、語彙的意味として「突き進む・敢行する」といった意味はないが、文脈上、そのような意味に解釈されていると思われる。いずれも、接続助詞的なヲの〈対抗動作性〉がヲ句の表す方向性を止めたり遮ったり阻んだりする動作であったのに対して、状況ヲ句文のそれは、〈逆境〉を表すヲ句に対して、それを「突破する・突き進む・押し破る・打ち破る・打破する・貫く・貫通する・敢行する…」などの他動詞で言い換えられよう

な〈移動〉の意味をも含んだ〈対抗動作性〉である。そこで、本書では状況ヲ句文の動作性を単に〈対抗動作性〉と言わずに〈移動・対抗動作性〉と呼んだのである。「突破する・突き進む・押し破る・打ち破る・打破する・貫く・貫通する・敢行する…」などの他動詞を述語とする他動構文を〈移動対抗動作〉他動構文と呼んでおく。この他動構文も「豪雨の中を突破する・吹雪の中を突き進む…」のように「〜中ヲ」を持つ他動構文であり、状況ヲ句文にはこの他動構文との意味的共通性が読み込まれるものと考えられる。

3. 移動空間ヲ句文と状況ヲ句文との異なり

前節では、状況ヲ句文の動詞句に見いだされる意味は、単なる〈移動性〉でも単なる〈対抗動作性〉でもなく〈移動・対抗動作性〉だとした。その例として見てきたものは、「諦めない・始められる・頑張る…」といった有意志の動作主がガ句となるようなもの、あるいは動作主が潜在する受動詞であった。では、無意志物がガ句となる、状況ヲ句文は無いのだろうか。また、1.3で見たように加藤（2006a）は状況ヲ句文には逆接性の意味合いが義務的ではないとするのであったが、〈移動・対抗動作性〉の無い状況ヲ句文は無いのだろうか。

  (40) ？静かな森の中を、鹿の角突きの音だけが響いた。 (1.27)
  (41) ？二次災害が心配される中を、台風が通過した。 (1.27)

(40)(41)はガ句が無意志物であるにもかかわらず許容度が高い。これらの動詞「響く・通過する」と、例えば先掲の許容度の低い無意志物主語の(30)(32)a〜cの「始まる・起こる・故障する・作動しない」とはどのように異なるのだろうか。

実は、(40)(41)の動詞には(30)(32)a〜cの動詞とは異なり語彙的意味として〈移動〉の意味がある。(40)の「響く」は「音」が空間を移動して「響き渡る」ということであるし、(41)の「通過する」も、「台風」自身が進路をとり、ある場所を通ることを表している。これらは、例えば無意志物の移動空間ヲ句文(42)(43)とほぼ同じである。

（42）　建物内を、非常ベルの音が鳴り響いた。
（43）　宮古島の東側を、台風が通過した。

　無意志物がガ句でヲ句が「〜中を」という形式の文は、全て（40）（41）のように移動動詞述語文である。有意志物がガ句である場合には、（33）〜（39）の「戦う・点検作業する・交換を済ます・演説する・諦めない・始める・頑張る」のように移動動詞でなくても〈移動・対抗動作性〉が認められればヲ句文として成り立つが、無意志物がガ句である場合には、移動動詞でなければ成り立たないということである。
　ところで、（40）（41）のように無意志物がガ句である「〜中を」という形式の文は、主体に意志が無いのだから意図的に〈逆境〉を打ち破ろうとする行為の意味は無い。しかし、（40）は、「静寂の中」が角突きの音に対抗するものとみなされ、〈鹿が角を突く音が、静寂を打ち破って響き渡る〉といった、状況ヲ句文から意図性を差し引いたような意味の文に感じられる。音のない空間が単なる空間ではなく、角突きという出来事と拮抗する圧力を持った状況として捉えられ、表現されていると解釈される場合である。（41）も、「二次災害が心配される中」が単に経路としての場所ではなく、「通過する」動きに対抗する状況として解釈され、〈台風が、二次災害の心配される（通過してほしくない）緊迫した状況を突き進んで行く〉という意味に解釈し得る。
　さらに（42）（43）は移動空間ヲ句文であるが、移動を表すだけではなく、「建物内・宮古島の東側」が移動の生起しにくい場所であるという意味を語用論的に解釈して、その場所にもかかわらず移動したという意味に解釈することも可能ではある。動詞の語彙的な意味に基づいた文意に重ねて語用論的に〈移動・対抗動作性〉を読み込むことも可能だということである（ただし、この場合には〈移動・対抗動作性〉から意図性を差し引いた意味である）。
　というよりも、そもそも移動動詞を述語とする文が、その随意的な意味として〈移動・対抗動作性〉も表すことができるのであり（次の図3のb）、語彙的意味として移動を表さない動詞を述語とする文にまで、〈移動・対抗動作性〉を語用論的に読み込むに至ったのが、状況ヲ句文なのである（次の図3のc）。

これらは、移動動詞文から派生的に生まれた状況ヲ句文が、動作主体が有意志の場合に限り、移動動詞でなくてもその述語句に〈移動・対抗動作性〉を語用論的に解釈して成り立つに至っていることを示していると思われる。

図3　移動空間ヲ句文と状況ヲ句文の位置づけ

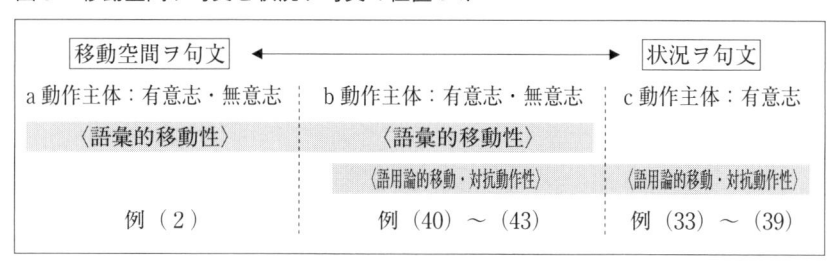

移動空間ヲ句文 ←───────────────→ 状況ヲ句文		
a 動作主体：有意志・無意志	b 動作主体：有意志・無意志	c 動作主体：有意志
〈語彙的移動性〉	〈語彙的移動性〉	
	〈語用論的移動・対抗動作性〉	〈語用論的移動・対抗動作性〉
例（2）	例（40）〜（43）	例（33）〜（39）

　以上、無意志物がガ句である場合で見たことは、有意志物がガ句である場合にもあてはまる。すなわち、動作主が有意志物であれ無意志物であれ、移動動詞述語文のヲ句の中には、〈逆境性〉を表すものと表さないものがある、つまり文の意味として〈移動・対抗動作性〉を表すもの（上の図3のb）と表さないもの（上の図3のa）があるということである。

　加藤（2006a）は、状況ヲ句文は逆接性の無いものもあるとし、接続助詞的なヲの文とは異なるとするのであった。また、杉本（1993）は移動空間ヲ句か状況ヲ句かが確定できないものがあるとしている。しかし、それらの例はみな、移動動詞を述語とする文である。

（44）　東京行きの始発便は、そよ風の中を気持ちよさそうに新千歳空港を飛び立った。　　　　　　　　　　　　（加藤（2006a）（31））
（45）　満天の星の下を海岸を歩いた。　　　　　　（杉本（1993）（16））[7]
（46）　桜吹雪の中を道を歩いた。　　　　　　（杉本（1993）（24）b）[8]
（47）　穏やかな春の陽の中を公園を散策した。　　　　　（杉本（1993）（25））

---

[7]　杉本（1993）は状況ヲ句の例として「〜中を」だけではなく「〜下を」の場合もあるとしている。本書の立場ではこれは3節で論じているように移動空間ヲ句文である。

(48) 観衆の声援の中を折り返し地点を通過した。　　（杉本（1993）（26））

　確かにこれらの波下線を引いたヲ句には動作の実現をはばむ〈逆境〉という意味合いはなく、むしろ、動作主体に心地よく感じられ、動作の実現を支援するような状況を表している。しかし、こうした文の動詞はいずれも狭義の移動動詞であり、そうでなければ許容度は下がるように思われる。

(49) ??そよ風の中を、ギターを弾いた。　　　　　　　　　(0.30)
(50) ??満天の星空の下を、座り込んだ。　　　　　　　　　(0.55)
(51) ??桜吹雪の中を、社長に帰国報告した。
(52) ??穏やかな春の陽の中を、手紙を書いた。
(53) ??観衆の声援の中を、メダルに見入った。　　　　　　(0.34)

　そこで本書では(44)〜(48)は状況ヲ句文ではなく移動空間ヲ句文の一種であると位置づけておく。このように、文の述語を構成する動詞が語彙的な意味として〈移動性〉の意味を明確に持つかどうかということとそのヲ句の〈逆境性〉・述語句の〈移動・対抗動作性〉という語用論的意味解釈が付随的か義務的かということには相関がある[*9]。

4. 接続ヲ句文と状況ヲ句文との共通点と異なり

　前節で述べたように、状況ヲ句文は、語彙的意味として〈移動〉の意味を持たない述語句に、語用論的に〈移動・対抗動作性〉の意味を読み込んで成

[*8] 杉本（1993）は、状況ヲ句か移動空間ヲ句かが明確に判断しにくい例として「桜吹雪の中を歩いた」を挙げたうえで、「明らかな移動補語と共起していれば、状況補語と言える」(P.30) としている。二重ヲ句の問題は5節で考察する。
[*9] このように、移動空間ヲ句と状況ヲ句とが意味的に連続し、その連続の中で、動詞に語彙的な意味としての〈移動性〉が認められなくなるほどに、〈移動・対抗動作性〉を読み込む必要が生じ、ヲ句の意味も単なる〈移動空間〉の意味から〈逆境性〉が感じられるようになるという現象は、典型から離れた文へは、むしろ強い典型的意味の語用論的補給が必要であることを感じさせる。今後の課題とする。

り立つ文である。他方、移動空間ヲ句文は、語彙的な意味として〈移動〉の意味を持つ動詞が、その語彙的な意味の要請を満たすように移動空間ヲ句と結び付いて成り立つ文である。状況ヲ句文は、有意志物を動作主とし、〈移動・対抗動作性〉が不可欠であるが、移動空間ヲ句文は、有意志物も無意志物も動作主とし、〈移動〉の意味に重ねて〈移動・対抗動作性〉がある場合も無い場合もある。

　この、状況ヲ句文と移動空間ヲ句文の関係は、第1章で考察した接続助詞的なヲの文と通常の対格ヲ句文の関係と同じである。接続助詞的なヲの文は、そのヲ句と直接結び付く他動詞が不在である述語句に、語用論的に〈対抗動作性〉の意味を読み込んで成り立つ文であり、動作主は有意志物に限られる。通常の対格ヲ句文は、語彙的意味の要請を満たすようにヲ句と結び付き、動作主が有意志物である場合（54）も無意志物である場合（55）もあり、また、述語動詞の語彙的な意味に重ねて〈対抗動作性〉の意味を解釈する場合（56）も解釈しない場合（54）もある。

(54)　姉がおやつを食べた。
(55)　風が蝋燭の火を吹き消した。（動作主体：無意志物）
(56)　せっかく弟のおやつに作ったのを姉が食べてしまった。
(57)　二人がそれを手帳に写しとろうとするのを、じれったそうに手をふった。

通常の対格ヲ句文と接続ヲ句文との位置づけを示したのが図4である。

図4　通常の対格ヲ句文と接続助詞的ヲ文の位置づけ

通常対格ヲ句文		接続助詞的ヲ句文
a 動作主体：有意志・無意志	b 動作主体：有意志・無意志	c 動作主体：有意志
〈語彙的影響動作性〉	〈語彙的影響動作性〉	
	〈語用論的対抗動作性〉	〈語用論的対抗動作性〉
例：(54) (55)	例：(56)	例：(57)

つまり、状況ヲ句文も接続ヲ句文も、そのヲ句と直接結び付く他動詞ではない述語句の語彙論的意味に重ねて、語用論的な他動性の意味を臨時に解釈して成り立つ文であるという点で同じなのである。

異なるのは、状況ヲ句文は、そのヲ句が動作の遂行をはばむ〈逆境〉の意味に解釈され、臨時に解釈する他動性の意味が「突破する・突き進む・押し破る・打ち破る・打破する・貫く・貫通する・敢行する…」などの他動詞の表す〈移動・対抗動作性〉の意味であるのに対して、接続ヲ句文は、そのヲ句が自然に予測される〈方向〉を表す意味に解釈され、臨時に解釈する他動性の意味が「止める・遮る・やめる・阻む・断つ…」などの他動詞の表す〈対抗動作性〉であるという点である。

状況ヲ句文も第1章で述べた接続ヲ句文と同じように類推の過程を経て成り立つものと考えられる。状況ヲ句文は「突破する」型の他動詞を述語とする他動構文をベースとし、その〈移動・対抗動作性〉の意味を、述語句の語彙的な意味に重ねて《変容》解釈して成り立つものである。この点をさらに二重ヲ句の生起という現象から次節で考察してみる。

5. 二重ヲ句の許容について

状況ヲ句は、一文内に〈対象〉を表すヲ句や〈移動空間〉ヲ句とともに生起する場合がある。

(58)　吹雪の中を遭難者を探索した。　　　　　（杉本 (1986) p.297 (6)）
(59)　土砂降りの雨の中をグラウンドを走った。
　　　　　　　　　　　　　　　　　　　　　（杉本 (1986) p.297 (7)）

杉本 (1986) は下線部のような状況を表すヲ句と他のヲ句（対象ヲ句（遭難者を）・移動空間ヲ句（グラウンドを））とは「機能的に遠い」ので (p.317) 二重ヲ句が許容されるとし、また益岡 (1987) は「意味が異なる」ので (p.20) 許容されるとした。また、柴谷 (1978)・新屋 (1995)・中村 (2003) は単に意味が異なるからではなく、状況ヲ句が他のヲ句と違って「副詞的」・「随意格」・「副次補語」であるために許容されるとしている。こうした説明は、いずれ

も、共起するヲ句が同じ意味役割に属す2つではないことを述べており、Fillmore（1971）のいわゆる「単文異格の原則」（1つの単文には同一の深層格を担う名詞句が共起できない）にこの二重ヲ句が抵触しないことを述べるものである。

また、杉本（1993）では、状況ヲ句と移動空間ヲ句が単一文中に共起するのは、それが「広」・「狭」の意味を表すためだと述べる。これは、同じ意味役割でも広狭の意味を持つ2つは単文中に共起できるという一般則を設定し、その中で説明しようとするものである。

(60) 東京には上野に動物園がある。　　　　　　　（杉本（1993）(31)）
(61) 濃霧の中を峠を越えた。　　　　　　　　　　（杉本（1993）(32)）

杉本（1993）は、(60)のように「場所」のニ句が単文中に2つ共起することがあるが、この場合には一方が広い範囲を示し他方が狭い範囲を示していなければならないとする。これと同じように、(61)は、「濃霧の中」が広い範囲、「峠」が狭い範囲を示しているとする。

しかし、この説明には問題がある。第一に、杉本（1993）は、何らかの移動を伴う動作を表す動詞のうち、純粋な移動動詞の場合には移動空間ヲ句が共起し、それ以外の動詞の場合には状況のヲ句が共起するとしている。このように、2つのヲ句のそれぞれと結び付く動詞の種類が相補的であるとしていることと、2つのヲ句が1つの動詞と同時に結び付くということとは矛盾する。

第二に、3節で明らかにしたように、杉本（1993）が状況ヲ句文の例とするものの中には、移動空間ヲ句文と考えられるものが含まれている。実は(61)もそうである。移動空間ヲ句＋移動空間ヲ句の二重ヲ句の現象と、状況ヲ句＋移動空間ヲ句（あるいはその他の意味のヲ句）の二重ヲ句の現象（例えば(62)）とは、説明すべきしくみが異なるのではないだろうか[*10]。

(62) 大雨の中を、太郎は故障部品の交換を済ませた。

（加藤（2006a）(16)）

第5章　状況ヲ句文　　161

本書では、(62)のように、状況ヲ句とその他の意味のヲ句の二重ヲ句が成り立つ理由を状況ヲ句文の成り立ちから説明してみたい。

状況ヲ句は以下のような文法的特徴を持つ。

(63) ①1つの述語に対してヲ句の重複があり得る。
②結び付き得る述語の種類が比較的自由である。
③ヲ句の出現位置が文頭に近い（二重ヲ句の場合には第一番目に現れる）。

この3つの特徴は、状況ヲ句が動詞の要求する必須項ではなく、副詞句（あるいは接続助詞句）とする根拠とも考えられる特徴である。しかし、本書では、これらの特徴は当該のヲ句が副詞句であることを示しているのではなく、状況ヲ句文が重層的な《変容》解釈を行っていることの現れだと考える。

状況ヲ句文の〈移動・対抗動作性〉の意味は、状況ヲ句文が「ＡガＢヲＶ」型文に所属すると認識され、「ＡガＢヲＶ」型文の中の特定の他動構文、この場合には「突破する」型他動構文をベースに類推が行われ、「突破する」型他動構文が持つ類型的意味を写像して解釈されるものと本書では考える。そのため、この解釈がしやすければしやすいほど、状況ヲ句文として許容されやすいということになる。状況ヲ句文が落ち着きの悪さを伴っていることの理由は、このように、当該のヲ句と述語動詞との間に直接的な対象―動作の意味的関係が無いにもかかわらず、文脈・状況により《変容》解釈を行って、動詞句に臨時的に他動性の意味合いを解釈しようとするためである。

状況ヲ句文の重層的な意味的関係性を図示すると以下の図5のようになる。

---

*10　移動空間ヲ句＋移動空間ヲ句の二重ヲ句現象なら、「広狭」の違いによる説明が妥当であるかもしれない。「広狭」の違いによる二重格生起現象一般については今後の課題とする。

図5　状況ヲ句文の重層性

(64)　[大雨の中を [故障部品の交換を（対象①）　済ませた（語彙的意味〈済マス〉他動詞①）]]
　　　　(対象〈逆境〉②)　　語用論的意味〈突破スル〉動詞句②

(65)　[大雨の中を [　φ　頑張った（語彙的意味〈頑張ル〉自動詞①）]]
　　　　(対象〈逆境〉②)　語用論的意味〈突破スル〉動詞句②

これは第1章で見た接続ヲ句文の重層性と同じである。

図6　接続助詞的なヲの文の重層性

(66)　[手帳に写しとろうとするのを [手を（対象①）　ふった（語彙的意味〈フル〉）動詞①)]]
　　　　(対象〈方向〉②)　　　　(語用論的意味〈遮ル〉)　動詞句②

(64) が示すように、状況ヲ句文が他動詞からなる場合、2つのヲ句が1つの動詞に直接結び付くのではなく、意味的階層の異なる2つの述部に対してそれぞれに結び付き、見かけ上の二重ヲ句の生起が可能となるのだと考える。また、2つのヲ句が出現した場合に状況ヲ句がより文頭に近い位置に現れるのは、述語を構成する他動詞が語彙的に要求する対象ヲ句と補充・統括関係を結んだまとまりに、状況ヲ句が結び付くためである。

6.〈移動・対抗動作性〉と「ＡガＢヲＶ」型文全体の意味的特徴との関係

　ここまで、状況ヲ句は「～デ」や「～ニモカカワラズ」と置き換わる、単なる「状況」や「逆接的事象」ではなく、動作の実現をはばむ〈逆境〉の意味を表し、状況ヲ句文には〈移動・対抗動作性〉があると述べてきた。この〈移動・対抗動作性〉の意味は、「ＡガＢヲＶ」型文全体の意味的特徴とはどのようにかかわるのだろうか。この意味の中に、先行研究で指摘されてきた、「ＡガＢヲＶ」型文のスキーマ的意味やプロトタイプ的意味が含まれていると言えるだろうか。

　まず、ヤコブセン（1989）のいう〈支配性〉・田中（1989）のいう〈対峙性〉

の意味がこの状況ヲ句文にあることは明らかであろう。状況ヲ句文はガ句とヲ句の2つを持ち、ガ句は動作の主体であり、ヲ句はこの動作をはばむような抵抗物として動作に関与する。

また、田中（1989）の指摘した〈意図性〉も状況ヲ句文に見いだされる。〈移動・対抗動作性〉の意味がある文でも、動詞が移動動詞である場合には〈意図性〉が無い場合があり得るが、動詞が移動動詞ではなく、文脈上、類推により〈移動・対抗動作性〉を解釈するのが状況ヲ句文であるとするなら、すべての状況ヲ句文が有意志物を動作主体とする。つまり、すべての状況ヲ句文に〈意図性〉があるということになる。

菅井（1998）（1999）（2003）が「ＡガＢヲＶ」型文の共通性として指摘した〈過程性〉はどうだろうか。本書の観察では状況ヲ句文には動作の実現をはばむような〈逆境〉に対抗して敢行する動作の意味、〈移動・対抗動作性〉があるとした。ここに含まれる抵抗物を押し分けながら進む〈移動〉の意味合いは、菅井（1998）（1999）（2003）が「移す」を例に指摘した起点から着点までの〈過程〉に焦点を当てた意味に合致するだろう。

また、ヤコブセン（1989）は「ＡガＢヲＶ」型文のプロトタイプ的意味として〈動作主の意図性〉と〈対象物の変化〉を挙げるのであった。状況ヲ句文の述語句に語用論的に《変容》解釈される臨時的他動性〈移動・対抗動作性〉の意味には、〈動作主の意図性〉は認められるが、〈対象物の変化〉は認められないだろう。状況ヲ句の表す、動作の実現をはばむ〈逆境〉に対抗して、意図的に動作を敢行することは表すが、その動作の影響によって〈逆境〉が変化することまでは表さないからである。その点は、第1章で述べたように接続助詞的なヲの文がヲ句の〈方向〉を止めたり変えたりして、〈動作主の意図性〉とともに〈対象物の変化性〉も表したのとは異なる。

このように観察してみると、〈移動・対抗動作性〉には、「ＡガＢヲＶ」型文が広く持ついわゆる他動性との共通点がかなりあると言ってよいように思われる。語彙的な意味として他動性を持たなくても、「突破する」型他動詞構文をベースとした類推を行い、〈支配性〉などの他動詞文のスキーマ的意味も、プロトタイプ的意味の一部〈動作主の意図性〉も含んだ〈移動・対抗動作性〉を臨時に想定して、「ＡガＢヲＶ」型文として成り立っている文な

のである。

7. おわりに

　状況ヲ句文は移動空間ヲ句文と似ているが、決定的な違いを持っている。それは、移動空間ヲ句文が語彙的意味として〈移動性〉を持つ移動動詞と直接的関係を結ぶ文であるのに対して、状況ヲ句文は、その述語句が自動詞であれ他動詞であれ、その述語句の語彙的な意味に重ねて、語用論的に〈移動・対抗動作性〉という他動性を臨時的に想定し、その臨時的な他動性述語句と関係を結ぶヲ句文であるということである。

　このような臨時的な他動性述語句が想定できるのは、状況ヲ句文をその形式から「AガBヲV」型構文類型に所属する文であると認識し、「AガBヲV」型文の中でも、「〜中ヲ」と共起する「突破する・突き進む・押し破る・打ち破る・打破する・貫く・貫通する・敢行する…」などの他動詞を述語とした構文をベースとして選び、その構文の意味〈移動・対抗動作性〉を当該述語句に写像するためである。

　この〈移動・対抗動作性〉の意味は当該述語句の語彙的な意味を《変容》解釈し、語彙的な意味に重ねて想定されるものである。そのため、当該述語句が他動詞である場合には二重ヲ句となるが、2つのヲ句が述部と関係を結ぶ層がそれぞれ異なるため許容されるのである。

　このように、構文を鋳型とした類推の過程を経て文の生成・意味理解を行うということは、第1章で考察した接続助詞的なヲの文と同じである。接続助詞的なヲの文のヲが、接続助詞ではなくて対格の格助詞であるとしたように、状況ヲ句文のヲ句も、語用論的な類推過程を経て《変容》解釈された〈移動・対抗動作性〉と結び付くのであり、その「ヲ」は対格の性質を保持していると言える。接続助詞的なヲの文も状況ヲ句文も、他動構文に関する文法的知識を駆使し、文脈情報を取り入れた自由度の高い文を創造している、拡張他動詞文である。

第6章

逸脱的な〈何ヲ〉文
――「何を文句を言ってるの」――

要旨

　この章で考察するのは次のような文である。

（1）　何を文句を言ってるの！

　（1）は形式的には疑問詞「何を」を用いた疑問詞疑問文だが、以下のような特徴を持っている。

①この「何を」は「何で」「なぜ」に近い意味を表すように感じられる。
②〈問いかけ〉の意味というよりも〈とがめだて〉の意味を主に表す。
③「何を」は後続の述語動詞（この場合「言う」）と直接関係しない。
④二重ヲ句が可能である。
⑤「何を」の、文における出現位置に制約がある。
⑥文の許容度が落ちるように感じられる。

　①〜⑥は典型的疑問詞疑問文から（1）が逸脱していることを示す特徴である。
　この章ではこのような逸脱的な特徴を持つ「何を」による疑問詞疑問文を考察の対象とし、このタイプの文も接続助詞的なヲの文や状況ヲ句文と同じように、「AガBヲV」型文に所属する文であると認識され、類推の過程により構文類型的な他動性の意味が述語句に写像されて成り立つ拡張他動詞文で

> あることを明らかにする。
> 　したがって、この「何を」も臨時的に解釈された他動性述語句と結び付く対格であると位置づけることになる。

0. はじめに―「何を文句を言ってるの」文の特徴と問題提起

次の文は、形式的には疑問詞「何を」を用いた疑問詞疑問文である。

　　（1）　何を文句を言ってるの！　　　　　　　　　　　　(1.18)＊1
　　（2）　「広一、<u>なにを</u>ぼんやりしてるんだ」　　　（「かぎ」p.65）

疑問詞疑問文は「何・いつ・どこ・誰」などの疑問詞を用いて、事態を構成する要素の不明部分を補充的に説明するよう聞き手に要求する疑問文である＊2。しかし、（1）（2）は典型的な疑問詞疑問文とは異なる諸特徴を持っている。第1に、意味的に「何を」は「何で」「なぜ」と言い換えても変わらないような意味を表し、しかも、文全体の意味は理由などを〈問う〉というよりも、実質的には相手の行為を〈とがめだてる〉意味を表すと解釈される。まず、（1）（2）に対して疑問詞の句を補充説明して答えること（この場合にはヲ句を用いて答えること）ができないのである。（1）で考えてみよう。

　　（3）　?<u>県庁のやり方を</u>、文句を言ってるの。　　　　　　　　(0.5)

では（1）に対して普通相手はどのように応答するのだろうか。（1）への応答の可能性として以下の（4）～（6）のような多様なものが考えられるが、そのどれもが直接的に（1）の「何を」に答えたものではない。

＊1　例文の許容度の参考として、2007年5月30日に東京の大学で行った小調査の結果を点数化し記す。対象者は学生、総数78人である。自然・少し不自然・全く不自然の三段階の判定結果をそれぞれ2・1・0点に換算し平均値を示す。小数点第三位以下四捨五入。

＊2　益岡（1991）・仁田（1991）など参照。

（４）　県庁のやり方に、文句言ってるのよ。
　（５）　県庁のやり方がずさんだって、文句言ってるのよ。
　（６）　だって、県庁のやり方がずさんなんだもん。

　（４）～（６）は直接的にはそれぞれ「何に（４）／何だって・何と・何て（５）／何で・なぜ文句を言ってるの！（６）」などの疑問詞疑問文に対しての補充応答である。
　また、（４）～（６）のうち（６）は、その行為に至った理由を述べ自らの行為の正当性を暗に主張した（あるいは申し訳を表した）応答文である。これは（１）が〈文句を言う〉行為の意図や理由を問うているだけではなく、そのように問うことにより〈文句を言う〉行為には正当な理由がなくそうした行為を起こすべきではないと暗に非難するものと解釈しての応答である。
　さらに次の（７）も、（１）に応じるものとして考えられるものである。

　（７）　文句を言っちゃいけないの？

　この（７）は、（１）を〈非難〉（〈文句を言ってはいけない〉といった意味）を表すものと解釈し、この意味にのみ反応した応答である。つまり、（６）は〈問いかけ〉に対して答える形式をとって、〈非難〉に対する反論を暗に示しているのに対し、（７）はもはや〈問いかけ〉については何も答えず、（１）の〈文句を言ってはいけない〉という〈非難〉の含意に対してのみ反応し、その主張する命題の真偽判断を再び相手に投げ返すことによって、自分は相手の主張が真であるとは思えないという反論を示した応答なのである。
　この（４）～（７）の応答が示すように、（１）は形式的には疑問詞疑問文でありながら具体的に不明要素を補充することが意図されていない、あるいは〈問いかけ〉に対する返答自体が意図されていない、内実として典型的疑問詞疑問文の要素を欠いたものである。多くはイントネーションが下降調であり、疑問詞疑問文のそれとは異なることも、〈問いかけ〉の意味がきわめて希薄であることを示している。このタイプの文は、〈問いかけ〉というよりも〈とがめだて〉の意味が主たる意味の文なのである。

さらに、典型的な疑問詞疑問文と異なる特徴の第2として、見かけ上疑問詞「何を」と結び付く動詞が不在であるということが挙げられる。（1）では「何を」の後続に述語動詞「言う」が、（2）では「ぼんやりする」が存在するが、（1）の「言う」と直接結び付く対格補語は「文句を」であるし、（2）の「ぼんやりする」は自動詞であり、いずれも「何を」と直接関係する他動詞ではない。
　第3に、現代日本語では二重ヲ句が厳しく制限されると言われるが、（1）の「何を」と「文句を」のように、1つの述語動詞句に対してヲ句が重複して現れることがある。
　第4に、第3のようにヲ句が二重に出現した場合、この「何を」はもう1つのヲ句よりも前に位置するのが自然である。日本語は補語の語順が自由と言われる中で、この特徴も特異なものである。
　第5に、（1）（2）のような文は、典型的な疑問詞疑問文と比べ許容度が低く判定されることが多い[*3]。
　以上のような点から（1）（2）は自然な文を生成・理解する規則からは逸脱のある文ということになるが、単なる誤りや臨時的な逸脱として片付けられるようなものではない。（1）（2）のような逸脱的特徴を備えた「何を」文は実例がかなりあり、周辺的位置づけがなされたとしても実際の日本語の運用に一定の役割を果たす文タイプとして確立しているものと考えられる。この章ではこれを逸脱的な〈何ヲ〉文と呼んで考察していくこととする。
　まず、このような文はなぜ成立し得たのだろうか。（1）（2）のような文は「何を」の存在から典型的な疑問詞疑問文との関連が想起されるが、その関係はどのようなものであり、なぜ〈とがめだて〉の意味を獲得するに至ったのだろうか。この点について、まず1節で考察する。
　また、この「何を」は、聞き手に補充説明することを要求するものではないとすれば、どのような役割を果たす成分として文の構築に参与しているのだろうか。（1）が示すようにこの種の文が二重にヲ句を許すということを、

　[*3]　この種の文の特性については Konno（2004）が詳しく述べている。p190で再考する。

どう考えるべきだろうか*4。2つのヲ句が現れた場合、「何を」の自然な位置は文頭により近い位置だが、それはなぜなのだろうか。この点について、2節で考察する。

最後に、本書の立場はこの種の文に関する他の研究とどのように関係するのか。3節で本書の考え方を明確にしておく。

1. 典型的疑問詞疑問文による〈とがめだて〉の表現
1.1 典型的疑問詞疑問文が〈とがめだて〉を表すのはなぜか

この節では、この章の考察対象である逸脱的な〈何ヲ〉文がなぜ〈とがめだて〉の意味を表すのかを考えてみたい。まず、逸脱的な特徴を持たない、典型的な「何・いつ・どこ・誰」などの疑問詞を用いた疑問詞疑問文とどのような関係にあるのかを考えてみる。

　　（8）　A：何を読んでるの？
　　　　　B：『ゲド戦記』だよ。

（8）のAが発した疑問文は、通常上昇イントネーションで発話され、ある事態に関する不明な点を疑問詞によって聞き手に問いかけ、その不明点の補充説明を要求するものである。これは、安達（2002）により示された〈質問〉を表す疑問文が持つ不確定条件・問いかけ性条件を2つとも満たしており、典型的な疑問詞疑問文と言える。

この疑問詞疑問文が、不確定条件・問いかけ性条件を満たしながらも、暗意として、聞き手の行為に対するとがめだてや非難の意味を表す場合がある。

　　（9）　（早く支度をして家を出なければならないときに、何かを読んでゆっくりし

---

*4 （1）は二重ヲ句が回避された形（「何を文句言ってるの」・「なに文句を言ってるの」・「なに文句言ってるの」）の方がより自然だが「何を文句言ってるの」も許容不可能ではない。ヲの有無に関わらず、「何（を）」がどのような役割かは吟味する必要がある。

ているBを見て、Aが発話。)
　　A：何を読んでるの！

　この場合、Aの発話の意図は、読んでいる本の名前を明らかにしようとするということよりも、〈何であれ今は本を読むべきではない〉といった、聞き手の行為に対するとがめだて・非難の伝達、あるいはさらにそうした聞き手の行為の制止であろう。こうした意味が生じるのは、〈このような忙しいときに読まなければならないほど重要な本とは何なのか〉と問うことによって、相手に〈そのような本などない〉ことに気づかせ、また、〈私にはその答えがわからない〉と疑念を表すことによって聞き手の行為の成立自体への疑念を表明することになるからだと思われる[*5]。つまり、(9)の発話が非難の表明を主たる目的としていたとしても、その非難の意味は、一応聞き手に補充説明を要求することにより実現しているのであり、聞き手がその疑問詞にあたるものを特定して応答することも可能である。

(10)　((9)のAの発話に対して)
　　B：ガイドブックを読んでるんだよ。一番早いルートを探してるの。

[*5]　典型的な疑問詞疑問文が質問の機能から話者の主張を述べるという異なる機能を生むことに関しては、従来「反語」の現象に含めて考察されてきた(尾上(1983)・安達(2002)等)。ただし、本稿の取り扱う疑問文は、真偽疑問文ではなく疑問詞疑問文の、しかも、その補充要求の対象が発話相手の行為に関わる文の何らかの要素であるものであり、「反語」と呼ばれてきた様々な文のうちの一部である。こうした限定的な疑問詞疑問文を例に挙げて説明するものとしては山口(1990)がある。山口(1990)は相手に「確認」することが「正答案」の「説得」になり「非難」になるとするが、なぜ「確認」することがそのようになるのかという理由は詳述されていない。なお、本書でとりあげる例文には例えば後述の(14)(15)のように〈とがめだて〉というような強い非難の意味の無い、〈励まし〉と解釈できるものも含まれている。しかし、これらにも相手の行為成立への疑念の表明から生じる相手の行為制止の暗意が共通して解釈できる(その結果〈励まし〉となる)と考える。

これは、疑問詞疑問文が、疑問文としての中核的な質問の機能を果たしつつ、そのことによって含みとして非難の意味を表すと解釈できる場合があるということであり、この場合の非難の意味は、語用論的なレベルの暗意だということである。（8）は単なる質問だけを表す疑問詞疑問文と解釈されやすいのに対して、（9）は、単に質問だけを表しているとも、疑念の表明を手段として非難をも表しているとも解釈できる。（8）が上昇イントネーションを原則とするのに対して、（9）は上昇イントネーションでも下降イントネーションでも発話し得るが、これも上の事情の現れである。単なる質問か、併せて非難も表すかはまさに解釈次第であり、その間に境界があるようなものではない。

　次の例も、典型的な疑問詞疑問文が、暗意として非難の意味を持っているとも解釈できる例である。

（11）「ひどい熱だわ」と彼女は言った。「いったい今までどこで何をしていたの？」僕はそれに対して何か答えようとしたが、僕の意識の中からはあらゆる言葉が失われていた。　　（『世界』P.507）
（12）なるべくたたみいわしと目が合わないように、そっぽを向きながらやって、「どこを見てやっているんだ」と父に叱られていた。
　　　　　　　　　　　　　　　　　　　　　　　（『父の』p.184）
（13）そんなくだらないこと、いつまで続けるんだ？

　このように、典型的な疑問詞疑問文は、「何を」の他、「どこで・どこを・いつまで…」など、どのような関係的意味を担う疑問詞のものであれ、内在的なしくみとして非難の意味を表し得る。それは述語動詞と結び付く要素の補充説明を要求する、典型的な疑問詞疑問の機能に付随して果たされる意味であり、典型的な疑問詞疑問文の範囲で説明可能なものである。

1.2　典型的疑問詞疑問文のうち、ヲ句が狭義の「対象」ではない場合

　典型的疑問詞疑問文のうちヲ句を疑問詞とする場合、1.1で既に挙げたような「狭義の行為の対象」を表すヲ句だけではなく、様々な意味のヲ句が疑

問詞となり〈とがめだて〉の意味を表す。
　まず、次の（14）（15）は、感情・心情を表す他動詞からなる例である。

　　（14）　何をそんなに悲しんでいるの。またすぐに会えるよ。　　（1.96）
　　（15）　「なに泣いてんの？」　　　　　　　　　（『プラ』p.150）（1.85）

　これらも、疑問の意味と併せて、「悲しむな・泣くな」という、相手の行為に対する非難・制止の意味が汲み取れる。これらのヲ句は、基本的に例えば「友達との別れを悲しむ・自分の失敗を泣く」などのように当該の動詞と本来的に結び付き得るヲ句であるが、行為の影響を受ける対象とは言えず、その行為の引き金となる事象であり行為者の感情の向かう対象である。
　同様に、移動空間を表すヲ句を疑問詞とした場合にもこの〈とがめだて〉の意味は見いだされる。

　　（16）　どこをほっつき歩いてたんだ。　　　　　　　　　　　　（1.96）
　　（17）　どこを通ってるんだ、この門はお客様専用だぞ。　　　　（1.89）

　移動空間を表すヲ句と結び付く動詞も他動性が低いとされることがあるが[*6]、こうしたヲ句を疑問詞とした疑問文も、暗意として〈とがめだて〉の意味を表し得る。
　このように、他動性の度合いに関わりなく、語彙的な要求としてヲ句と結び付く様々なタイプの動詞が疑問詞疑問文の形式で〈とがめだて〉の暗意を表し得るのである。

　　＊6　例えば角田（1991）は意味的特徴3つ（a参加者が二人 b動作が対象に及ぶ c変化を起こす）・形式的特徴5つ（d「が―を」構文 e直接受動文が派生可能 f間接受動文が派生可能 g再帰文が派生可能 h相互文が派生可能）を挙げ、これらの特徴の多寡で他動性の程度を明らかにしている。これに拠れば移動空間ヲ句文（16）（17）は、a・d・f・gの4つの特徴だけを有し、他動性の典型値は下がる。また、移動空間を表すヲ句の目的語性は杉本（1986）（1993）（1995）・柴谷（1984）参照。

1.3 「何を」疑問詞疑問文の表す2つのとがめだて

　1.1で見たように、「何を」に限らず「なぜ・いつ・だれ・どこ…」などどのような疑問詞を用いた疑問文も、暗意として非難の意味を表し得る。典型的疑問詞疑問文は、〈問いかけ〉の意味を表すことによって、暗意として〈とがめだて〉の意味を表すこともあるのである。

　しかし、「何を」による疑問詞疑問文だけは、非難の意味を表すのに2つの用法を持っている。1つは、他の「なぜ・いつ・だれ・どこ…」などの疑問詞疑問文と同様に、述語動詞にコード化された補語のうちの何らかの補充説明を求めることにより、〈とがめだて〉を表すものである（以下解釈aとする）。つまり、〈問いかけ＋とがめだて〉の意味がはっきりしている場合である。もう1つは、述語動詞と結び付いた不明要素の補充説明は要求せず〈とがめだて〉だけを主に表す、「何を」特有のものである（以下解釈bとする）。この解釈bの文が本章で考察対象としている逸脱的な〈何ヲ〉文である。

　次の（18）は実は解釈aと解釈bの両方の可能性を持っている。

　　　（18）　何を読んでいるの！

　1.1では、この例を、「読んでいる」本が何であるか、行為の対象を明らかにするように求めることにより暗意として非難の意味を表すとした（＝解釈a）。この場合の「何を」と述語動詞との結び付きは次のように簡略に示すことができる。

　　　（19）　（＝（18）の解釈a）：［xヲ（＝疑問詞、以下同じ）　読んでいる］

　実は（18）は、そのような意味のほかに、読む対象という行為の参与部分に関しての疑念ではなく、どのようなものであれなにかを読んでいるといった行為全体に関して疑念を表し、非難の表明を行っている場合がある（＝解釈b）。言わば、〈何を、何かを読むなどという行為をしているの！〉とパラフレイズできるような意味である。この場合は、次の例のように述語動詞と直接的に結び付く対象（＝「本など」）を顕現させることも可能であり、「何

第6章　逸脱的な〈何ヲ〉文　　175

を」が単に「読む」と直接結び付くヲ句ではないことがわかる。

 (20) 何を、本など（を）読んでいるの！

 (20)はヲ句を二重に持ち、逸脱的な〈何ヲ〉文であるが、その意味的な関係は以下のような重層構造をなしていると考えられる。

 (21) (=(20)の解釈)：[x ヲ [本を　読んでいる]]

このように考えると、見かけ上は(18)の形式で同じでも、解釈 b の場合には、その「何を」と述語動詞句との結び付きの構造は以下のようなものであって(19)とは異なるものと考えられる。

 (22) (=(18)の解釈 b)　[x ヲ [φ ヲ　読んでいる]]

この、解釈 a と解釈 b の違いをさらに次の例で考察してみる。

 (23) 誰をぶっているの！   (1.05)
 (24) 何をぶっているの！   (1.09)

この例は既に第 4 章の主要部内在型関係節＋ヲの文の考察に関連してその 5 節で示したものである。(23)も(24)も、同じ状況で、例えば、友達をぶっている子どもに対して発話し、その行為を制止する意味で用いることができる。(23)は、「ぶっている」相手が誰であるかを問うことによって、ぶつべきではないということを表す（＝解釈 a）。これに対し、(24)は、誰をぶっているにせよ、誰かをぶっているというような行為全体に関して、〈いったい何をしているのか、行為そのものを理解できない〉と疑念を表し、その行為に対する非難を表していると思われる（＝解釈 b）。(24)が人をぶつ行為に対しての発話にもかかわらず「誰を」ではなく「何を」としていることからも、もはや(24)が「ぶつ」という動詞が語彙的に要求する対象の補

充を求めているのではないことが明らかである。それぞれの解釈における疑問詞と述語動詞（句）との結び付きは以下のように異なるものと考えられる。

(25) （＝(23)解釈a）：［x ヲ　ぶっている］
(26) （＝(24)解釈b）：［x ヲ［φヲ　ぶっている］］

　他方、(23)「誰を」には、補充項を要求するのではない解釈（＝解釈b）を施すことができない。疑問詞のうち「何を」だけに、解釈aの用法も解釈bの用法も存在するのである。

1.4　臨時的他動性動詞句の想定

　1.3では、逸脱的な〈何ヲ〉文は重層構造を持っているとした。1.1～1.3で見たように、そもそも疑問詞疑問文はどのような形式の疑問詞を用いるものであれ、〈問いかける〉ことによって暗意として〈とがめだて〉の意味を表し得るのだが、「何を」を用いる疑問詞疑問文だけは、〈問いかける〉ことにより暗意として〈とがめだて〉を表すものと、〈問いかける〉意味がきわめて希薄で、〈とがめだて〉の意味のみを主に表すものとの二種がある。

　前者の「何を」は、述語動詞の語彙的意味が要求する対格を満たすものとして関係するのに対して、後者は、述語動詞の語彙的意味ではなく、語用論的に《変容》解釈された臨時的な他動性述語句の要求する対格を満たすものとして結び付くものと考えられる。

　この場合、《変容》して想定する他動詞は「する」としておく。つまり、逸脱的な〈何ヲ〉文は、「何をするの」構文をベースとして、実際に顕現している動詞句を語用論的に意図的な動詞「する」の意味に臨時的に解釈し、その想定された他動性述語句と「何を」が関係すると考えるのである。

　1.3で見た(24)の解釈を図に示したのが図1である。

図1　逸脱的な〈何ヲ〉文の重層性
　　［何を　　　［　φを（対象①）　ぶってる（語彙的意味〈ブツ〉他動詞①）］］の
　──────────→
　（対象〈何〉②）　　　　　　　語用論的意味〈スル〉動詞句②

第6章　逸脱的な〈何ヲ〉文　　177

この図は、第1章で見た接続助詞的なヲの文（図2）や第5章で見た状況ヲ句文（図3）と同様のものである。

図2　接続助詞的なヲの文の重層性
[手帳に写しとろうとするのを [手を（対象①）　ふった（語彙的意味〈フル〉）動詞①]]
　―――――――――――→　―――――――――――――――――――
　　　（対象〈方向〉②）　　　　　（語用論的意味〈遮ル〉）動詞句②

図3　状況ヲ句文の重層性
[大雨の中を　[故障部品の交換を（対象①）　済ませた（語彙的意味〈済マス〉他動詞①）]]
―――――――――――――――――――――→　―――――――――――――――
（対象〈逆境〉②）　　　　　語用論的意味〈突破スル〉動詞句②

　逸脱的な〈何ヲ〉疑問文は、典型的な疑問詞疑問文、特に典型的な「何をするの」疑問文が、〈問いかけ〉とともに語用論的に〈とがめだて〉の意味も表し得るという構文類型的意味に関する知識を利用して、類推を用いた創造的な他動構文を形成することによって、〈とがめだて〉の意味を表す文として成立していると考えるのである。

2.　逸脱的な〈何ヲ〉文の「何ヲ」の意味・機能
2.1　意図性自動詞文に「何ヲ」が結び付く場合
　次に、この節では、前節までに述べてきた逸脱的な〈何ヲ〉文の成立過程の説明が、その他の逸脱的な特徴である①自動詞が述語となる現象や、②二重ヲ句生起現象についてもうまく説明できるかどうかを述べ、逸脱的な〈何ヲ〉文の「何を」の位置づけを明らかにしたい。
　次の例が示すように、この「何を」文はヲ句との結び付きが基本的に不可能な自動詞文でも成立する。

　　　（27）　何をそんなにはしゃいでいるの。　　　　　　　　　　　（1.90）
　　　（28）　何を暴れているの。ものに八つ当たりしないでちょうだい。
　　　　　　　　　　　　　　　　　　　　　　　　　　　　　　　　　（1.51）

これらの動詞は、(29)(30)が示すように基本的にはヲ句が結び付かない。

 (29) ?彼の手紙をはしゃいでいるんだよ。 (0.36)
 (31) ?父親に怒られたのを暴れているんだよ。 (0.32)

「はしゃぐ・暴れる」は、自動詞の中でも発話者の意向を表す形式「はしゃごう・暴れよう」が成立し、意図的行為を表し得る自動詞（非能格自動詞）である。こうした自動詞では、逸脱的な〈何ヲ〉文が比較的自然な文として成立するのである。
 では、この(27)(28)の「何を」の役割とはどのようなものなのだろうか。この「何を」は理由を問う疑問詞「何で・なぜ」に換えてもほとんど文意が変わらないようにも思える*7。

 (32) <u>何でそんなにはしゃいでいるの。</u>
 (33) <u>何で暴れているの。</u>ものに八つ当たりしないでちょうだい。

(32)は、〈そんなにまではしゃいでいるのはいったいなぜなのか、私には理解できない〉と表明することにより、〈そのようにはしゃぐ理由・原因はないはずだ、はしゃぐのをやめなさい〉といった〈とがめだて〉の意味を、(33)は暴れる理由に疑念を表し、〈とがめだて〉の意味を実現するものである。
 しかし、「何を」を用いたとがめだて文は、「何で・なぜ」に置き換えた文と全く同じ意味を表すわけではない。(32)(33)は、行為を引き起こす原因・理由を問っているが、(27)(28)は、直接的には理由を問っているのではない。「何をそんなにはしゃいでいるの」は、〈そんなふうにはしゃいでい

---

*7 文(2005)は、次のような文の「何を」を「なぜ」に入れ替えても自然な文になるとし、こうした「何を」は、「副詞的とも思われるヲ格」であり、「「なぜ」と同じ働きをする副詞と考えていいのかもしれない」とも述べている。
 （i）「なにを気弱なことを申される」（国盗り物語）

る行為とは一体「何をする」行為であるのか〉、「何を暴れているの」は〈そんなふうに暴れている行為とは一体「何をする」行為であるのか〉を問うていると思われる。つまり、はしゃいだり暴れたりする行為の意味を問うているのである。

行為の意味は、行為を行う理由や目的を答えることでも明らかにできる。そのため、「なぜ・何で」文で尋ねられた場合と似たような意味を表しているように感じられるのではないだろうか。

このことが妥当ならば、こうした非能格自動詞を述語とする逸脱的な〈何ヲ〉文の「何を」にも、臨時的に想定される他動性述語句「スル」と結び付く〈対象〉としての意味が備わっていることになる。

2.2　消極的意図性自動詞の場合

次の（34）～（37）の述語動詞は、（27）（28）の述語動詞と同じように基本的にはヲ句と結び付かない自動詞だが、（27）（28）のそれと異なり、積極的な意図的行為を表さないものである。この場合、逸脱的な〈何ヲ〉文の自然さは落ちる。

(34)　?何をおいぼれてるの！もっとしっかりしなきゃだめよ。　(0.69)
(35)　?何をありふれてんだよ！　個性を磨くんじゃなかったのか？
　　　　　　　　　　　　　　　　　　　　　　　　　　　　(0.31)
(36)　?何をこごえてるの！　早く暖まりなさい。　(0.5)
(37)　「広一、なにをぼんやりしてるんだ」　（『かぎ』p.65）

この「おいぼれる・ありふれる・こごえる・ぼんやりする」は発話者の意向を表す形式「おいぼれよう・ありふれよう・こごえよう・ぼんやりしよう」が不自然である。ただし、「おいぼれるな・ありふれるな・こごえるな・ぼんやりするな」という行為の禁止を表す形式は自然であるので、積極的意図行為ではないが、主体のコントロール可能な、意図の関わる行為を表す動詞であるとは言える。このような動詞の場合、その許容度が（27）（28）と比べて落ちるのである。

これは、消極的意図性行為を表す自動詞の方が、より「何を」との共起に難があるということを示している。逸脱的な〈何ヲ〉文は「何をするの」構文をベースに類推を行い、臨時他動性述語句を《変容》解釈する。その《変容》解釈が、自動詞文の中でも消極的意図性行為を表す自動詞が述語句である場合にはより困難であるということである。「何をするの」構文における「する」は〈意図性〉を持つ他動詞であり、「何をするの」構文は、その意図的行為の意味を問うものであるのに、「おいぼれる」などの自動詞は消極的意図性行為を表すので《変容》解釈がしにくいということである。

それでも、この種のタイプが「何で・なぜ」ではなく「何を」と共起する場合には、やはり意図行為の対象性と言ってよい意味が生み出されていると思われる。

(38)　？何をおいぼれてるの！
(39)　　何でおいぼれてるの！

(38)は、〈何を考えて、おいぼれるというような行為をしているのか〉という、おいぼれる行為の意図の向かう対象を問うていると感じられるが、(39)は広くおいぼれていることの原因・理由を尋ねており、その原因が動作主の意図と無関係である可能性も含まれる（悲しい出来事があったためなど）[*8]。重要なことは、こうした〈意図性〉のきわめて希薄な自動詞であっても、「何を」が共起することによって、その行為の〈意図性〉が引き出され、その意図の向かう先を表すものとして「何を」が解釈されるということである。共起する述語動詞に〈意図性〉があるために逸脱的な〈何ヲ〉文が

＊8　とがめだての意を持つ文ではないが、「何で」は無生物主語文とも共起し、不満の意を表すが、「何を」は共起しない。
　(ⅰ)　　何で十日間も雨が降り続いているんだ！
　(ⅱ)　＊何を十日間も雨が降り続いているんだ！
「何を」は単に理由や原因を表す副詞的な要素ではなく、とがめだてのような意図的行為を含む（創出できる）文にのみ結び付くものだということである。

成立すると分析するのみでは不十分であり、「何ヲ」文であるために、述語動詞に〈意図性〉行為の意味が創造的に読み込まれて成立するという側面があると考えるべきである。

このように、逸脱的な〈何ヲ〉文は自動詞文でも成立するが、この場合のヲ句は、その自動詞が語彙的に要求する行為の参与者を補充するのではない。この点は、1.1～1.3で見た他動詞による逸脱的な〈何ヲ〉文の「何を」と同じであり、その意味的な重層構造は以下の図4のように示すことができる。

図4　逸脱的な〈何ヲ〉文の意味的重層性

[xヲ　[　動詞句（自動詞①）]]

対象〈何〉②　語用論的動詞句〈スル〉（他動詞②）

これまで述べてきたことを典型的疑問詞疑問文と対比させ、取り上げてきた例文を一部用いてまとめると以下の表1のようになる。

表1　典型的疑問詞疑問文と逸脱的な〈何ヲ〉文

典型的疑問詞疑問文	逸脱的な〈何ヲ〉文
何を読んでるの?/!	何をφ読んでるの！
何をそんなに悲しんでるの?/!	何を本を読んでるの！
どこをほっつき歩いてたんだ?/!	何をφぶってるの！
誰をぶってるの?/!	何をそんなにはしゃいでいるの！
いつまでやるの?/!	何をおいぼれてるの！
何で文句を言ってるの?/!	何を文句を言ってるの！
補充説明を要求することと共に、とがめだての意味を表す	補充説明の要求はなく、とがめだての意味を主として表す
構造：[疑問詞　動詞句]	構造：[疑問詞 [(φ／～ヲ) 動詞句]]

表中?は上昇イントネーション、!は下降イントネーションが多く現れることを表す

2.3　二重ヲ句の許容・語順の固定性

1.4で述べた、逸脱的な〈何ヲ〉文の重層性は、2.2で述べたように自動詞を述語とする逸脱的な〈何ヲ〉文にもあてはまる。この「何を」は、述語句

に顕現する自動詞・他動詞に直接結び付くのではなく、動詞固有の項が結び付いた全体を、新たな「意図的行為を表す他動詞」の意味に《二重化変容》し、その意図的行為の向かう〈対象〉の意味を表すものとして結び付いている。顕在化する述語動詞が自動詞の場合と合わせて次のように図示しよう。(( ) 内は自動詞の場合には現れない。)

図5

$$[\underline{x ヲ}\ \ [\underline{(〜ヲ = 対象①)\ \ 動詞①}]]$$
$$\ \ \ 対象②\ \ \ \ \ \ \ \ \ \ \ \ \ \ \ 動詞句②$$

さて、現代日本語では、第1章8節・第5章5節で見たように「単文異格の原則」から二重ヲ句は厳しく制限されると言われている。つまり1つの単文に同一の深層格を担う名詞句は共起できないとされるのだが、逸脱的な〈何ヲ〉文が二重ヲ句を許容する現象はどのように説明できるだろうか。

本書では逸脱的〈何ヲ〉文に2つのヲ句が現れる場合、共に〈対象〉を表すものとした。これは一見「単文異格の原則」に反するように見える。しかし、ここで言う単文とは単層述語文のことである。本書の分析のように、逸脱的〈何ヲ〉文が重層構造をなし同じ対象を表すヲ句でもその結び付くレベルが異なるとすれば、「単文異格の原則」には抵触しない。このように、見かけ上述語動詞が1つで格が重複するように見える現象の中には、その格の結び付く階層が異なるために許容される場合があるのである。

次の3節で見るように、高見 (2010) は逸脱的〈何ヲ〉文の成否を語用論的に説明するのだが、二重ヲ句の生起が可能な理由については、生起するヲ句の文法機能が異なるためとしている。高見 (2010) は「何を」を〈対象〉を表すヲ句 (目的語) ではなく、理由を表す付加詞と考えているのである。そして、天野 (2008) のように「何を」をも〈対象〉とする立場を以下の例を挙げて批判している。

(40) 何を子供のことを愚痴を言ったりしているの？ (高見 (36))

高見 (2010) によれば、「子供のことを」が「愚痴を言う」という「意図的行為の向かう対象を表して」おり (p.18)、「さらに「何を」も愚痴を言うと

いう意図的行為の意図が向かう対象と考えるのは難しい」(p.18) と述べている。しかし、本書や天野 (2008) の立場では、「子供のことを愚痴を言ったりする」全体がこの文脈上臨時的に意図的行為〈スル〉であると解釈され、それの〈対象〉として「何を」が結び付くとするのであり、「何を」を〈対象〉と考えることに問題は無い。

　この場合、「子供のことを」がどのような資格で述語句「愚痴を言う」と結び付いているのかがむしろ問題であり、高見 (2010) にとっても説明すべき事柄である。本書では、ひとまとまりの「愚痴を言う」は、「言う」行為①の1つのタイプ、下位の「言う」行為②を示すものと考える。

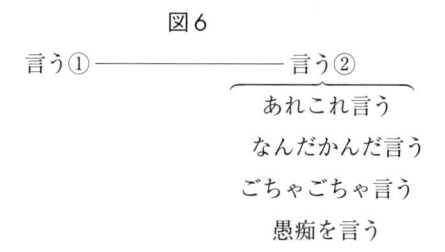

図6
言う①——————言う②
　　　　　　　　あれこれ言う
　　　　　　　　なんだかんだ言う
　　　　　　　　ごちゃごちゃ言う
　　　　　　　　愚痴を言う

そして「子供のことを」は、その下位の「言う」行為②に対する〈対象〉として結び付いていると考えておく。「子供のことを愚痴を言う」全体は、さらに「言う」行為②を下位化して詳しく述べたまとまりとなっている。

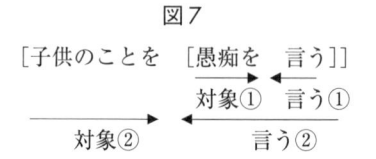

図7
[子供のことを　[愚痴を　言う]]
　　　　　　　　対象①　言う①
　　————————→
　　　対象②　　　　　言う②

「愚痴を」を欠いて「子供のことを言う」だけでは不自然であること、「愚痴を子供のことを言う」という語順では不自然であることが、「子供のことを愚痴を言う」が図7のような重層構造を持つことの証左となろう。

　この場合、「愚痴を」と「子供のことを」の2つのヲ句は意味的な結び付きの階層が異なるとは言え、「愚痴を言う」は「言う」を《変容》解釈して全く異なる別の動詞相当に見なされているわけではなく、「言う」行為の意

味を下位化されている点に特徴がある[*9]。

「何ヲ」は、その下位化された行為〈子供のことを愚痴を言う〉を資源にして、〈スル〉という意味の他動性述語句を《二重化変容》により臨時的に創出し、その臨時的な他動性述語句に対して〈対象〉として結び付くものである。

2つ以上のヲ句が出現する場合に「何を」がより文頭に近い位置を占める語順の偏りも、本書の立場ではうまく説明できる。

　　　(41)　　何を　文句を　言ってるの！
　　　(42)　？文句を　何を　言ってるの！

これも、当該文が重層構造を成していることの表れと考える。「文句を言う」がひとまとまりで新たな他動性述語句となり、それ全体が「何を」と結び付くため、そのまとまりの認知的な形成に支障のない位置に「何を」が現れるのが最も自然なためと思われる。

3. 逸脱的な〈何ヲ〉文の他の研究による説明

本書では、逸脱的な〈何ヲ〉文を、「АガВヲV」型文に所属し、「АガВヲV」型文の中でもВを疑問詞にした「(Аガ)何ヲスル？」構文をベースとした類推過程があり、その述語句を意図的行為を表す他動詞句に臨時に《変容》解釈し成り立つものと考えた。よって、この「何を」も〈対象〉を表す対格ヲ句としたのである。

この逸脱的な〈何ヲ〉文には他の立場から様々に説明がなされている。この節では、他の主だった研究の説明を挙げ、本書の立場から検討を加えてみる。

他の研究は以下のように3分類して取り上げることにする。

[*9]　このようなものこそ、第5章5節の状況ヲ句文の二重ヲ句の許容に対して参照した杉本（1993）の説明、すなわち二重ヲ句の「広狭」の違いという説明が適用できる例であるかもしれない。今後の課題とする。

①述語句に制約があるとし、ヲ句を認可するしくみを統語的に説明する立場。3.1
②述語句に統語的制約が無いとし、語用論的制約で説明する立場。3.2
③〈とがめだて〉の機能に特化された構文とする立場。3.3

3.1　Kurafuji（1996）・影山（2009）──統語的説明──

　Kurafuji（1996）は、逸脱的な〈何ヲ〉文は述語動詞が非能格動詞と他動詞の場合には成り立つが、非対格動詞・受身動詞の場合には成り立たないとする。

（43）　？何をそんなにしょっちゅう電車が遅れて到着するの？
(非対格動詞)
（44）　？何を変な歌ばかりが歌われているの？
(受身述語句)

　Kurafuji（1996）の拠って立つ生成文法では、対格は動詞が持つ対格素性と照合されて適格となると考えられている。Kurafuji（1996）はこの構文の「何を」を付加詞としているが、対格のヲ形式をとっているため、動詞により照合されなければならないとする。そして（43）（44）が適格でないのはこの照合ができないためであるとする。すなわち、Burzio（1986）により、他動詞と非能格動詞のみが目的語に対格を付与できるとされているため、この逸脱的な〈何ヲ〉文も、その述語句が他動詞と非能格動詞の場合には対格が照合されて適格になるが、非対格動詞と受身動詞の場合には、対格素性を持たないために照合されず不適格になるとKurafuji（1996）は説明するのである。このように、Kurafuji（1996）は逸脱的〈何ヲ〉文の成否を、統語論的に説明しようとするものである。
　また、影山（2009）もこの〈何ヲ〉文は、述語動詞が非対格動詞の場合・属性叙述文の場合は不適格とし、この文の成立をBurzio（1986）の一般化から説明できるとする。

（45）　事象叙述文には特別な抽象的述語があり、それが主動詞の対格付

与能力（[＋対格]）と連動して、理由の「なに（を）」を認可している。属性叙述文は、その「特別な抽象的述語」を欠いているために、動詞の種類に関わりなく「なに（を）」が認可されない。

(影山（2009）p.27)

そして、事象叙述文の統語構造と属性叙述文の統語構造を次のように記している。

(46) a．事象叙述文の統語構造
　　　［なに（を）［外項［内項　主動詞］］抽象的出来事述語］
　　　　　　　　　　　　　　　　　　　　　　　　　　　［＋対格］
　　 b．属性叙述文の統語構造
　　　［＊なに（を）［外項［内項　主動詞］］　］
　　　抽象的述語がないために「なに（を）」が認可されない

(影山（2009）p.27)

　影山（2009）も、「何を」を付加詞とし、それが認可されるかどうかは述語が対格付与できる述語かどうかの違いであると考え、統語的に説明しようとしている。しかし、影山（2009）の言う「特別な抽象的述語」とはどのようなものか。事象叙述文ならすべてに「特別な抽象的述語」が認められるのか、逸脱的な〈何ヲ〉文にだけ認められるとしたらそれはどのような理由で、どのような仕組みによって認められるのか、さらに課題として残されているように思われる。

　Kurafuji（1996）・影山（2009）は、逸脱的な〈何ヲ〉文が成立するためには述語句に一定の制約があるとする点で共通している。そしてそれは、動詞の種類によって「何を」が対格として認可可能かどうかが異なるためとし、統語的に説明しようとしている点でも共通している。

　しかし、逸脱的な〈何ヲ〉文の成立は明確に動詞によって成否が決まるわけではなく、統語上に成否を反映させるのは無理である。これまで本書でも、意図性のある他動詞や積極的意図の自動詞は許容度が高いが、例えば「おいぼれる」のような消極的意図の自動詞は許容度が低いといった、動詞の種類

による許容度の違いを指摘してきたが、これは、文脈上意図的動詞に《変容》解釈しやすいかしにくいかで許容度が異なるということであって、どんな動詞であれ、文脈上、意図的動詞に《変容》して意図性を捻出することはできるのである。これは語用論的問題である。「何を」がひきがねとなり、不在箇所に〈他動性〉を推論によって捻出するのである。従って、文脈から切り離された個々の動詞に、逸脱的な〈何ヲ〉文を成立させられるものかどうかを、あらかじめ記述しておくことはできないと思われる。

　また、両者とも、「何を」を理由を表す付加詞であると位置づけているが、そもそもなぜ「何を」という形式によって、このような意味を表す構文が成立したのかということに関しては説明がないと言わざるを得ない。本書は、まさに「何を」形式を持つ文であることがひきがねとなり、「AガBヲV」型文に所属するものと認識し、許容度が高くても低くても、臨時的に他動性述語句の意味を捻出すると考える。

3.2　高見（2010）——語用論的説明——

　逸脱的な〈何ヲ〉文の成立を、統語的な条件ではなく、語用論的な条件により説明すべきとする立場に高見（2010）がある。高見（2010）は、Kurafuji (1996) や影山（2009）が成り立たないとする非対格動詞・受身形動詞・否定文でも、次のように成り立つとしている。

(47)　大した砂利道でもないのに、何をつまずいているの？
　　　　　　　　　　　　　　　　　　　　　　　　（高見（2010）(10b)）
(48)　何をおだてられて／乗せられてんの？　　　（高見（2010）11a）
(49)　試験勉強をもう十分やったのに、何をそんなに落ち着かないの？
　　　　　　　　　　　　　　　　　　　　　　　　（高見（2010）(14a)）

このような例から、高見（2010）は次のような適格性条件を述べる。

(50)　「何を文句を言ってるの」構文に課される意味的・機能的制約：
　　　「何を文句を言ってるの」構文は、話し手が、その文の主語がX

をすべきでない、Xでないはずだと考えていたのに対し、Xである（一時点での）状況に接して驚いたり不審に思って、（聞き手に）「どうしてXなのか」と反語的に言い、疑念や叱責、苛立ち等の意味を表す場合に適格となる。　　　　　　（高見（2010）p.14）

　高見（2010）によれば、非能格動詞・他動詞でもすべて適格となるわけではなく、言わば〈それが表す意図的行為をその主語がすべきではないと話し手が思っているのに、その主語がその行為をした〉という条件、〈そのことに、話し手が疑念・叱責・苛立ちを覚えている〉という条件がなければ適格にならない。

　それが語用論的な条件だということは本書の筆者も賛同する。ただし、高見（2010）の述べる適格性条件は、当該の文が行為に対する〈とがめだて〉という語用論的な意味を発動させるために必要な一般的な条件であると思われる。

　本書の筆者には、例えば否定文の例（49）はやはりかなり不自然に感じられる。そのように高見（2010）（50）の適格性条件に適っていても許容度の差があることについては、高見（2010）の一般的な適格性条件の他に、もう1つの語用論的条件を用いて説明を加える必要があると考える。それが、本書で述べてきたこと、すなわち、逸脱的〈何ヲ〉文を他動構文としてみなしやすいかどうかで許容度が変わってくるという語用論的な説明である。みなしやすければ許容度が高くなり、みなしにくければ許容度が低くなるという、度合いの違いとして逸脱的な〈何ヲ〉文の成否を説明する立場である。

　高見（2010）は、この構文の「何を」は、相手（主語）の行為に対して「話し手がその理由を尋ねたり、非難をしていることを表す要素」（p.4）であるとし、「目的語ではなく、「なぜ、どうして、何で」という意味を持つ付加詞的要素として機能している」（p.17）とする。そのようにした場合に、では、「何で」とどこが異なるのか、なぜそれが「何を」の形式であるのかということについての説明は高見（2010）においても無い。この問題点はKurafuji（1996）や影山（2009）と共通することである。この点に関しては3.4で再度整理することとする。

3.3 Konno（2004）モダリティ・命題階層

　Konno（2004）は、逸脱的な〈何ヲ〉文のうち、その述語句が他動詞からなり、二重ヲ句が出現するものについて取り上げて「*Nani-o* X-o Construction」と呼び、豊富な実例を挙げながらその文法・意味を考察している。Konno（2004）は、「何ヲ＋他動詞」文が8つの文法的特性を持ち、意味的にも〈とがめだて〉の意味のみに特化しているとした上で、この「何ヲ＋他動詞」文全体で〈とがめだて〉の意味を表す慣習的な構文になっているとする。

　「何ヲ＋自動詞」文や「なぜ」の文は、「何ヲ＋他動詞」文のような文法的特異性を持たず、また、意味的にも〈とがめだて〉だけではなく〈問いかけ〉も表すという違いがあり、「何ヲ＋他動詞」文だけを特別の構文として認定するものである。

　Konno（2004）が示す「*Nani-o* X-o Construction」の機能と、その構造は以下のようなものである。

(51)　Konno（2004）の「*Nani-o* X-o Construction」の機能（p.13）
　　　The *Nani-o* X-o Construction is conventionally and exclusively used to accuse someone（typically、the hearer）of doing something right in front of the speaker's very eyes.
(52)　Konno（2004）の「*Nani-o* X-o Construction」の構造（pp.18-19）
　　　Syntax：[$_S$ *nani-o* X-o]
　　　Semantics：[$_{\text{MODALITY}}$ *nani-o* [$_{\text{PROPOSITION}}$ X-*o*]]

　Konno（2004）の重要な主張点は、「*Nani-o* X-o Construction」の統語的な逸脱的特徴が、この文の意味が〈とがめだて〉という発話行為の意味のみに固定化していることと連動しており、もはやこの文はこの形で固定化された、慣習的構文であるとすること、「何を」の意味・機能を対格要素に還元しないことにある。Konno（2004）は中右（1994）の意味的な階層モデルを用いて、〈モダリティ―命題〉階層構造を設定し、もはやこの「何を」は話し手の態度を表すモダリティの表現であるとするのである。

しかし、筆者には、「何ヲ＋他動詞」文が果たしてKonno（2004）の分析のように〈とがめだて〉の機能だけに特化していると言えるのかは微妙であるように思われる。例えばKonno（2004）では「～とたずねる」の「～」部に「何ヲ＋自動詞」文は入るが「何ヲ＋他動詞」文は入らないとされるが、そうではない例もあるのではないだろうか。筆者には「何ヲ＋他動詞」文の例（53）も「何ヲ＋自動詞」文の例（54）と同じくらい自然に感じられる。

（53）　一体君は何をばかげたことばかりを言っているのと尋ねた。
　　　　　　　　　　　　　　　　　　　　　　　（「何ヲ＋他動詞」文の例）
（54）　一体君は何を騒いでいるのと尋ねた。　　（「何ヲ＋自動詞」文の例）

　また、例えばKonno（2004）では「～のかわからない」の「～」部には（55）と（56）が示すように「何ヲ＋自動詞」文は入るが「何ヲ＋他動詞」文は入らないとされるが、その文末をテイル形にした（57）は許容されると思えるし、逆に（56）の「何ヲ＋自動詞」文の文末をテイル形からル形にした（58）は許容度が落ちるように思われる。つまり、「何ヲ＋他動詞」文も「何ヲ＋自動詞」文と同程度の自然さで主節だけでなく従属節の位置にも現れるのではないか、「何ヲ＋他動詞」文の「何ヲ」だけがモダリティ構成要素となっているとは言えないのではないか、ということである。

（55）　？私は君が何ヲばかげたことを言うのかわからない。
　　　　　　　　　　　　　　　　　　　　　　　　（Konno（2004）（14b））
（56）　　私は君が何ヲ騒いでいるのかわからない。　（Konno（2004）15b）
（57）　　私は君が何ヲそんなにばかげたことばかりを言っているのかわからない。
（58）　？私は君が何ヲ騒ぐのかわからない。

　逸脱的な〈何ヲ〉文は、その述語句が自動詞であれ他動詞であれ、この「何を」と文字通りの意味で関係するものがないという共通点で括られ、また、そのどちらも〈とがめだて〉の意味を表すことが主的機能だが、〈問い

かけ〉の意味が全く無いとは言い切れない様相を呈していると本書の筆者は見る。従って、「何ヲ＋自動詞」文・「何ヲ＋他動詞」文ともに「ＡガＢヲＶ」型文をベースに新たな他動性述語句を《二重化変容》し、それと「何を」が結び付く、対格要素に還元した説明が妥当であると考えるのである。この本書の考え方では、一見逸脱しているように見える二重ヲ句現象だが、語用論的類推の過程を経て他動性述語句が想定されることにより、その逸脱性が解消されるとすることになる。

　Konno (2004) は、「*Nani-o X-o* Construction」の許容度が個人間でばらつくことを、〈統語的な逸脱性〉と〈意味的な準則性〉の二側面を持つことから説明しようとする。〈統語的な逸脱性〉を優先して認識する受容者にとっては許容度の低い文となり、〈意味的な準則性〉を優先して認識する受容者にとっては許容度の高い文となるということである。この点について本書の立場では、語用論的類推の過程の存在に違和感を覚える程度が受容者間で異なるためと説明することになる。

　さらに、本書の立場では、逸脱的な〈何ヲ〉文が述語動詞により許容度を異にする現象について、それは、類推の成功しやすい動詞であるかどうかに左右されると説明できるが、もはや一枚岩の構文に固定され〈とがめだて〉を表すとする場合には、この許容度の異なりを説明できないのではないだろうか。

　そして、Konno (2004) のように「何を」をモダリティの表現であるとする立場でも、Kurafuji (1996) や影山 (2009)、高見 (2010) と同様、この〈とがめだて〉を表す文がなぜヲという形式をとって実現されるのかということの説明はなされないのである。

3.4　なぜヲであるのか

　以上のように本書とは異なる立場の説明として Kurafuji (1996)・影山 (2009)、高見 (2010)、Konno (2004) を見てきたが、それらの研究に共通するのは、問題の逸脱的な〈何ヲ〉文の「何を」を、対格ヲ句とは見ないということである。Kurafuji (1996)・影山 (2009)、高見 (2010) は理由を表す付加詞とし、Konno (2004) は一枚岩の構文のモダリティを表す要素として扱う。

192

いずれも、対格ヲ句としての機能が元にあったとしても（そのような説明があるわけではないが、そうだとして）、異なる機能に派生した後のものとして認定し、対格ヲ句との共通性や連続性は不問に付す立場である。

これに対し本書の立場は、「何を」という「ヲ」の形であることに意味を認め、そこから2.1、2.2で述べたような「なぜ」「何で」の形にはない逸脱的な〈何ヲ〉文特有の意味を説明しようとする立場である。

逸脱的な〈何ヲ〉文は、そのヲに対格としての機能が引き継がれており、「何を」が手がかりとなって「AガBヲV」型文として認識され、文脈上の臨時的な他動性述語句が《二重化変容》の末に想定されて成り立つと本書では説明してきた。この成立に関わるしくみは、この逸脱的な〈何ヲ〉文だけに適用されるものではない。第1章で見た接続助詞的なヲの文、第5章で見た状況ヲ句文にも共通する、日本語の拡張他動詞文を作るしくみである。本書の主張は、逸脱的〈何ヲ〉文を成り立たせるしくみが、より一般性のあるしくみであることを提起するのものである。

4. おわりに

逸脱的な〈何ヲ〉文の意味理解の上で行われているのは、臨時的な他動詞句の創出である。「何を本など読んでるの」の下線部は、「本を読む」と言語化される行為が例となるような、例えば〈ぐずぐずと行動すること〉という意図的行為に解釈され、「何をおいぼれてるの」は、「おいぼれる」と言語化される行為が例となるような、例えば〈無気力に過ごしていること〉という、主体に責任の帰される行為に解釈される。そしてそのような意図的行為とは結局「何をすることなのか」と〈問いかける〉ことにより、行為者への〈とがめだて〉の意味を表していると考えられるのである。

天野（2002）は、日本語のいくつかの周辺的文、すなわちある中核的な構文類型のパターンからは逸脱する要素を持つ文が、その構文類型をベースとした類推のプロセスを経て成り立つこと、つまり、その類型的意味の写像により逸脱要素に関して創造的解釈が行われて成り立つことを述べているが、逸脱的〈何ヲ〉文もその一例として位置づけられる。逸脱的〈何ヲ〉文は、「AガBヲV」型文という典型的他動構文と同じ形式を持ち、典型的他動構

文をベースに、当該文にベースの持つ類型的意味、この場合には意図的行為〈スル〉という他動的意味を写像して成立する、拡張他動詞文である*10。従って、この「何を」には典型的他動詞文のヲ句に共通する〈対象性〉がある。この「何を」が結び付くのは、述語動詞の語彙的意味の要求に対してではなく、その上層の新たな（創造的に読み込まれた）他動詞句に対してである。その重層構造のために、二重ヲ句の生起も可能となるのである。

逸脱的な〈何ヲ〉文は、もともと典型的な疑問詞疑問文が暗意として表す、付随的な〈とがめだて〉の意味を、必須な意味として表す。ヲの前項に名詞の多様性を許さず「何を」形のみに固定されたきわめて限定的な用法ではあるが、こうした用法を生み出したしくみは、ある中核的な構文類型をベースにその類型的意味を写像して創造的に新たな表現を作り出すという、様々な言語現象の生成・理解に見られる、一般性のあるしくみである。

---

*10　逸脱的な〈何ヲ〉文の類推はどのような場合でも可能なわけではない。逸脱的な〈何ヲ〉文は「AガBヲV」文をベースとし、そのガ句が行為主体でありその述語句が意図的行為の意味に《変容》できるものでなければ拡張他動詞文として成立し難い。
　　（ｉ）　??何を耳鳴りがしているの！（0.09）
　　（ⅱ）　??何を車のエンジン音が聞こえているんだよ！（0.12）
（ｉ）（ⅱ）は「耳鳴りがするな・エンジン音が聞こえるな」とも言えず、消極的意図性すら無いために新たな他動性の解釈ができないとも考えられるが、同じように意味的には行為主体のコントロールがきかず「～するな」形が不自然な動詞であっても、(ⅲ)のように逸脱的な〈何ヲ〉文として許容できるものもある。
　　（ⅲ）　?何を気絶してるの！（0.68）
（ⅲ）はとがめだてを受ける行為主体がガ句で表される文であるのに対し、（ｉ）（ⅱ）は、ニ句で表されるということが、この違いをもたらすものと考えられる。逸脱的な〈何ヲ〉文は、「AガBヲV」文を構成し、ガ句の起こす意図的行為としてその動詞句を《変容》解釈し、その対象としてヲ句「何を」を解釈しようとするものだからである。

第7章

逸脱的な〈何ガ〉文
──「何が彼女がお姫様ですか」──

要旨

　この章では、逸脱的特徴を持つ〈何ガ〉疑問詞疑問文の2つのタイプを考察する。

　1つめのタイプは、ガ格ではない格成分が不足しており、それが補充要求の対象であると予測されるが、その予測に反して「何が」で補充要求する〈疑問〉のタイプである。

　2つめのタイプは、そもそも、どのような格成分を補充要求しているのかが不明確で、答えを要求する疑問としての機能よりも、相手の発話をとがめだてている意味合いが強く感じられる〈疑問+とがめだて〉のタイプである。

　このいずれのタイプも、二重ガ格になる場合もあり、この「何が」を統語的にどのように位置づけるべきかが問題となる。

　この章では、「何が」を付加詞と位置づける先行研究を批判し、一見逸脱しているように見える2つの〈何ガ〉疑問詞疑問文は、AガBダ型の名詞述語文のAを疑問詞「何」にした「何ガBダ」構文をベースとし、この構文のスキーマをあてはめて生成・解釈される、創造的な拡張疑問詞疑問文であることを明らかにする。従って、当該の「何が」のガは主格であると主張することになる。

0. はじめに

　この章では「何が彼女がお姫様ですか」のような、逸脱的な〈何ガ〉文を考察対象とし、その意味・文法構造がどのようなものであるかを考察する。考察対象となる逸脱的な〈何ガ〉文の具体例を以下に示す。

（1）「だけどみんな言ってますよね」
　　　と、あたりの様子を窺うようにして、坪田がひくい声で言った。
　　　「**なにが**…？」
　　　と高木が言った。
　　　「今度の常務はものすごく管理好きなんだそうですよ。もともとは経理畑の人でしょ、だからお金にもかなりこまかいし、会社から外に出て行くのもあまり好きじゃあないんだそうで…」
　　　　　　　　　　　　　　　　　　　　　　　　　　　（「新橋」p.190）
（2）「そうだな。それが独立するってことだものね」
　　　「**何が**独立よ。お金を親から持って行っていながら、独立も何もないでしょ」　　　　　　　　　　　　　　　　　　　　（「太郎」p.720）

　例えば（1）では、疑問詞文「なにが…？」に先行する「みんな言ってますよね」からは〈みんなが何を言っているのか、何と言っているのか〉がわからないので、疑問詞により補充要求されるべき要素としては「～を」「～と／て」だろうと予測され、「何を」「何と／何て」の使用された疑問文が続くことが予測されるにもかかわらず、実際に出現しているのは「なにが」である。この場合、「なにが（みんな（が）言ってる）？」という二重ガ格となり、逸脱的特徴を持つことになる。
　（2）も同様に、先行の「それが独立するってことだものね」から考えればガ格が「それが」で埋められているので、これに続く疑問文で疑問詞によって補充要求される要素としてはガ格以外が予測されるのにもかかわらず、実際には「何が」が出現している。
　なお、（1）は「なにが」という補充要求に対してさらに後続で応答がなされており疑問の機能が働いていることは明らかであるのに対し、（2）は、

疑問というよりとがめだての意味が強く感じられるものである。

　この章では、一見逸脱しているように見える「何が」を用いた疑問詞疑問文には、（1）のようなタイプと（2）のようなタイプの2種類があることをまず明らかにし、そのいずれも、名詞述語文「AガBダ」のAを疑問詞「何」にした通常の疑問詞疑問文「何ガBダ」をベースとした、創造的な拡張疑問詞疑問文であることを述べる。

　拡張タイプを通常の何ガBダ型の名詞述語疑問詞疑問文と同カテゴリーに位置づけるということは、逸脱的な〈何ガ〉文の「が」を主格であると主張するということである。

1. 先行研究

　逸脱的な〈何ガ〉文について早い時期に言及したものとして安達（2001）がある。安達（2001）は主として、「何が」ではなく、「何を」を用いた逸脱的な疑問詞疑問文を記述するものだが、付随的に「一種の伝聞（あるいは引用）的な文に出てくる「何が」との関係も気になる」(p.132)と述べ、次の例文を挙げている。

　　（3）　**なにが**躰を休めろだ、それも言葉になって口からは出なかった。
　　　　　　　　　　　　　　　（安達（2001）北方健三「逃れの街」・下線天野）

　安達（2001）は逸脱的な〈何ガ〉文を興味深い現象として指摘したに過ぎないが、逸脱的な〈何ヲ〉疑問詞疑問文と何らかの関係があるだろうこと、「一種の伝聞（あるいは引用）的な文に出てくる」という特徴のあることを指摘している点は重要である。

　逸脱的な〈何ガ〉文を中心的テーマとして取り上げているのは山寺（2010）である。山寺（2010）は、高見（2010）が逸脱的な〈何ヲ〉文の「何を」を付加詞とすることを受け継ぎ、逸脱的な〈何ガ〉文の「何が」もまた付加詞であるとしている。

　また、山寺（2010）は逸脱的な〈何ガ〉文と逸脱的な〈何ヲ〉文とが適格になる文脈の違いを次のように述べる。

(4) 逸脱的な疑問詞疑問文が適格になる文脈
　　逸脱的な〈何ガ〉文…聞き手の「発言」に反する状況に話し手が遭遇した場合
　　逸脱的な〈何ヲ〉文…話し手の意向に反する「行動」を主語が行っている場合

　しかし、この違いが何に由来するかは述べられていない。
　他方、天野（2008）や本書第6章では、逸脱的な〈何ヲ〉文は述語句を臨時的に他動的述部と解釈して成り立つのであり、この「何を」は臨時的に創造される他動詞相当句の対象をあらわすヲ句であるとしている。

(5)　　　　何を　文句を　　言ってるの
　　　　　　　　 ←――― ←―――
　　　　　　　　 対象ヲ句①　他動詞句①
　　　　 ←――――――――
　　　　 対象ヲ句②　他動詞句②

　この章では、天野（2008）や本書の考え方に基づき、まず、逸脱的な〈何ガ〉文にはこれまでの先行研究が取り上げてこなかったタイプのものもあること、このタイプも含め、逸脱的な〈何ガ〉文の「何が」には格助詞としてのガの意味・機能が保持されていることを明らかにし、逸脱的な〈何ガ〉文と逸脱的な〈何ヲ〉文の違いも、格助詞のガ・ヲの違いに由来すると考えられることを述べる。

2. 〈何ガ〉疑問詞疑問文
2.1　通常の〈何ガ〉疑問詞疑問文

　当該の逸脱的な〈何ガ〉文の位置づけを行うために、広く〈何ガ〉疑問詞疑問文を観察してみたい。まず、通常の〈何ガ〉疑問詞疑問文とは、文を構成するガ格要素の補充要求を行うもので、①〈疑問〉タイプと②〈疑問＋とがめだて〉タイプの2種類がある。まず、①〈疑問〉タイプとは次の（6）のようなものである。

（６）　いったいこの男は**何が**言いたいのか。　　　　　　　（「一瞬」p.634）

　（６）は〈言いたいことは何なのか〉という意味を表し、疑問の機能が明らかなものである。これに対し、次の（７）は〈おかしいのは何なのか〉という意味とともに、おかしいのが何かを相手に問うことにより、おかしいものは何もないことに気づかせ、笑っている相手をとがめだてる意味も表していると解釈される。

　（７）　見るといたずら坊主の金子市郎がニヤニヤしていた。
　　　　「金子、**なにが**おかしいンだ？」　　　　　　　　　　（「ブン」p.62）

　このようなものが②〈疑問＋とがめだて〉タイプである。天野（2008）や本書第6章では、一般に疑問詞疑問文は「何が」に限らず、①〈疑問〉だけを表す場合の他、②〈疑問〉を表すことにより文脈によって〈とがめだて〉の意味をも含意する場合があるとしている。（例：「いつまでここにいるの？」／「誰に話してるんだ？」など。）通常の〈何ガ〉疑問詞疑問文にもこの２つの場合があるということである。以下に実例を加えて挙げておく。

　（８）　「眠るどころじゃなくって…」
　　　　「**何が**あったの？」
　　　　「いいの。大したことじゃないの。」　　　　　　　　（「女社長」p.297）
　（９）　「いろんなものがころがっています」
　　　　「**なにが**？」
　　　　「たとえばたくさんの女のひとの骨やなんかが…」
　　　　　　　　　　　　　　　　　　　　　　　　　　　　（「聖少女」p.22）
　（10）　尾島は慌てて駆け寄ると、「困りますよ」と低い声でいった。
　　　　「何だ？**何が**困る？」
　　　　「大畑さん…」　　　　　　　　　　　　　　　　　　（「女社長」p.61）

　上の、通常の〈何ガ〉疑問詞疑問文（８）～（10）のうち、（８）（９）は

①〈疑問〉だけを表すタイプであり、(10) は〈困るものは何か〉という要素の補充要求とともに、そのように問うことによって〈とがめだて〉の意味も含意する②のタイプの例である。

2.2 逸脱的特徴を持つ〈何ガ〉疑問詞疑問文のタイプ
2.2.1 拡張〈何ガ〉疑問詞疑問文①——発話意図の補充要求

次に、本書の考察対象である逸脱的な〈何ガ〉文について見ていきたい。2.1で見た通常の〈何ガ〉疑問詞疑問文は、文のガ格要素の補充を要求する疑問文であったが、「はじめに」で述べたように、(1) 補足の必要な文の要素がガ格ではないにもかかわらず、「何が」で要求しているという逸脱点を持ち、そのため (2) 二重ガ格になるという逸脱点を持つこともある、逸脱的な〈何ガ〉文がある。そのうち、〈何ガ〉文の後で応答がなされるなどし、疑問の意味の明らかな一群のものをまず挙げる。

(11) 「だけどみんな言ってますよね」
　　と、あたりの様子を窺うようにして、坪田がひくい声で言った。
　　「なにが…？」
　　と高木が言った。
　　「今度の常務はものすごく管理好きなんだそうですよ。もともとは経理畑の人でしょ、だからお金にもかなりこまかいし、会社から外に出て行くのもあまり好きじゃあないんだそうで…」
　　　　　　　　　　　　　　　　　　　　　　　　（「新橋」p.190）

(12) 「どうしたの、おにいさま」
　　ふしぎそうに待子が信夫を見た。
　　「うむ、何が？」
　　「だって、さっきから、そのお豆腐をつついてばかりいるじゃありませんか」
　　　　　　　　　　　　　　　　　　　　　　　　（「塩狩峠」p.272）

(13) 「ごめんよね。母さん」
　　太郎はある日縁側にねそべりながら母の信子に言った。
　　「なにが」

　　　　　「家にテレビがなくなっちゃってさ」　　　　　　　（「太郎」p.162）
(14)　畜生！やはりスキーをやめて「資本論」にすべきか。しかし…一体**何が**「しかし」なのだ！そこんとこを明確にせんとあかんよオ、―きみイ　　　　　　　　　　　　　　　　（「二十歳」p.249）

　(11)は再掲だが、「何を」「何と／て」が期待されるにもかかわらず、「何が」が出現している例である。また、(12)は「おにいさまは（が）どうしたの」と解釈され、ガ格句の解釈は満たされているにもかかわらず「何が」が出現している例である。(13)「ごめんよね」(14)「しかし」はガ格とは結び付かないものなのに、「何が」が出現している例である。
　また、次の例は音声言語資料の実例だが、これも、直前の発話の文の要素としてのガ格を補充要求するものとは考えられない。

(15)　T：IQテストってやったけど<u>あれ絶対教えてくんないよねー</u>
　　　O：**なにが**ですか
　　　T：結果教えてくんないんだよね
　　　O：だから自分がどうなのかってわかんないんですよね
　　　T：わかんないんだよ
　（番組名『笑っていいとも』放送日2005年5月16日　O：岡本健一　T：タモリ）

　直前の発話文「あれ（が）絶対φ(<u>を</u>)教えてくんない」に欠けている要素は下線部のヲ格であるのに、後続では「何が」とガ格で尋ねているのである。
　このタイプの〈何ガ〉文は、例が示すように、すべて相手の発話（または心内の対話）に対して行われている。そして、先行する相手の発話は、相手自身の考え・判断・評価・感情・感覚の表明である。〈何ガ〉文は「そのように発話すること」の背景・原因・契機や、「そのように発話すること」の意味・意図を問うていると解釈される。何が、「ごめんよね」なのか、「ごめんよね」と言わせるのは何がかを問うているのである。
　つまり、文を形成する要素の補充を求めているのではなく、発話を構成す

る文（の一部）そのものを1つの要素とし、「そのように発話すること」の意味は何なのかをメタ言語的に問うているということである。これを、逸脱的タイプの①、〈発話意図補充要求〉タイプと呼んでおく。

次の例は通常タイプの〈何ガ〉文と、この、逸脱的な〈発話意図補充要求〉の〈何ガ〉文の2つのタイプが出てくる対話である。

(16) 「梅乃家って何屋だ？トンカツ屋かな」
　　　「大西さんに訊いたら、季節料理だって」
　　　「変なうちでやるなあ」
　　　太郎はそれにも違和感を覚えた。東京ではそういう所ではやらない。中国料理がごく普通である。朝鮮焼肉という場合もある。
　　　「**何が**出るんだ？」　　　　　　　　　…通常タイプ
　　　太郎は、大西にある日尋ねた。
　　　「出るって**何が**？」　　　　　　　　　…逸脱タイプ①
　　　「梅乃家さ」
　　　「ごく普通のものだろ。刺身、酢の物、それにカシワの料理がでる」
　　　　　　　　　　　　　　　　　　　　　（「太郎」p.868）

(16)の通常タイプの「何が」は、「～が出る」という文を形成する「～が」の補充を要求しているが、逸脱タイプの①の「何が」は「出る」という発話そのものの意図は何なのかを問うている。

この、〈発話意図補充要求〉のタイプの逸脱的な〈何ガ〉文は、「ＡガＢダ」文のＡを疑問詞「何」にした疑問詞疑問文「何ガＢダ」のＢに、相手の発話の一部を、臨時的に名詞化してはめ込んでいると考えられる。引用が臨時的に名詞や動詞相当に機能することの指摘は、つとに藤田（2000）（2001）でなされている。

(17) その時、ヒゲの男が「ちょっと待て」。　　（藤田（2000）（16-a））
(18) 「ちょっと待て」に私は驚いた。　　　　（藤田（2000）（17-a））

（17）は引用が動詞として、（18）は引用が名詞として機能している。藤田（2000）は引用されたことばは「文中にとり込まれ、一定の分布・一定の位置をとらされることで、相対的に品詞的役割を付与される」(p.58)としている。本書の逸脱的な〈何ガ〉文においても、「だ」の前に置かれるのは発話の引用であり見かけ上は名詞ではない場合があるが、これを名詞化していると考えられる。

（19）　何が　　　B　　　だ
　　　　何が　ごめんよね　だ

ただし、名詞化してBにはめ込まれた要素は、このタイプ①においては言語化されないことが多い。

2.2.2　拡張〈何ガ〉疑問詞疑問文②―発話意図の補充要求＋とがめだて

前節でみた逸脱的な〈何ガ〉文は、「疑問」の意味が明らかなものであった。逸脱的な〈何ガ〉文には、「疑問」の意味よりも「とがめだて」の含意が際だっているものがある。

（20）「そんな無茶な」
　　　「なにが無茶ですか。」
（21）「嬢ちゃん、ばあ。そら、ばあばあばあ」
　　　「嬢ちゃん、じゃありません。おひいさまです」
　　　　　　　　…中略…
　　　へ、なにがおひいさまでございますかよ、と桃子は心のなかで唇を噛んだ。
　　　　　　　　　　　　　　　　　　　　　　　　（「楡家」p.603）
（22）「そうだな。それが独立するってことだものね」
　　　「何が独立よ。お金を親から持って行っていながら、独立も何もないでしょ」
　　　　　　　　　　　　　　　　　　　　　　　　（「太郎」p.720）
（23）「まあ、そんな、…もったいない…」
　　　「何がもったいないんです。ぼくのほうこそ、あなたのような美

しい心の人と、こうしていられるなんて、どんなにもったいないかわかりゃしない」
(「塩狩峠」p.549)

(24)　「ありがとう…でも…」
　　　「何がでもなんです。」
(「塩狩峠」p.551)

(25)　「いま裏で洗濯してるよ。このところ忙しくてね。ずっと夜中にやってたから…」
　　　「よその店ならかき入れどきの夜の九時にサ、店のママが裏で洗濯しててなにがこのところ忙しくて…だよ。ねえシーナ君」
(「新橋」p.190)

(26)　「こういうことはな、ちゃんとマネージャーを通すもんなんだよ。マネージャーを通しなよ、マネージャーを」
　　　「通しましたよ」
　　　激励賞については、すでにエディと相談済みだった。
　　　「通した？馬鹿野郎、俺に通さないで、何が通しただよ」
(「一瞬」p.634)

(27)　なにが躰を休めろだ、それも言葉になって口からは出なかった。
(安達（2001）北方健三「逃れの街」・下線天野)

　これらは、疑問の形を用いて相手の発話の背景・理由・意図は何なのか、私には理解できないということを表明し、そのように言うべき理由はないことを相手に気づかせ、そのような発話をするべきではないという、発話行為に対するとがめだての意味を含意するものと思われる。これを、前述のタイプと分けて、逸脱的なタイプの②〈発話意図補充要求＋とがめだて〉タイプと呼んでおく。
　(20)～(27)のように、このタイプもまた、「だ」の前置要素が「このところ忙しくて」「通した」のように相手の発話の一部の引用であり、見かけ上明らかに名詞ではない場合も、その発話の一部を名詞化して「だ」に前置していると考えられる。
　ただし、名詞化してBにはめ込まれた要素は、このタイプにおいては言語化されることが多い。この点は、逸脱的なタイプの①〈発話意図補充要求〉

タイプが、「何が」だけで引用を反復しないことと対照的である。聞こえている発話の要素をあえて反復して問い返すことは、その要素の修正を求めることとなるという一般的な方策が、〈発話意図補充要求＋とがめだて〉タイプにおいて用いられているということだと考えられる。

3. 構文の鋳型のあてはめ—主格としての「何が」

逸脱的な〈何ガ〉文は、①のタイプも②のタイプも名詞述語文「ＡガＢダ」のＡを疑問詞にした「何ガＢダ」構文に属する文であると捉えられ、その〈構文〉の持つ意味をあてはめることによって解釈されるものと考えられる。それを図示したのが（28）（29）である。

(28) 逸脱的な〈何ガ〉文①〈発話意図補充要求〉タイプ

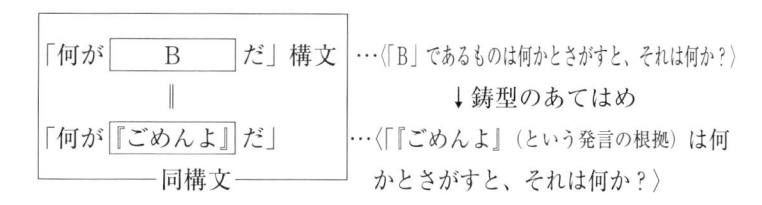

「何が　Ｂ　だ」構文	…〈「Ｂ」であるものは何かとさがすと、それは何か？〉
‖	↓鋳型のあてはめ
「何が『ごめんよ』だ」	…〈「『ごめんよ』（という発言の根拠）は何かとさがすと、それは何か？〉
──同構文──	

(29) 逸脱的な〈何ガ〉文②〈発話意図補充要求＋とがめだて〉タイプ

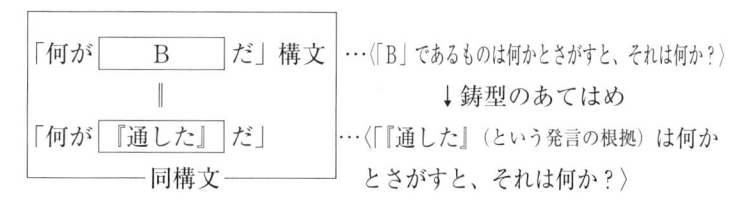

「何が　Ｂ　だ」構文	…〈「Ｂ」であるものは何かとさがすと、それは何か？〉
‖	↓鋳型のあてはめ
「何が『通した』だ」	…〈「『通した』（という発言の根拠）は何かとさがすと、それは何か？〉
──同構文──	

タイプ②は「このところ忙しくて」「通した」といった様々な種類の表現を相手の発話の中から切り取って、その切り取った一部を臨時的に言わばひと固まりの名詞のように扱い、「何ガＢダ」構文の「Ｂ」にはめ込んでいることが明示的である。そのために二重ガ格も出現するものと考えられる。

(30) 何が 彼女がお姫様 ですか。

　何ガBダ文のBにさらに「AガBダ」がはめ込まれ重層的構造になっているため、2つの「が」の結び付き先は異なる述部となり、二重ガ格が可能なのだと考えられる。

(31) ［何が　［彼女が　お姫様］ですか］
　　　　　　　Aが①　B①
　　　Aが②　　　B②

　このように、逸脱的な〈何ガ〉文は、名詞述語文の「AガBダ」のAを疑問詞にした疑問文をベースとしてそのスキーマ的意味を当てはめることにより成立する、拡張名詞述語疑問詞疑問文だと考える。第1章で述べた類推の過程がこの種の文にも存在し、文脈による《二重化変容》が行われているということである。

4. 逸脱的な〈何ヲ〉疑問詞疑問文との相違点

　次の例文は逸脱的な〈何ガ〉文に似た、逸脱的な〈何ヲ〉疑問詞疑問文である。

(32) **何を**本を読んでるの

　これらと、逸脱的な〈何ガ〉文との相違点はどのようなところにあるのだろうか。まずは、山寺(2010)も述べるように、①逸脱的な〈何ヲ〉文の場合、とがめているのは相手の行為であり、逸脱的な〈何ガ〉文の場合には相手のことばであるという違いがある。しかし、その違いは何に由来するのだろうか。山寺(2010)は逸脱的疑問詞疑問文の「何が」も「何を」も付加詞として括るため、その違いを助詞の違いに求めることはしない。しかし、本書の立場で言えば、これは明らかに助詞の違いによるものである。
　逸脱的な〈何ガ〉文の場合には「AガBダ」構文をベースとするが、Bに

はめ込むものが引用であるため、単位・形に制約が無く、様々なものが名詞化されて自然な文を作るが、逸脱的な〈何ヲ〉文の場合には後続の要素によって自然度が異なる。第 6 章でも述べたように、天野（2008）は自然度調査の結果、次の逸脱的な〈何ヲ〉文の自然度が異なることを示している。（例文末点数は 2 点に近いほど自然であることを示す。）

(33) **何を**そんなにはしゃいでいるの。1.90点
(34) **何を**暴れているの。ものに八つ当たりしないでちょうだい。1.51点
(35) **何を**おいぼれてるの！もっとしっかりしなきゃだめよ。0.69点
(36) **何を**ありふれてんだよ！個性を磨くんじゃなかったのか？0.31点

　天野（2008）は、逸脱的な〈何ヲ〉文の「何を」は、意図的な行為の意味を持つ述語の場合に共起しやすいとしている。これは、この「何を」が、典型的な「〜を」と同じ意味、つまり、意図的な行為を表す他動詞と結び付くのと同じ意味を持っていることを示すのであり、逸脱的な〈何ヲ〉文は、「ＡガＢヲＶ」構文をベースとした拡張他動詞文だとするのである。
　逸脱的な〈何ガ〉文の「何が」は、「ＡガＢダ」構文の「Ａ」を疑問詞にしたもので、その「が」の意味は「Ａが」の「が」と同じだし、逸脱的な〈何ヲ〉文の「何を」は、「ＡガＢヲＶ」文の「Ｂ」を疑問詞にしたもので、その「を」の意味は「Ｂヲ」の「ヲ」と同じだということになる。つまり「が」は主格、「を」は対格である。逸脱的な〈何ガ〉文と逸脱的な〈何ヲ〉文の意味の違いは、「ＡガＢダ」構文（のＢに発話の一部を埋め込む文）と「ＡガＢヲＶ」構文の違いに起因するわけである。

5. 付加詞か主格の「ガ」句か
　逸脱的な〈何ガ〉文が「何ガＢダ」文と同カテゴリーに位置づけられるならば、この逸脱的な〈何ガ〉文の「何が」は主格の「ガ」句であるということである。
　山寺（2010）は「何が」を主語ではなく付加詞であるとするが、その根拠

の1つは二重ガ格現象である。これは3節で述べたようにこの逸脱的な〈何ガ〉文が（31）のような二重構造をなすものだと考えれば二重ガ格制約違反にはならず、この現象をもって「何が」を付加詞だとすることはできなくなる。

　山寺（2010）の立場にとってより重要なのは、逸脱的疑問詞疑問文の「何が」「何を」の出現する位置である。山寺（2010）は、当該の「何が」「何を」は、文頭・主語と目的語の間の位置は出現可能だが、目的語の後ろ・動詞句副詞の後ろの位置は出現不可能だという観察から、統語的にvPとCPの左端に現れるとしている。これらはChomskyにより「Phase（PHと略記）」と呼ばれる統語的単位であり、このPHの左端に、［＋a］（＝＋anaphoric）または［＋c］（＝＋contrastive）の要素が現れるとするLopezの主張を受け、当該の「何が」「何を」も、［＋c］であるためにこの位置に固定されるのだと論じている。

　しかし、筆者には、当該の「何が」「何を」の特性として［＋c］があるとは思えない。山寺（2010）が当該の「何が」「何を」に認める［＋c］とは、対立命題を表すということである。例えば「何を文句を言ってるの？」が表すのは、［文句を言ってる］という命題に対する、対立命題［文句を言うべきではない］であり、「何がこの本が面白いの？」が表すのは、［この本が面白い］という命題に対する、対立命題［この本が面白いとは思わない］であるという。しかし、山寺（2010）がいう対立命題は、逸脱的な〈何ガ〉〈何ヲ〉文だけに現れるものではない。天野（2008）や本書の第6章ですでに述べ、この章でも、2.1で述べたとおり、［文句を言うべきではない］とか［この本が面白いとは思わない］などに匹敵する含意は、通常の疑問詞疑問文でも表されるものである。補充要求するということにより、この含意が文脈上生じることもあるというものであるから、むしろ、通常の疑問文で表される含意が、逸脱的な疑問文でも表されると考えるべきである。通常の疑問文では、その疑問詞は様々な位置に現れるのであるから、山寺（2010）がいう対立命題を表すかどうかと、逸脱的疑問文の疑問詞の出現する位置とは無関係である。

　これに関連し、当該の「何が」「何を」を付加詞とする主張と矛盾するこ

ととして、同じ付加詞とされる「なぜ」が自由な位置をとることが挙げられる。山寺（2010）はこの違いを、「なぜ」は通常の Wh 句であり補充要求をするものなのに対し、当該の「何が」「何を」は対立命題を表すものだからだと説明するが、上述の通り、「なぜ」も対立命題を表す可能性は持つのであり（なぜ今まで隠していたの！〈＝言うべきだった〉）、対立命題を表すかどうかで疑問詞の出現位置の固定性・自由性を論じることはできない。

　逆に、同じように逸脱的な特徴を持つ疑問詞疑問文であっても、この章の 2.2.1 で述べたように、〈発話意図補充要求〉の意味だけを表し、山寺（2010）がいう対立命題を表さないタイプがある。同じように逸脱的な特徴を持つ疑問詞疑問文であるのに、こちらの「何が」については付加詞ではないとするような処理はすべきではないだろう。2.2.1 で明らかにした、〈発話意図補充要求〉の意味だけを表し、山寺（2010）がいう対立命題を表さないタイプと、2.2.2 で明らかにした、〈発話意図補充要求＋とがめだて〉タイプ、つまり、山寺（2010）がいう対立命題を表すタイプの関係は、2.1 で明らかにしたように、通常の〈何ガ〉疑問詞疑問文が補充要求だけを表すことと文脈により補充要求とともに〈とがめだて〉の意味をも表すことと全く並行的なことである。これは、逸脱的な特徴を持つ疑問詞疑問文が、通常の疑問詞疑問文と同じ「何ガBダ」構文をスキーマに持つと考えることを支持する事実である。

　では、逸脱的な疑問詞疑問文の「何が」「何を」の出現位置が固定的であるのはなぜだろうか。本書の立場で言えば、それが、重層的な解釈の阻害されない、最も自然な語順だからである。逸脱的な〈何ガ〉文は、「AガBダ」文のAを疑問詞にした「何ガBダ」をベースにし、そのBにさらに「AガBダ」など、名詞以外の要素がはめ込まれた文である。逸脱的な〈何ヲ〉文は、「AガBヲV」文のBを疑問詞にした「Aガ何ヲV」文をベースにし、そのVにさらに「BヲV」などがはめ込まれた文である。

　この、はめ込まれた要素を、〈何ガ〉文では臨時的に名詞相当句として解釈すること、〈何ヲ〉文では臨時的に他動詞相当句として解釈することが必要であり、そのひとまとまりの単位の解釈を阻害しない位置に、「何が」「何を」が最も自然に出現しやすいのだと思われる。

6. おわりに

逸脱的特徴を持つ〈何ガ〉疑問詞疑問文は、①〈疑問〉の意味を表すタイプと、②〈疑問＋とがめだて〉を表すタイプの2つがある。

このいずれの逸脱的な〈何ガ〉文も、名詞述語文「AガBダ」のAを疑問詞とした名詞述語疑問詞疑問文「何ガBダ」をベースとし、相手の発話の一部を引用し、臨時的にそれを名詞として解釈してBにはめ込み、〈「～」と発話することの背景・根拠・意図等は何か〉という意味を表すものと解釈される。

従って、この逸脱的特徴を持つ〈何ガ〉疑問詞疑問文の「何が」のガは、主格の意味を保持していると考える。

対格のヲの意味を保持している逸脱的な〈何ヲ〉文との意味の異なりは、逸脱的な〈何ガ〉文が名詞述語文の疑問文「何ガBダ」をベースとし、逸脱的な〈何ヲ〉文が他動詞文の疑問文「(Aガ)何ヲV」をベースとするという違いに因る。つまりは、主格「ガ」と対格「ヲ」の違いに因るということである。

疑問の形で〈とがめだて〉の意味を表すことは、逸脱的特徴を持つ〈何ガ〉疑問詞疑問文に特有のことではない。通常の疑問詞疑問文にも見られることであるし、逆に、逸脱的特徴を持つ〈何ガ〉疑問詞疑問文であるのに〈とがめだて〉の意味の無いものもある。従って、〈とがめだて〉の意味を表すことと、当該の「何が」の固定的な出現位置とを結び付けて説明することには無理がある。本書の立場からは、「何ガBダ」文をベースとした重層的な《変容》解釈に支障のない位置に現れている結果だと説明できるのである。

終章

1. 4つの逸脱的な文について

　本書では逸脱的な特徴を持つ4つの文類型を中心的な考察対象として、それらがどのように解釈されるかを論じてきた。いずれも、その意味を確定するには類推の過程を経て、ベースとなる構文類型の意味を写像し、他動性述語句の意味や名詞述語句の意味を《補充》解釈したり《変容》解釈したりしてつくりだすものと説明した。

　本書で取り上げた逸脱的特徴を持つ4つの文類型のうち3つは他動構文でありながらヲ句と結び付く直接の他動詞が不在のものである。それらがベースとする構文類型と、推論により創造的に解釈される他動性述語句の意味とは次のようなものである。

(1)　本研究で考察した逸脱的特徴を持つ文の、ベースの他動構文と他動的意味

①**接続助詞的なヲの文**（「やろうとするのを手を振った」）
　　ベースとなる他動構文：〈方向性制御〉他動構文（「AガBヲサエギル」型）
　　解釈される他動的意味：抽象化された意味である、**自然な流れに対する意図的な**〈対抗動作性〉という意味

②**状況ヲ句文**（「豪雨の中を戦った」）
　　ベースとなる他動構文：〈移動対抗動作〉他動構文（「AガBヲ突破スル」型）
　　解釈される他動的意味：抽象化された意味である、**逆境に対する意図的な**〈移動・対抗動作性〉という意味

③**逸脱的な〈何ヲ〉文**（「何を文句を言ってるの」）
　　ベースとなる他動構文：〈スル〉型他動構文（「AガBヲスル」型）

　　　　解釈される他動的意味：主体にその事態の成立の責任が帰せられる
　　　　　　　　　　　　　ような、抽象化された**意図的他動行為**の意
　　　　　　　　　　　　　味
　　　（その上で、疑問詞疑問文：〈何ヲ〉型疑問詞疑問文（「何ヲスル？」）とする）

　また、考察対象の４つのうち残る１つは、ガ句と語彙的要求として直接結び付く述語句が不在である、逸脱的な〈何ガ〉文である。それがベースとする構文と創造的に解釈される意味とは次のようなものである。

　（２）　**逸脱的な〈何ガ〉文**（「何が彼女がお姫様ですか」）のベースとなる構
　　　　文と解釈される意味
　　　　　ベースとなる構文：**名詞述語文**（「ＡガＢダ」）
　　　　　解釈される意味：**名詞（Ｂ）相当**の意味
　　　（その上で、疑問詞疑問文：〈何ガ〉型名詞述語文（「何ガＢダ？」）とする）

　こうした創造的な解釈は、いずれも、顕現している述語句の形式が表す語彙的意味と重ねて、それを具体例とするような「抽象的意図行為の意味」や「名詞相当の意味」を、重畳的に解釈したものである。接続助詞的なヲの文で語用論的に創造される他動性述語句を［＃サエギル］、状況ヲ句文のそれを［＃突破スル］、逸脱的な〈何ヲ〉文のそれを［＃スル］、逸脱的な〈何ガ〉文のそれを［＃Ｂ（名詞）］と表し、この重層的な意味関係を例文を用いて以下のように図示しておく。①が顕在化した述語句にコード化された格関係を示し、②が語用論的に創造された述語句の格関係を示す。

　　（３）　接続助詞的なヲの文の重層性
　　　　　　［使い方がわからないのを　［適当に兄のパソコンを　いじっていた］］
　　　　　　　　　　　　　　　　　　　　　　　　　　対象①　　　　　他動詞①
　　　　　　　　対象（方向性）②　　　　　　　　　　　［＃サエギル］②

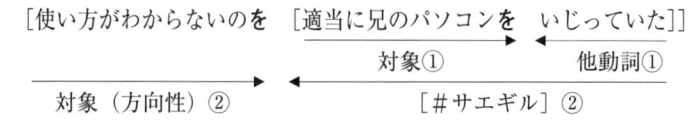

212

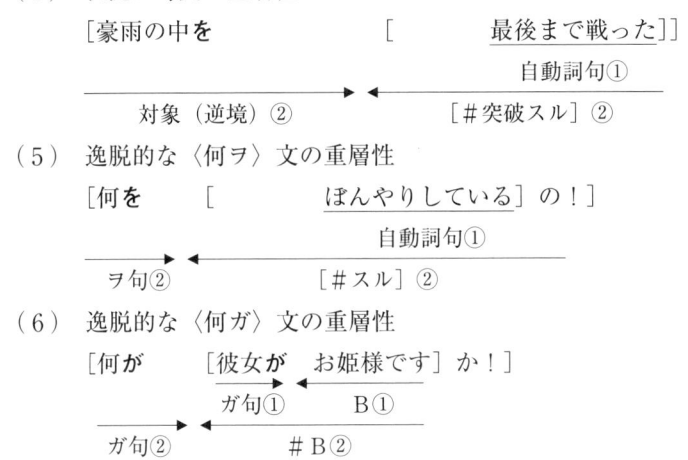

（4） 状況ヲ句文の重層性
　　　［豪雨の中を　　　　　　　［　　　　最後まで戦った］］
　　　　　　　　　　　　　　　　　　　自動詞句①
　　　　────────→　　←────────
　　　　　対象（逆境）②　　　　　　［＃突破スル］②

（5） 逸脱的な〈何ヲ〉文の重層性
　　　［何を　　［　　　ぼんやりしている］の！］
　　　　　　　　　　　　　自動詞句①
　　　　──→　　←────────
　　　　ヲ句②　　　　［＃スル］②

（6） 逸脱的な〈何ガ〉文の重層性
　　　［何が　　［彼女が　お姫様です］か！］
　　　　　　　　　ガ句①　　B①
　　　　──→　　←──────
　　　　ガ句②　　　＃B②

2. 類推の過程について─天野（2002）からの展開

　ある文は、「その文全体として何らかの文類型に属する」ということがまず認識され、その文類型の持つ意味が写像されて、その文も「これこれの意味を持つはずだ」と予測される場合がある。この考え方は、ある文の意味を理解する際に、要素である単語にコード化された語彙的意味の知識（この場合、その文を構成する単語が文とは切り離された状態でも持っていると考えられる、単語の意味に関する知識）や、文法的知識（この場合、要素どうしが関係しあって文を成り立たせる際の規則性に関する知識、また、そうして成り立った文はこれこれの意味を持つという知識）の他に、「類推」という「推論」が必要であるということを主張するものである。

　この主張は、天野（2002）の中で、いわゆる「全体部分」の意味的関係を持つとされる様々な構文を例として述べたことである。2つの名詞の間に、名詞同士の関係づけを保証する文法的な形式辞が何も無いのにもかかわらず、そこに例えば「全体部分」といった意味的関係を認めて、その文全体の意味解釈に至る一群の構文があるのである。明確な形での関係づけのしるしが無いのに、2つの名詞の間に「全体部分」の意味的関係を認識することができるのはなぜなのか──。天野（2002）では、その文がある構文類型に所属す

る文であるということがまず認識され、その構文類型の意味を実現するために、ある2つの名詞句間に「全体部分」といった意味的関係を解釈することが義務づけられることを述べた。ある構文類型を「類推」のベースとして、その構文類型の意味が写像され、当該の文の意味が理解されるという、「推論」の過程を主張したのである。

　本書では、さらに別の言語現象を用いてこの考え方を検討し、天野（2002）では深められなかった問題について新たな提案を試みた。

　新たな提案の1つとして、天野（2002）で「基準的意味」と呼んだ、ベースとなる構文類型の意味が、単に同じ形式を持つものならすべてが持つ共通の意味（すなわち最も上位のスキーマ的意味）ではなく、その下位に位置づけられる類型的意味の場合もあることを示したのは重要なことである。第1章〜第4章の接続助詞的なヲの文も、第5章の状況ヲ句文も、第6章の逸脱的な〈何ヲ〉文も、もちろん「ＡガＢヲＶ」文の最上位のスキーマ的な意味（〈ＡがＢの支配的立場にある、ＡＢ二参与者による事態〉という意味）も持つが、この「ＡガＢヲＶ」文の典型的な意味要素と考えられる〈影響動作性〉（すなわち、主体の意図性と、主体から対象への働きかけの動作性）を持つ下位の構文類型をベースとし、この典型的な意味要素も持っている。ここから、最上位のスキーマ的意味だけではなく、プロトタイプ的意味も、類推による拡張構文の成立に重要な役割を果たすのではないかと考えられるのである。むしろ、本書で取り上げた三種の「ＡガＢヲＶ」文は、最上位のスキーマ的意味だけでは稀薄であり、それぞれの特徴ある意味を解釈するためには、プロトタイプ的意味が重要な役割を果たしているのだと思う。

　さらに、このようなプロトタイプ的意味を持った、どの下位構文類型をベースするのかは、単にその文の一部の要素がベースとなる文の要素と類似していることが認識されるからというだけでは決まらない。文全体が、ベースとなる文と同一カテゴリーだと認定されなければならない。そのためには、文全体の外形が例えば同じ「ＡガＢヲＶ」形式であるということは言うまでもなく重要である。本書で取り上げた日本語の逸脱文の場合、助詞のヲやガの使用が、ベースとなる構文類型探索上のきわめて重要な手がかりになっていることは間違いない。

その上で、本書では、「ＡガＢヲＶ」という形を持つもの全てに共通する意味を逸脱文にあてはめるのではなく、「ＡガＢヲＶ」の中にある１つの下位構文類型の意味をあてはめることを見たわけである。その場合、下位構文類型のいずれがベースであるかを決定するには、単にヲの形がひきがねになっているというだけでは不十分であり、さらに、そのヲ句全体の意味についても、ベースとなる構文類型のヲ句が文の中で果たしている意味と同じであると解釈できるかどうかが探索されると考えなければならない。例えば「やろうとするのを手を振った」の「やろうとするのを」は「ＡガＢヲサエギル」構文の「Ｂヲ」と文の中で果たしている意味、〈方向性〉の意味が同じように解釈できるかどうかが探索されるだろうということである。また、述語句についても、「手を振った」に〈サエギル〉の意味が解釈できるかどうかがもちろん探索されるだろう。類推のベース選びは、当該の文が実際に用いられている文脈で、様々な要素との相互関係を勘案してどの構文ならうまく写像できるかが選定される、総合的・全体的な判断であり、単に形が同じだからと機械的に決定されるものではない。類推は、類似性を発見してベースからターゲットへと特徴を写像する行為だが、その類似性の発見とは、単なる形の同一性とか独立した一部要素の同質性ということではなく、構造的な類似性、要素間の関係の類似性の発見ということであろう。

　また、本書では、ベースとなる文の使用頻度も考慮に入れた。類推のベースとなるような構文類型が、きわめて希な言い方であることは考えにくいからである。ベースと考えられる文は繰り返して出現するものであり、慣習的に用いられるからこそ、鋳型としての資格を備えるに至っていると考えられる。

　こうして逸脱的な文を考察対象とすることにより、こうした文の存在を支える類型として、「ＡガＢヲＶ」という類型の下位の、例えば〈方向性制御〉他動構文類型や、〈移動対抗動作〉他動構文類型などといったまとまりが浮かび上がった。（これらの他動構文類型が真に類型と言えるまとまりをなすものかどうかは、他の現象によっても確かめられなければならないことではあるだろう。）本書で描いたのは、日常的な言語使用の中で、こうしたいくつかの構文パターンに関する知識を言語使用者が得ており、何らかの逸脱的特徴を持った文の解釈

時に、その構文パターンを利用し、語彙的知識以上の、その文脈で臨時に創造できる意味を解釈しているという言語運用のありさまである。

さらに、このような類推の方略は、逸脱文に出会ったときだけになされているのではないことを述べた。第1章5節で述べたように、通常の文であっても、その文字通りの意味の上に追加する形で、例えば〈方向性制御他動構文〉の類型的意味〈対抗動作性〉が重ねられることもあるのであった（例：「せっかく弟のおやつに作ったのを姉が食べてしまった」）。このように語彙的意味だけではなく文脈上それを《変容》解釈するという方略は、少ない言語資源によって豊かな意味を表現するための有効な方略として日常的に使われていることだろう。つまり、語彙的知識以上に、その文脈で臨時に《補充》解釈したり《変容》解釈したりして意図された文の意味を得るという方略は、文の生成・理解メカニズムの中に織り込まれた有用なしくみとして捉えるべきではないかと思うのである。

3. 語用論との交流

では、ある文の意味解釈にあたって、なぜ「推論」を行おうとするのだろうか。一言で言えば、それはそのように「推論」して解釈しなければならない文脈だからである。それはスペルベルとウィルスンが提唱した語用論の1つの理論、関連性理論の概念で言うならば「推論」を行わなければ最適な「関連性」を得られないためだと言ってもよい。関連性理論が提案する原理は類推が行われる前提として重要なことだと思われる。ただし、関連性理論の考察だけでは、具体的な個々の逸脱的な文がなぜある具体的な文の意味に確定されるのかという点を十分には明らかにできないように思われる。なぜ、こうした「推論」によって《変容》したり《補充》したりして補給される意味がある1つに絞られて確定できるのだろうか。そこには、言語的な規則として意味確定を方向付けるしくみも働いているのではないだろうか。本書は、補給される意味の方向付けをする枷として、構文の鋳型という文法論的知識に基づいた枷も働いていることを主張したのである。意味の確定の過程では、日本語文法論が明らかにすべき文法的知識が——とりわけ構文類型に関する文法的知識が重要な役割を果たしているということである。

日本語学の文法論で論じてきた「文の意味」の中には、このように「推論」を行ってはじめて確定される種類のものがある。「推論」で得る意味の問題は語用論の分野に属するとされるが、語用論・文法論と守備範囲を切り分けないで、語用論の考え方や成果も参照することによって、文法論で明らかにするべき文法的知識の本質的部分の説明もかえって精密にできるのではないかと筆者は考えている。本書は、語用論研究そのものを行ったのではなく、語用論の分野の問題として文法論研究からは切り離されてきた言語現象について、語用論の成果を参照しながら、日本語文法論の立場で説明を試みたということになる。

　こうした考察により、人間が行うコミュニケーション上現れる様々な文の意味がどのように生まれ、意味理解され、柔軟に運用されるのか、人間がどのように少ない言語知識を用いて無限とも言える豊かな意味を創造しコミュニケーションを行っているのかという問題の解明に、日本語文法論の立場からも寄与するものがあるのではないかと考える。

4. 今後の展望

　本書で論じることができなかった問題も多い。

　本書の考察対象の多くは「АガВヲV」型文であり、当該のヲがどのような機能を果たすかが重要な論点であったが、ヲの意味・機能の全体像についての考察や、その全体像の元で個々のヲの使用例がどのように位置づけられるかといった、「ヲ助詞論」そのものには至っていない。例えば、様々なヲ句のうち、接続助詞的なヲの句と状況ヲ句とはともに文脈的な類推拡張により実現するもので、ともに〈対象〉であると述べたが、では、〈移動空間〉ヲ句との関係はどう考えたらよいのか。〈移動空間〉ヲ句は移動動詞との共起に限られ、その点で接続助詞的なヲの句や状況ヲ句とは異なるが、二重ヲ句が可能という点では接続助詞的なヲの句や状況ヲ句と同じである。〈移動空間〉ヲ句の位置づけについてはさらに考えなければならない。〈移動空間〉ヲ句も含めて二重ヲ句現象をもっと広範に考察することにより、ヲの全体像についての考察を深める必要がある。また、ヲの捉え方として、本書では例えば「杖を突く」と「杖で地面を突く」のヲ句は、動詞「突く」の拠り所と

する類型との相関で決定される意味の違いはあるものの、どちらも〈対象〉であるとしたが、このように〈対象〉に収斂できて類型の異なるものは他にどのようなものが指摘できるのだろうか。このような考察は、より一般的に意味役割とは何かを再考することにもつながるものと思われる。

　また、本書で考察した逸脱的な「AガBヲV」型文とは、その述語動詞が「Bヲ」と結び付かないもの、つまり"他動詞不在"なのであった。"他動詞不在"なのに、ヲが引き金となり、"臨時的な他動性述語句を想定する"ものである。この場合には他動構文の典型的な意味が写像され付与される。しかし、同じように周辺的な「AガBヲV」型文と位置づけられるものでも、"他動詞顕在"の場合には、典型的な意味を写像しない。例えば天野（2002）で状態変化主主体の他動詞文と呼んだものは、他動構文の持つ典型的な意味〈意図行為性〉をむしろ、捨て去っている。そのことにより周辺的な文として特別な意味合いを表す文となっている。

　　（7）　私は空襲で家財道具を焼いた。

（7）は他動詞があるために、「AガBヲV」型文に必要な意味を《補充》解釈したり《変容》解釈したりして想定する必要がない。同じ周辺的な文とされる文でも、その文の成立や理解のしくみは異なるのである。様々な周辺的な文を考察することにより、文法的知識の運用のあり方もさらに様々なものが明らかになるだろう。

　このように、周辺的な文・逸脱的な文と言われるものも考察対象として、実際の言語使用の中で文法的知識がいかに運用されているかを考察することにより、文法的知識とはどのようなものか、いかに重要なものであるかをより鮮明に論じていくことができると考える。

参考文献

足立公平（2004）　「ヲ格と道具目的語」山梨正明・辻幸夫・西村義樹・坪井栄治郎編『認知言語学論考3』ひつじ書房 pp.147-181．
安達太郎（2001）　「文法論は何をめざすか（古典語、現代語）8．日常会話に疑問を見つける」前田富祺編『国文学　解釈と教材の研究』46：2 pp.130-132．
安達太郎（2002）　「質問と疑い」宮崎和人・安達太郎・野田春美・高梨信乃『新日本文法選書4　モダリティ』くろしお出版 pp.174-202．
天野みどり（1987）　「状態変化主体の他動詞文」『国語学』151 pp.1-14．
天野みどり（2000）　「焦点と主格補語の関係―談話資料による補語顕現率・焦点句形式調査から―」『日本語と日本文学』30，筑波大学日本語日本文学会 pp.1-12．
天野みどり（2002）　『文の理解と意味の創造』笠間書院．
天野みどり（2007）　「状況を表すヲ句について」『表現学部紀要』8，和光大学表現学部 pp.1-13．
天野みどり（2008）　「拡張他動詞文―「何を文句を言ってるの」―」『日本語文法』8：1，日本語文法学会，くろしお出版 pp.3-19．
天野みどり（2009a）　「ヲ助詞の多様性―古代語と現代語の対比―」『表現学部紀要』9，和光大学表現学部 pp.1-10．
天野みどり（2009b）　「現代語の接続助詞的なヲの文について―古代語との連続性―」『日本語文法学会第10回大会　発表予稿集』pp.142-149．
天野みどり（2010a）　「主要部内在型関係節と接続助詞的なヲ」『表現学部紀要』10，和光大学表現学部 pp.1-15．
天野みどり（2010b）　「古代語の接続助詞的なヲの文」『新潟大学国語国文学会誌』52，新潟大学国語国文学会 pp.1-13．
天野みどり（2010c）　「現代語の接続助詞的なヲの文について―推論による拡張他動性の解釈―」『日本語文法』10：2，日本語文法学会 pp.76-92
天野みどり（2010d）　「他動構文の意味―拡張した「―ガ―ヲ文」の意味解釈を通して―」『KLS Prosceedings』30，関西言語学会 pp.291-302．
天野みどり（2011）　「拡張名詞述語疑問詞疑問文―「何が彼女がお姫様ですか」」『表現学部紀要』11，和光大学表現学部 pp.11-22．
伊藤健人（2008）　『イメージ・スキーマに基づく格パターン構文―日本語の構文モデルとして―』ひつじ書房
上野誠司・影山太郎（2001）「移動と経路の表現」『日英対照動詞の意味と構文』影山太郎編　大修館書店 pp.40-68．
大西仁・鈴木宏昭編（2001）『類似から見た心』日本認知科学会編，共立出版．
尾上圭介（1983）　「不定語の語性と用法」渡辺実編『副用語の研究』明治書院 pp.404-431．

影山太郎	(1995)	『動詞意味論―言語と認知の接点―』くろしお出版
影山太郎	(2009)	「言語の構造制約と叙述機能」『言語研究』136 pp.1-34.
加藤重広	(2006a)	「対象格と場所格の連続性―格助詞試論（2）―」『北大文学研究科紀要』118 pp.135-182.
加藤重広	(2006b)	「二重ヲ格制約論」『北大文学研究科紀要』119 pp.19-41.
岸本秀樹	(2000)	「非対格性再考」丸田忠雄・須賀一好編『日英語の自他の交替』ひつじ書房 pp.71-110.
北原保雄	(1981a)	『日本語助動詞の研究』大修館書店
北原保雄	(1981b)	『日本語の世界6 日本語の文法』中央公論社
金水敏	(1993)	「古典語の「ヲ」について」仁田義雄編『日本語の格をめぐって』くろしお出版 pp.191-224.
金田一春彦	(1950)	「国語動詞の一分類」『言語研究』15 pp.48-63.
工藤真由美	(1995)	『アスペクト・テンス体系とテクスト―現代日本語の時間の表現―』ひつじ書房
国広哲弥	(1967)	『構造的意味論―日英両言語対照研究―』三省堂 pp.121-123.
国広哲弥	(1970)	『意味の諸相』三省堂 pp.223-225.
黒田成幸	(1999a)	「主部内在関係節」（改訂版）『ことばの核と周縁　日本語と英語の間』くろしお出版 pp.27-103.
黒田成幸	(1999b)	「トコロ節」『ことばの核と周縁　日本語と英語の間』くろしお出版 pp.105-162.
此島正年	(1966)	『国語助詞の研究―助詞史素描』桜楓社
小山敦子	(1958)	「頻度から見た目的格表示の「を」の機能と表現価値―源氏物語とその先行作品を資料として―」『国語学』33 pp.116-140.
近藤泰弘	(1979)	「接続助詞『を』の発生」『国語学会昭和54年春季大会要旨』
近藤泰弘	(1980)	「助詞『を』の分類―上代―」『国語と国文学』57：10
近藤泰弘	(2000)	『日本語記述文法の理論』ひつじ書房　pp.109-139 pp.421-435.
佐久間鼎	(1943)	「構文と文脈」『日本語の言語理論的研究』三省堂 pp.156-176.
佐藤琢三	(2005)	『自動詞文と他動詞文の意味論』笠間書院
柴谷方良	(1978)	『日本語の分析』大修館書店
柴谷方良	(1984)	「格と文法関係」『言語』13：3 pp.61-70.
柴谷方良	(1997)	「「迷惑受身」の意味論」『日本語文法体系と方法』ひつじ書房 pp.1-22.
城田俊	(1993)	「文法格と副詞格」仁田義雄編『日本語の格をめぐって』くろしお出版 pp.67-94.
新屋映子	(1995)	「格助詞の重複について」『日本語の研究と教育　窪田富男教授退官記念論文集』専門教育出版 pp.11-26.
菅井三実	(1998)	「対格のスキーマ的分析とネットワーク化」『名古屋大学文学部研究論集（文学）』44（130）pp.15-29.
菅井三実	(1999)	「日本語における空間の対格標示について」『名古屋大学文学部研究論集（文学）』45（133）pp.75-91.
菅井三実	(2003)	「空間における文法格「を」の意味分析」田島毓堂・丹羽一彌編

	『日本語論究 7　語彙と文法と』和泉書院 pp.475-499.
菅井三実（2010）	「意味役割」澤田治美編『語・文と文法カテゴリーの意味』ひつじ書房 pp.133-151.
杉本武（1986）	「格助詞—「が」「を」「に」と文法関係—」奥津敬一郎・沼田善子・杉本武『いわゆる日本語助詞の研究』凡人社 pp.227-380.
杉本武（1991）	「ニ格をとる自動詞—準他動詞と受動詞—」仁田義雄編『日本語のヴォイスと他動性』くろしお出版 pp.233-250.
杉本武（1993）	「状況の「を」について」『九州工業大学情報工学部紀要（人文・社会科学篇）』6　九州工業大学 pp.25-37.
杉本武（1995）	「移動格の「を」について」『日本語研究』15　東京都立大学国語学研究室 pp.120-129.
鈴木宏昭（1996）	『類似と思考』共立出版
高見健一（2010）	「「何を文句を言ってるの」構文の適格性条件」『日本語文法』10：1 pp.3-19.
竹林一志（2007）	『「を」「に」の謎を解く』笠間書院
田中寛（1998）	「「を」格の意味論的考察—「に」格との対照をかねて—」『語学教育フォーラム』2，大東文化大学語学教育研究所 pp.21-51.
谷口一美（2005）	『事態概念の記号化に関する認知言語学的研究』ひつじ書房
角田太作（1991）	『世界の言語と日本語』くろしお出版
坪本篤朗（1995）	「文連結と認知図式—いわゆる主部内在型関係節とその解釈—」『日本語学』14：3 pp.79-91.
坪本篤朗（2003）	「再び、主要部内在型関係節構文—「分離」と「統合」の間—」『ことばと文化』6，静岡県立大学 pp.27-44.
寺村秀夫（1982）	『日本語のシンタクスと意味Ⅰ』くろしお出版
寺村秀夫（1987）	「「トコロ」の意味と機能」『語文』34，大阪大学文学部国文学科（『寺村秀夫論文集Ⅰ』（1992）くろしお出版所収）
中右実（1994）	『認知意味論の原理』大修館書店
中村暁子（2003）	「現代語における二重ヲ格について」『岡大国文論稿』31，岡山大学法文学部言語・国語・国文学研究室 pp.113-122.
仁田義雄（1977）	「日本語文の表現類型」『英語と日本語と』くろしお出版
仁田義雄（1980）	『語彙論的統語論』くろしお出版
仁田義雄（1991）	『日本語のモダリティと人称』ひつじ書房
仁田義雄（1993）	「日本語の格を求めて」仁田義雄編『日本語の格をめぐって』くろしお出版 pp.1-37.
仁田義雄（1997）	『日本語文法研究序説—日本語の記述文法を目指して—』くろしお出版
仁田義雄編（1993）	『日本語の格をめぐって』くろしお出版
日本語記述文法研究会編（2009）	「第3部・第1章・格と構文の概観・第2節・文型」『現代日本語文法2』くろしお出版 pp.12-22.
野村益寛（2001）	「参照点構文としての主要部内在型関係節構文」『認知言語学論考 No.1』ひつじ書房 pp.229-255.

平岩健（2006）		「二重対格制約と格」三原健一・平岩健著『新日本語の統語構造』松柏社 pp.281-306.
藤田保幸（2000）		『国語引用構文の研究』和泉書院
藤田保幸（2001）		「引用のシンタクス」『国文学　解釈と教材の研究』46：2
ホリオーク・J・キース、サガード・ポール（1998）鈴木宏昭監訳『アナロジーの力』新曜社（Holyoak, K. J. & Thagard, P. (1995) Mental Leaps: Analogy in Creative Thought. Cambridge, MA: MIT Press.）
堀川智也（2000）		「いわゆる主要部内在型関係節の名詞性と副詞性」『日本語　意味と文法の風景―国広哲弥教授古稀記念論文集―』ひつじ書房 pp.317-326.
前田直子（2009）		『日本語の複文―条件文と原因・理由の記述的研究―』くろしお出版
益岡隆志（1987）		「格の重複」寺村秀夫・鈴木泰・野田尚史・矢澤真人編『ケーススタディ日本文法』桜楓社 pp.18-23.
益岡隆志（1991）		『モダリティの文法』くろしお出版
益岡隆志（2000）		『日本語文法の諸相』くろしお出版
益岡隆志・田窪行則（1992）『基礎日本語文法―改訂版―』くろしお出版
松下大三郎（1930）		『改撰標準日本文法（昭和五年訂正版）』（訂正再版復刊1978）弁誠社
三上章（1953）		『現代語法序説』刀江書院　復刊　くろしお出版
南不二男（1974）		『現代日本語の構造』大修館書店
三原健一（1994）		『日本語の統語構造』松柏社
三原健一（2006）		「主要部内在型関係節」三原健一・平岩健著『新日本語の統語構造』松柏社 pp.153-177.
三原健一（2008）		『構造から見る日本語文法』開拓社
三宅知宏（1995）		「ヲとカラ―起点の格標示―」宮島達夫・仁田義雄編『日本語類義表現の文法（上）』くろしお出版 pp.67-73.
三宅知宏（1996）		「日本語の移動動詞の対格標示について」『言語研究』110，日本言語学会 pp.143-168.
村木新次郎（1993）		「格」『国文学解釈と鑑賞』58（1）pp.73-79.
村木新次郎（2000）		「格」仁田義雄・村木新次郎・柴谷方良・矢澤真人『日本語の文法1　文の骨格』岩波書店 pp.49-115.
文智暎（2005）		「ヲ格連続について―主節のヲ格と連用節のヲ格を中心に―」『日本學報　別冊』65：1，韓国日本学会 pp.77-86.
森山新（2008）		『認知言語学から見た日本語格助詞の意味構造と習得―日本語教育に生かすために―』ひつじ書房
山寺由起（2010）		「Wh 付加詞構文―「何がこの本が面白いの」―」『日本語文法』10：2 pp.160-176.
山梨正明（1993）		「格の複合スキーマモデル―格解釈のゆらぎと認知のメカニズム」仁田義雄編『日本語の格をめぐって』くろしお出版 pp.39-65.
山梨正明（2009）		『認知構文論』大修館書店

山口堯二（1990）	『日本語疑問表現通史』明治書院
和氣愛仁（1996）	「「に」の機能」『筑波日本語研究』創刊号，筑波大学文芸・言語研究科日本語学研究室 pp.59-72.
和氣愛仁（2000）	「ニ格名詞句の意味解釈を支える構造的原理」『日本語科学』7，国立国語研究所 pp.70-93.
ヤコブセン・M・ウェスリー（1989）	「他動性とプロトタイプ論」久野暲・柴谷方良編『日本語学の新展開』くろしお出版 pp.213-248.
レー・バン・クー（1988）	『「の」による文埋め込みの構造と表現の機能』くろしお出版.

Carston, R (1996) "Enrichment and loosening: complementary processes in deriving the proposition expressed?" *UCL Working Papers in Linguistics* 8: 205-32; reprinted 1997 in *Linguistische Berichte* 8, Special Issue On Pragmatics: 103-27.

Carston, R. (2002) *Thought and Utterances: The Pragmatics of Explicit Communication*, Blackwell.（内田聖二・西山佑司・武内道子・山崎英一・松井智子訳（2008）『思考と発話―明示的伝達の語用論』研究社）

Charles J. Fillmore, Paul Kay, & Mary Catherine O'Connor (1988) "Regularity and idiomaticity in grammatical" *Language* 64, pp. 501-538.

Chomsky, Noam (2001) Derivation by Phase. In M. Kenstowicz (ed.), *Ken Hale: A Life in Language*. Cambridge, MA: MIT Press, pp. 1-52.

Croft, William (1991) *Syntactic Categories and Grammatical Relations*. Chicago: University of Chicago Press.

Cruse, D. A. (1986) *Lexical Semantics*. Cambridge: Cambridge University Press.

Fillmore, Charles, J (1971) *Some problems for case grammar*, Monograph Series on Languages and Linguistics 24, Richard O'Brien ed., Washington D. C.: Georgetown University Press.（田中春美・船城道雄訳（1975）『格文法の原理―言語の意味と構造』三省堂）

Goldberg, Adele E. (1995) Constructions: *A Construction Grammer Approach to Argument Structure*. Chicago: University of Chicago Press.（河上誓作・早瀬尚子・谷口一美・堀田優子訳（2001）『構文文法論　英語構文への認知的アプローチ』研究社）

Goldberg, Adele E. (2006) *Constructions at Work: The Nature of Generalization in Language*. Oxford University Press.

Harada, S. I. (1973) "Counter Equi Np Deletion," Annual Bulletin, Research Institute of Logopedics and Phoniatrics, University, of Tokyo. 7. pp. 113-147,（『シンタクスと意味　原田信一言語学論文選集』大修館所収）

Harada, S. I. (1974) "Remarks on Relativization," Annual Bulletin, Research Institute of Logopedics and Phoniatrics, University, of Tokyo. 8. pp. 133-143,（『シンタクスと意味　原田信一言語学論文選集』大修館所収）

Kay, Paul and Charles Fillmore (1999) "Grammatical Constructions and Linguistic Generalizations: The *What's X doing Y*?Constructions." *Language*

Konno, Hiroaki (2004) "The *Nani-o X-o* Construction." *Tsukuba English Studies* 23, University of Tsukuba, pp. 1-25.

Kurafuji, Takeo (1996) "Unambiguous Checking." *MIT Working Papers in Linguistics* 29, pp. 81-96.

Kurafuji, Takeo (1997) "Case-Checking of Accusative *Wh*-Ajuncts," *MIT Working Papers in Linguistics* 31: *Papers from the English Student Conference in Linguistics,* 1996, 253-271. MIT.

Kuroda, Shige-Yuki (1974-77). "Pivot-Independent Relativization in Japanese I-III." *Papers in Japanese Linguistics* 3-5.

López, Luis (2009) *A Derivational Syntax for Informational Structure.* New York: Oxford University Press.

Sperber, D. and Wilson, D. (1995) *Relevanse: Communication and Cognition.* 2nd ed., Oxford: Blackwell.（内田聖二・中逵俊明・宋南先・田中圭子訳（1999）『関連性理論―伝達と認知―第2版』研究社）

例文出典

・「ザッテレ」＝須賀敦子「ザッテレの河岸で」『ヴェネツィア案内』とんほの本1994・「戦場」＝メアリー・ボーブ・オズボーン／食野雅子訳『戦場にひびく歌声マジックツリーハウス11』メディアファクトリー2004・「かぎ」＝手鳥悠介『かぎばあさんの魔法のかぎ』岩崎書店1981・「ちょ」＝日本推理作家協会『ちょっと殺人を』レー（1988）より・「夏の」＝須賀敦子「夏のおわり」『ヴェネツィアの宿』文藝春秋社1993・「潮騒」＝三島由紀夫・レー（1988）より・「旅人」＝湯川秀樹・レー（1988）より・『Goju』09.2.12＝新聞折り込み広告『Gojuku』2009.2.12・「世界」＝福岡伸一『世界は分けてもわからない』講談社新書2009・○「女社長」＝赤川次郎『女社長に乾杯』1984・○「葦手」「処女」「かよい」「変化」＝石川淳『葦手』1935「処女懐胎」1948「かよい小町」1948「変化雑載」1949『焼跡のイエス・処女懐胎』・○「楡」＝北杜夫『楡家の人々』1964・○「新橋」＝椎名誠『新橋烏森青春篇』1991・○「太郎」＝曽野綾子『太郎物語』1973・○「一瞬」＝沢木耕太郎『一瞬の夏』1981・○「ブン」＝井上ひさし『ブンとフン』1970・○「聖少女」＝倉橋由美子『聖少女』1965・○「塩狩峠」＝三浦綾子『塩狩峠』1968・○「二十歳」＝高野悦子『二十歳の原点』1971・○「砂の」＝　吉行淳之介『砂の上の植物群』1964（○＝新潮文庫の100冊 CD-ROM 版）

第1章　出現頻度調査資料

芥川龍之介「羅生門」「鼻」「芋粥」「運」「袈裟と盛遠」「邪宗門」「好色」「俊寛」阿川弘之「山本五十六」石川達三「青春の蹉跌」井伏鱒二「黒い雨」塩野七生「コンスタンティノープルの陥落」渡辺淳一「花埋み」石川淳「葦手」「山桜」「マルスの歌」「焼跡のイエス」「かよい小町」「喜寿童女」赤川次郎「女社長に乾杯！」有吉佐和子「華岡青洲の妻」北杜夫「楡家の人々」立原正秋「冬の旅」（以上新潮文庫の100冊 CD-ROM 版）

おわりに

　前著『文の理解と意味の創造』(2002、笠間書院)を執筆してから10年近くが経ちました。研究は、多くの人々に助けられて続けられるのだということを折々に感じた10年間でした。

　どのような研究者であれ、長い研究生活の一時期、研究以外のことに多くの時間を費やさなければならないこともあるでしょう。筆者の場合も私的な理由でこの約10年の最初の数年間はこれまでになく"めちゃくちゃ"な毎日となりました。今でこそかけがえのない濃い時間だったと言えますが、当時はゆとりのない差し迫った毎日で、研究から遠ざかる不安やうしろめたさがありました。

　でも、人生の先輩方が口を揃えておっしゃる通り、"めちゃくちゃ"な忙しさは最初の5年ぐらいで、少しずつ少しずつ自分のための時間が戻ってきたのです。そのような折、2006年度の一年間、所属先の和光大学の学術研修制度を利用し、大学の業務を離れて筑波大学在外研修員となることができました。その一年間の考察の中から本書のもととなるものが生まれました。絶好の時期に有益な一年間を与えてくださった和光大学、また研修を受け入れてくださった筑波大学の皆様に感謝申し上げます。

　かくして2006年度以降に発表した一連の研究から本書は構成されていますが、本書のようなまとまりをなすのに間違いなくはずみとなったのが、2009年6月、関西言語学会第34回大会シンポジウムにおける口頭発表です。このシンポジウムのテーマは「文法論と語用論のインターフェイス――日本語研究から――」でした。日本語の文法現象の中でも文脈情報と関わるものを考察対象としてきた筆者に発表の機会を与えて下さった益岡隆志先生には心より感謝申し上げたいと思います。この発表のために語用論の分野で議論されている事柄を集中的に学ぶことが出来ました。シンポジウム当日、文法論と語用論の両方の立場から様々なご意見をいただいたことが刺激となり、本書の内容に影響を与えていることは言うまでもありません。関西言語学会の皆様、

会場でコメントを下さった皆様にも感謝申し上げます。
　さらに2009年10月の日本語文法学会第10回大会、2010年12月の第113回関東日本語談話会での口頭発表の際にも、本書の核ともなる接続助詞的なヲの文を早い時期に論じたレー・バンー・クー氏をはじめ、多くの方々から有益なご意見をいただきました。また、こうした口頭発表を論文の形でまとめるときには北海道教育大学旭川校の野村忠央氏・和光大学の今野弘章氏にたくさんのコメントをいただきました。この場を借りて御礼申し上げます。
　このように数年の間に発表してきた種々の問題を、集中して一気に組み合わせ、一篇の著作に仕上げることが出来たのは、まとめの時期の重要な一週間、朝から晩まで著作に専念できる環境を提供してくださった韓国・仁荷大学校の李成圭氏のおかげです。毎夕、仁荷大学の学生街でお互いの一日の成果を話し合うという素晴らしい一週間でした。大学院時代からのよき友人にも心から感謝申し上げたいと思います。
　そのほか、多くの方々の支えにより本書は何とか完成いたしました。論考が本の形で世の中に出て様々な人に読んでいただけるということはとても幸せなことだと思います。でも、この約10年の間、研究が思うに任せない不安から逃れるために無理を承知で引き受けた仕事もありました。筆者にとってはどの仕事も貴重な勉強になりましたが、結果は考察の不十分さを露呈しています。いったん世の中に出ていった著作の内容はそのときの筆者の全てであり、言い訳はできません。力量不足で不十分なところは自らの研究を前進させて、少しでもましな書に更新するしかありません。
　本書も前著『文の理解と意味の創造』での種々の考察を少しでも深め進展させることができればという思いで取り組んできましたが、執筆しながらもあちこちに未熟さを感じています。読者の皆様のご批正を受け止めて今後の研究に生かし、できればそう遠くない将来に、さらによい著作の形で新しい論考をお目に掛けることができるよう、考察を続けていきたいと思います。
　最後になりますが、今回もまた笠間書院の重光徹氏には大変お世話になりました。約10年前と変わらない誠実で適確なお仕事ぶりに励まされ、安心して執筆を進めることができました。本書にとって重要な「はじめに」と「序章」がわかりやすい文章になっているとすれば、それは重光氏のご教示の賜

物です。重光氏のおかげで、本とはどのようなものであるべきかを立ち止まって考えることもできました。本当にありがとうございました。

　上に書きましたように、本書は2006年以降の筆者の研究成果を元にしています。どの章も既発表論文そのままではなく、考え方の変化による書き直しがありますが、その関係を以下に示します。

序章　総論
　　天野みどり（2010d）「他動構文の意味──拡張した「―ガ―ヲ文」の意味解釈を通して──」『KLS Prosceedings』30　関西言語学会 pp.291-302.
第1章　接続助詞的なヲの文──「やろうとするのを手を振った」──
　　天野みどり（2009b）「現代語の接続助詞的なヲの文について──古代語との連続性──」『日本語文法学会第10回大会　発表予稿集』pp.142-149.
　　天野みどり（2010c）「現代語の接続助詞的なヲの文について──推論による拡張他動性の解釈──」『日本語文法』10：2　日本語文法学会 pp.76-92.
第2章　古代語の接続助詞的なヲの文──古代語と現代語の対比──
　　天野みどり（2009a）「ヲ助詞の多様性──古代語と現代語の対比──」『表現学部紀要』9　和光大学表現学部　pp.1-10.
第3章　古代語の接続助詞的なヲの文──紫式部日記と徒然草から──
　　天野みどり（2009b）「現代語の接続助詞的なヲの文について──古代語との連続性──」『日本語文法学会第10回大会　発表予稿集』pp.142-149.
　　天野みどり（2010b）「古代語の接続助詞的なヲの文」『新潟大学国語国文学会誌』52　新潟大学国語国文学会　pp.1-13.
第4章　主要部内在型関係節と接続助詞的なヲ──「リンゴを置いておいたのを取った──」
　　天野みどり（2010a）「主要部内在型関係節と接続助詞的なヲ」『表現学部紀要』10　和光大学表現学部　pp.1-15.

第5章　状況ヲ句文──「嵐の中を戦った」──
　　天野みどり（2007）「状況を表すヲ句について」『表現学部紀要』8　和光大学表現学部　pp.1-13.
第6章　逸脱的な〈何ヲ〉文──「何を文句を言ってるの」──
　　天野みどり（2008）「拡張他動詞文──何を文句を言ってるの──」『日本語文法』8：1　日本語文法学会　くろしお出版　pp.3-19.
第7章　逸脱的な〈何ガ〉文──「何が彼女がお姫様ですか」──
　　天野みどり（2011）「拡張名詞述語疑問詞疑問文─「何が彼女がお姫様ですか」『表現学部紀要』11　和光大学表現学部　pp.11-22.

本研究は2009～2011年度科学研究費基盤研究（C）「話しことば資料に基づく日本語の他動構文の研究」（課題番号21520484）の研究助成を受けています。

索引

●あ

アドホック概念形成　79

●い

一義化変容　66,68,70-74,79,80
逸脱的特徴　2,4,9-11,14,15,18,19,21,51,74,77,170,190,195,196,200,210,211,215
逸脱的な〈何ガ〉文　10,24,67,195-198,200,202,203,205-210,212,213,219
逸脱的な〈何ヲ〉文　10,11,24,67,135,136,167,170,171,175-183,185-194,197,198,206,207,209-214,219
意図的行為　32,43,53,54,114-117,135,136,179-181,183-185,189,193,194
移動空間ヲ句（文）　9,142-146,148,149,155-161,165
移動・対抗動作性　141,152,155-160,162-165
〈移動対抗動作〉他動構文　155,211,215
移動他動構文　71
移動動詞　145,152,156-158,161,164,165,217
移動　9,53,69,71,141-146,148,149,152,154-165,174,211,215,217
意味補給　18,19,52
意味役割　73,145,147,161,217
引用形式　39
引用マーカー　107,112,114,118

●え

影響動作性　20-22,53-58,159,214
AガBダ　16,195,197,202,205-207,209,210,212
AガBヲV　8-10,15,17,18,20-22,25,27,43,45,51-57,61,62,72,73,76,79,84,87,118,141,142,146,148,162-165,167,185,188,192,193,207,209,214,215,217,218

●か

下位（の）構文類型　17,18,20,22,214,215
格助詞　26-30,40,73,81,82,84,87-102,104,105,107-111,114,116-119,121,125,126,128,129,137,165,198
格助詞性　30,87,89-99,102,105,107,109,110,117,126,128,129
格体制　65,72
拡張　19-24,50,58,60,94,123,134,135,138,165,167,193-195,197,200,203,206,207,214,217,219
拡張疑問詞疑問文　195,197
拡張他動詞文　165,167,193,194,207,219
カテゴリー拡張　20-22
関連性　64,75,77,78,216
ガ格　195,196,198,200,201,205,206,208
含意　91,93,169,199,200,203,204,208

●き

基準的意味　15-17,214
許容度　28,31,76,81,97,101,117,118,138,139,150-155,158,167,170,180,187-189,191,192
疑問詞疑問文　91-93,167-171,173-175,177,178,182,194,195,197-200,202,203,206,208-210,212,219
〈疑問〉タイプ　198
〈疑問＋とがめだて〉タイプ　198,199
逆接　27,31,61,62,91,125,138,145,146,151,152,155,157,163

索引　229

逆境（性） 141,150-154,156-158,160,163,164,178,211,213

●こ

構文の意味 8,9,11,13-15,20,43,52,74,76,84,141,165,219
構文パターン 215,216
構文文法 74
構文類型 4,11,15-18,20-22,44,45,52,63,67,72,74,75,79,80,85,92,165,167,178,193,194,211,213-216
語彙的意味 19,40,43,44,46,52-54,57,59,60,63-67,69,70,72,74,76,83,135,154-156,158,159,163,165,177,178,194,212,213,216
語彙的他動関係 58,135
語彙的他動性 58,60,85,94
語用論 18,19,77,78,80,85,93,107,109,110,138,141,156-160,163-165,173,177,178,182,183,186,188,189,192,212,216,217
語用論的推論 78,80,85

●さ

最上位のスキーマ的意味 18,51,52,214

●し

写像 11,12,14-16,19,20,22,23,43,44,48,51,72,76,84,103,141,147,162,165,167,193,194,211,213-215,217
主格 7,67,147,195,197,205,207,210
主要部内在型関係節 24,119-121,123-129,131,133,136,137,176,219
自動詞 1,9,10,41,81,83,97,100,101,103,109,153,163,165,170,178-183,187,190-192,213
重層性 50,60,62,63,65,66,80,82,83,141,163,177,178,182,212,213
重層的解釈 49,50,80
重層的な拡張 22
重層的《変容》解釈 62,82

自由拡充 79,80
状況ヲ句（文） 10,24,67,141-165,167,178,193,211-214,217,219
状況 10,24,32,41,67,70,71,89,92,101,102,109,136,141-165,167,176,178,189,193,198,211-214,217,219
状態位置変化の影響動作性 53-57

●す

推論 18,19,25-27,36-38,42,43,49,58,63,76-78,80,85,109,118,119,121-123,134-136,138,139,188,211,213,214,216,217,219
推論的解釈過程 27
推論による拡張他動関係 58,123,134,135,138
推論による拡張他動性 58,219
スキーマ的意味 17,18,50-52,148,163,164,206,214
〈スル〉型他動構文 211

●せ

接続助詞的なヲの文 10,22,24-27,30-33,36-38,40,43-46,48-52,56,58,60-62,67,79-81,83-85,87,88,92,107,109,115,118,119,121-123,128,130,131,141,142,153,154,157,159,163-165,167,178,193,211,212,214,219
接続助詞ヲ 24,87,90,97,107,108,110,118,125
接続ヲ句 142,145,146,148,158-160,163

●た

対格 15,28,29,42,60,81-83,98,102,104,107,109,111,118,119,123,125,126,131-136,147,159,165,168,170,177,185-188,190,192,193,207,210
対抗動作性 22,25,32-35,38-46,48,51-53,55,58-62,67,76,80,83,84,92,93,97,101,103,107,109,110,114-119,122,125,

128,130-132,134,135,137,141,152-160,
162-165,216
対象変化　　53,55,56
対象（性）　　2,4,8,9,11,13,15,23,24,
27,46,50,53-56,58,60,62,68,69,70,72,
83,84,98,104,109,110,113,118,120-
128,130,132,135-138,141-144,146-149,
160,162-164,167,171,173-178,180-185,
194-196,198,200,211-215,217,218
対象ヲ句（文）　　9,142-144,146,147,
149,160,163,198
他動構文　　9-11,15,24-27,43-45,47,48,
51,52,55-58,60-62,69,71,72,76,79,84,
87,92,103,107,109,120,121,123,128,
131,135,137,138,141,155,160,162,165,
178,189,193,211,215-217,219
他動詞　　9,10,15,23,25-27,29,38-50,
52-61,63,67,69,70,76,81-84,95-98,
100,104,105,107,109-116,120-123,125-
128,130-138,142,153-155,159,160,162-
165,167,170,174,177,178,181-183,185-
187,189-194,198,207,209-212,217-219
他動性　　8,15,27,30,38,43,45,48,52,
56,58,60,75,81-85,88,92,94,102,103,
107,109,114,121,122,125,131,132,134-
137,141,160,162,164,165,167,168,174,
177,180,181,185,188,192,193,211,212,
217,219
他動的事態　　69,70

●ち

知覚・心的事態を表す他動構文　　48

●と

とがめだて　　11,92,93,167-172,174,
175,177-179,182,186,189-195,197-200,
203-205,209,210
トップダウン的な処理　　12,13
道具目的語構文　　68-70

●に

二重化変容　　66,67,73,74,80,183,185,
192,193,206
二重ガ格　　195,196,200,205,206,208
二重ヲ句　　10,29,73,81-83,131,133,
142,160-163,165,167,170,178,182,183,
190,192,194,217

●は

〈発話意図補充要求〉　　202,204,205,209
〈発話意図補充要求＋とがめだて〉　　204,
205,209

●ふ

副詞句　　10,24,120,123,124,131,137,
149,162
副詞節　　29,30,124,125,133,138
文脈　　3,18,19,22,23,26,38,39,42,58-
60,62-64,66-81,84,88,89,91-93,95,99-
101,110,117,118,137,138,143,148,154,
162,164,165,184,188,193,197-199,206,
208,209,215-217
プロトタイプ的意味　　17,18,52,56-58,
146,163,164,214

●へ

変容　　19,26,39-45,48-52,57,60,62-76,
79-82,87,88,97,98,101,103,107,114-
116,118,122,132,134,136,138,141,160,
162,164,165,177,181,183-185,188,192,
193,206,210,211,216,218
ベース　　11,12,14,15-23,26,27,43-45,
47,48,50-52,56-58,67,72,74,76,84,87,
92,103,107,109,131,138,139,160,162,
164,165,177,181,185,192-195,197,206,
207,209-212,214,215

●ほ

方向（性）　　18,22,23,25,26,32-38,40-
49,51,52,55-60,62,71,72,76,79,83-85,

索引　　231

87,92,93,97,101,103,107,109,115,122,
　　129-132,134,135,137,138,153,154,160,
　　163,164,178,211,212,215,216
方向性制御　　26,44-49,51,52,55-59,71,
　　72,76,84,87,92,103,107,109,131,138,
　　211,215,216
方向性推進他動構文　　57,58
〈方向性制御〉他動構文　　45,211,215
〈方向性制御〉他動詞（句）　　44-46
飽和　　78,79
補語　　119-121,123,126,129,134,135,
　　137,141,143,144,160,170,175
補充　　26,41-43,45,48,75,76,79-81,83,
　　87,88,92,93,95,98,107,115,116,122,
　　163,168-173,175,177,182,195,196,198,
　　200-205,208,209,211,216,218
ボトムアップ的な処理　　12,13

●め

名詞化　　202-204,207
名詞述語（文）　　16,24,91,92,195,197,
　　205,206,210-212,219
メタ言語的　　202

●ゆ

融合　　74-77

●り

臨時　　3,23,27,43,45,66,67,75,76,79-
　　84,88,119,121-123,125,132,134-136,
　　138,141,160,162,164,165,168,170,177,
　　180,181,184,185,188,193,198,202,205,
　　209,210,216,217
臨時の意味　　66
臨時的な他動詞　　43,193
臨時的な他動性述語句　　45,75,81,83,
　　165,177,185,193,217

●る

類型的意味　　8,9,14,15,19,23,27,43,
　　46,51,60,84,85,92,162,178,193,194,
　　214,216
類推　　11-23,26,27,43-45,47,50-52,57,
　　58,67,76,79,84,85,87,107,138,139,
　　143,160,162,164,165,167,178,181,185,
　　192,193,206,211,213-217
類推拡張　　21,22,217

著者略歴

天野みどり（あまの　みどり）

　1961年　東京生まれ
　1984年　筑波大学第一学群人文学類　言語学専攻（日本語学）卒業
　1991年　筑波大学博士課程大学院文芸言語研究科言語学（日本語学）単位取得
　　　　　退学
　2002年　博士（言語学）
新潟大学人文学部助教授を経て、現在和光大学表現学部教授。

主著
　『文の理解と意味の創造』笠間書院　2002
　「周辺的な尊敬文の考察」『日本語文法』4巻2号　くろしお出版　2004
　『学びのエクササイズ　日本語文法』ひつじ書房　2008

日本語構文の意味と類推拡張　にほんごこうぶんのいみとるいすいかくちょう

2011年10月31日　初版第1刷発行

著　者　天野みどり
装　幀　笠間書院装幀室
発行者　池田つや子
発行所　有限会社　笠間書院
　　　　東京都千代田区猿楽町2-2-3［〒101-0064］
NDC分類815.1　　電話　03-3295-1331　Fax　03-3294-0996

ISBN978-4-305-70563-1　Ⓒ AMANO 2011　　藤原印刷
乱丁・落丁本はお取り替えいたします。　　（本文用紙・中性紙使用）
出版目録は上記住所または下記まで。
http://kasamashoin.jp